언어학의 사상사

언어학의 사상사

言語학의 思想史
언어학의 사상사

R. H. Robins 지음 / 박수영 옮김

도서출판 역락

역자 서문

〈언어학의 사상사〉는 언어 연구의 역사를 사상사의 광범위한 틀에서 파악하려는 시도로서, 보통 언어학 역사서들이 제공하는 여러 시대에 걸친 다양한 언어 이론에 대한 상세한 서술과는 근본적으로 다른 각도에서 언어학사를 정리한 책이다.

이 책의 저자 로빈스 R. H. Robins는 언어학이 독자적 연구영역과 연구방법을 갖는 학문분야로서 그 발전의 역사를 다른 과학의 발전 구조와 마찬가지로 패러다임(paradigma)의 교체에 의한 것으로 파악하고 있다. 패러다임이란 쿤 T. S. Kuhn에 의해 처음 사용된 개념으로, 어떤 과학분야에 있어서 상당한 기간에 걸쳐 그 분야의 학자들이 집단적으로 인정하고 실천하고 가르치는 가장 적합한 연구틀로서, 이는 동시대의 철학적, 과학적 관점과의 관계 속에서 형성되며 또한 교체된다는 것이다.

로빈스는 언어학에 있어서 패러다임들은, 우선 언어를 객관적으로 밖으로부터 들여다보는 방법과 인간의 언어 지식 또는 능력을 안으로부터 살펴보려는 방법으로 크게 구분되어, 16-17 세기의 경험주의·합리주의 철학과 관련해서 형성된 언어 연구의 두 가지 관점에서 출발되며, 다른 학문들과의 관계 또는 영향 속에서 다양하게 발전하면서 교체된다고 보았다. 즉 19세기의 역사 언어학 시대에, 초기의 슐라이허의 계통수 이론에서 청년문법학파로의 이행은 그 당시 생물학에 있어서 진화론과 물리학의 발전에 영향을 받은 것이며, 20 세기 초의 구조주의와 음운론의 발전은 현상학과 사회학과의 관계 속에서, 그리고 미국의 분포주의 언어학은 행동주의 심리학의 영향 하에서 발전되었다.

여기까지는 경험주의적, 외적 언어관찰 방식의 다양한 이론들의 교체였으나, 20 세기 후반 생성변형문법과 함께 언어 내적 관찰 방식으로의 대전환이 이루어지면서 오늘날 언어학 발달의 모체가 되는 새로운 패러다임을 형성하기에 이른다.

언어학 역사에 대한 이러한 기술 방식은 언어학이 하나의 학문분야로 성립된 것이 두 세기에 불과하며, 또한 가장 빠르게 변화하는 학문 중의 하나라는 사실을 고려할 때 다소 도식적이고 무리한 면이 없는 것은 아니다. 그러나 이는 언어에 대한 과학적 연구를 위한 여러 상이한 이론적, 방법적 출발점들로 인해 언어학 전공자들조차도 개별적 세부 분야를 벗어나서는 자칫 서로 이해하지 못하는 상황을 극복하고, 특히 언어학을 공부하는 학생들에게는 언어학의 제 문제를 역사 비판적 분석으로 설명함으로써 하나의 '줄기'를 파악할 수 있게 한다는 점에서 매우 긍정적이고 효과적인 기술방식이라 하겠다.

이 책은 헬비히 G. Helbig(^{1}1970, ^{2}1973), 라이온스 J. Lyons(1972, 2판) 그리고 이비츠 Ivic(1971)의 언어학사와는 달리, 생성 의미론까지의 발달과정을 기술함으로써, 생성변형문법의 표준 이론 이후의 논의들을 포함하고 있는 점이 특징이다.

이 번역서의 원서는 로빈스 교수의 영어 원고를 독일의 굳크네히트 Gutknecht 교수와 판터 Panther 박사가 독일어로 공동 번역해서 〈Ideen- und Problemgeschichte der Sprachwissenschaft(1973)〉라는 제목으로 출판한 책이다. 이 책은 역자가 독일 유학 시절 언어학사 세미나 강좌의 표준 교재로 접하게 되어, 그 당시 언어학 초보자로서 많은 유익한 내용을 습득할 수 있었고, 언어학에 대한 새로운 관심과 흥미를 갖도록 계기를 마련해 준 책이기도 하다. 이러한 역자의 개인적 경험이 언어학을 공부하는 사람들에게 이 책을 소개하고 싶은 생각을 갖게 했던 것 같다.

이 역서는 1992년 도서출판 이목(耳目)에서 출판된 바 있으나 다시 수정과 토론을 거쳐 개정판을 내게 되었다. 대학원 언어학사 강좌의 교재로 사용하면서 비교적 오랜 시간을 두고 검토했고, 가능한 한 정확한 내용 전달을 위해 많은 부분을 수정했다. 그럼에도 불구하고 여전히 찾아내지 못한 불명확한 내용 전달과 오류는 전적으로 역자의 책임이며, 선배, 후학들의 계속적인 지적과 비판을 통해 개선되기를 바랄 뿐이다.

2004년 7월
역자

차 례

제 6 장 새로운 시각의 역사 언어학

제 1 장
개 론

제 1 장

개 론

1.1. 외적, 내적 관점에서의 언어 연구 가능성

여러 학문 가운데서 언어학은 독특한 위치를 차지하고 있다. 모든 학문은 하나의 확연히 구분되는 연구 영역과 그 영역 내의 지식의 심화를 위한 이론, 그리고 연구의 수행과 그렇게 해서 얻어진 인식의 확대를 가능하게 하는 특정 방법들에 의해 표명된다.

인식의 결과들은 이론과 마찬가지로 언어로 표현되며, 지식의 확대를 목표로 하는 연구는 그것이 개인적이든 집단적이든 대부분 언어를 수단으로 행해진다. 심지어는 수리 논리학과 과학적 표현에 사용되는 기호들도 마지막에는 자연 언어를 통한 설명으로 되돌아간다.

언어학의 독특함은 그 내용과 그것을 포함하는 지식과 연구의 영역이 이러한 인식을 표현하고 연구를 가능하게 하는 수단과 동일하다는 데 있다.

여러 언어학자들이 이에 대해 언급한 바 있는데, 훠스 J. R. Firth 는 언어학의 도식적 구성(schematic constructs)이나 원리에 대해서,

그것들은 결국 스스로에게 향해지는 언어인 것이라고 했다. 옐름슬레우 L. Hjelmslev는 이 같은 생각을 좀더 포괄적으로 표현했다. 즉 '언어학 이론은 언어 체계 자체만을 알아내기 위해서가 아니라, 언어의 이면에 있는 인간과 사회, 그리고 모든 인간에게 공통적이며, 언어를 통해서 규정되는 인식 영역을 알아내기 위한 내적인 필요에 의해서 유도되는 것'이라는 점이다. 이런 관점에서 언어 이론은 당면 목표인 인간성과 보편성(humanitas et universitas)에 도달했던 것이다[1].

언어학은 그 대상인 언어를 두 가지 측면에서 접근할 수 있다. 하나는 관찰되는 자료들, 즉 음향석으로 인지 기능하거나 문자로 된 자료의 순 경험적 관점(여기서 언어학은 모든 경험 과학들과 동일하다)이며, 또 다른 하나는 화자의 자기 언어에 대한 지식, 즉 자신의 언어로 스스로를 표현하고, 자기의 생각과 감정을 언어로 구성할 수 있는 능력에 대한 직관적 인식의 관점이다.

언어 연구의 이 두 가지 출발점의 차이와, 어떤 것이 과학적인 언어연구에 적합한 기초가 될 것인가에 대한 논의는 특히 최근에 대부분의 변형생성 언어학자들이 취한 입장을 통해 관심의 대상이 되었다.

촘스키 N.Chomsky와 그의 동료들, 그리고 그의 영향을 받은 사람들은 미국 구조주의의 바로 앞선 세대인 블룸필드 학파를 비난했다. 그들은 극도로 좁은 경험적 기반을 믿고, 그들의 연구를 오로지 '밖으로부터' 관찰가능한 말해지거나 쓰여진 언어자료를 근거로 삼았으며, 모국어 화자의 직관과 언어 감각의 발견, 그리고 자기 언어에 대한 판단에 대한 반응들을 의도적으로 도외시했다.[2]

---

1) J. R. Firth, "Personality and language in society", Papers in linguistics, Oxford, 1957, 181. L. Hjelmslev, Prolegomena to a theory of language, in: IJAL 19. 1, 증보판, 1953, 81-82(덴마크어 원본: Omkring sprogteoriens grundlaeggelse, Kopenhagen, 1943).

2) N. Chomsky, Current issues in linguistic theory, den Haag, 제1장과 5장;

　이런 식의 출발점은 언어학자의 모국어를 의식적으로 모든 다른 언어들과 같은 차원에 놓고, 그 언어에 대한 사전 지식이나 언어능력이 없이 단지 문헌과 자료제공자에 의지해서 연구하는 관찰자에게는 근본적으로 불가능한 언어에 대한 설명을 비과학적이고 중요하지 않은 것으로 여기고 간과하게 한다.

　이 같은 내적, 개인적 언어지식에 대한 자기 부정적 거부는 대부분의 생성변형 언어학자들의 '정신주의(mentalismus)'와 대립된다. 이들은 언어학적 기술을 모국어 화자의 모든 직관적 지식에 대한 정확한 묘사로 본다.

　직관적 지식이란 화자 자신을 표현하고 그 언어를 사용하는 다른 사람을 이해하며, 모국어의 문법 규칙에 따라 구성된 무한한 수의 문장을 만들고 이해할 수 있는 능력이다. '자연어의 언어학적 기술이란 모국어를 유창하게 습득하는 근본적인 것을 발견해내려는 시도'3)라고 생각하는 언어학자들에게는 개인적 지식과 언어감각의 자료가 외적 관찰자료 만큼이나 중요하다. 그것은 심지어 언어학의 제 목표가 오로지 적절하게 실현되어야 할 경우 본질적이기까지 하다. 연구에 있어서 출발점의 차이가 세계의 모든 언어와 특히 미국 대륙의 '이국적인' 언어들에 관심이 있었던 미국의 블룸필드 학파의 대부분 언어학자들과, 자신의 이론을 특정 방향으로 발전시키려는 학자의 경우는 말할 것도 없고, 대부분 영어나 또는 다른 언어의 화자인 경우 자기 모국어에 집중했던 생성변형 학파의 언어학자들과의 명백한 대립을 설명해준다. 이에 대한 이해를 돕기 위해서는 독일어로 된 논문 가운데 특히 비어비쉬 M. Bierwisch의 논문을 참고할 만하다.4)

　Aspects of the theory of syntax, Cambridge, Mass., 1965, 18-27, 51-54, 206.

3) J. J. Katz / P. M. Postal, An integrated theory of linguistic descriptions, Cambridge, Mass., 1964, 1.

4) Die Grammatik des deutschen Verbs(독일어 동사 문법), Studia gram-

현대 언어학의 이 두 주요 학파의 상이한 방향은 다음 장에서 자세히 다뤄질 것이며, 여기서는 단지 이 대립이 언어학에 본질적으로 내재하며, 그 역사의 흐름에서 분명하게 드러나는 이분성의 한 두드러진 보기로서 언급된 것이다. 실제로 대립적인 내용은 언어학 안에서 여러 성분으로 된 세부 하위 분야보다 더욱 전형적인 본질적 특성으로 나타나는데, 이것은 연구 대상의 압축이나 다양한 연구 방법에 기인하는 것 같다. 이제 우리는 앞서 언급한 세부사항을 살펴보기로 한다.

1.2. 언어학의 개별 분야

언어학은 어떤 차원에서 분석되는가, 또는 어떤 관점에서 파악되는가에 따라서 음성학, 음운론, 문법 그리고 의미론으로 구분할 수 있다. 언어학자들은 각각의 영역이 무엇을 포함해야 하는 가에 대해서

matica II (1965).

Strukturalismus: Geschichte, Probleme und Methoden(구조주의: 역사, 문제 그리고 방법론), Kursbuch 5(1966), 77-152; 개정판 in: Literaturwissenschaft und Linguistik: Ergebnisse und Perspektiven 1(문학과 언어학: 성과와 전망) (ed. J. Ihwe), Frankfurt a. M., 1971, 17-90.

Regeln für die Intonation deutscher Sätze(독일어 문장의 억양규칙), Studia grammatica VII (1966), 99-201.

Aufgaben und Form der Grammatik, Zeichen und System der Sprache 3 (문법의 과제와 형식, 언어 기호와 체계) (1966), 28-69.

Syntactic features in morphology, To honor Roman Jakobson 1(1967), 239-270.

Some semantic universals of German adjectivals, FL 3 (1967), 1-36.(독일어 번역: 'Einige semantische Universalien in deutschen Adjektiven', in: Vorschläge für eine strukturale Grammatik des Deutschen(독일어의 구조 문법을 위한 제안), ed. H. Steger, Darmstadt, 1970).

Skizze der generativen Phonologie(생성 의미론 개관), Studia grammatica VI (1967), 7-33.

서로 다른 의견을 갖고 있으며, 어쩌면 서로 반대 입장일지도 모른다. 그러나 지극히 복잡한 현상인 언어를 어느 정도 과학적으로 파악하려 할 때, 연구 영역의 일정한 구조화는 필수적이다. 더 나아가서 이 모든 구성요소는 총체적 복합체로서의 언어와 마찬가지로 추구하는 목표에 따라 여러 다양한 관점에서 관찰될 수 있다.

기술 언어학은 언어와 그 모든 양상을 주어진 시기와 주어진 사회적·지리적 공간에서 완전히 작용하는 하나의 완벽한 의사소통 체계로 여기며(예를 들면 현대 영국 표준어, 중고지 독일어, 키케로 시대의 라틴 문학어 등) 이러한 목표 설정에서 이론적 개념과 방법들이 구상된다.

역사 언어학은 모든 분석 차원에서 언어 변화의 방식, 원인 그리고 영향에 대해서 뿐만 아니라 그러한 변화가 일어난 언어들 간의 기원 관계를 다룬다.

기술 언어학과 역사 언어학은 공시 언어학과 통시 언어학이라고도 하는데, 소쉬르 F. de Saussure가 이 용어를 반세기 전에 만들어낸 이후, 일반 언어학의 한 구성요소로 일컬어지게 되었다. 언어학은 이 두 연구분야가 표방될 때에야 비로소 올바른 것으로 파악되는 것이다.[5]

1.3. 근대 이전 언어학의 역사

여러 개론서에서 자주 반복되는 커다란 오류 중의 하나는 19세기에 비로소 언어학이 진정한 학문 분야로 정립되었다고 여기는 것이다.

'학문' 또는 다른 유럽어들에서 이에 해당되는 명칭이 19세기의 교

---

5) F. de Saussure, Cours de linguistique générale(일반 언어학 강의), Lausanne-Paris, 1916, 1.T., 제3장(독일어 번역: Grundfragen der allgemeinen Sprachwissenschaft, Berlin, 1931, 1967).

수초빙제도와의 관련 속에서 최초로 사용된 것은 사실이다. 그러나 언어학이 대학에서 고유의 학과, 교과과정 그리고 학위를 갖는 하나의 독립된 대학 과정의 학문으로 인정된 것은 실제로는 20세기에 들어서서이며 대부분의 나라에서는 2차 대전 이후에서야 그것을 학문으로 인정했다.

그러나 언어의 체계적 연구, 다시 말하면 독자적인 연구대상으로서 언어학은 이미 여러 중심지에서 문명이 시작된 이후로 지적 생활의 구성 성분이 되어왔다. 우리는 고대 그리스에서부터 현대에 이르기까지 끊이지 않는 언어학의 전통을 유립 역사에서 확인할 수 있다. 학자를 지칭하는 것으로서 언어학자(linguist: 언어 연구가의 의미)라는 용어는 비교적 최근에 등장했지만 초기부터 이 학문 분야에서 활동한 사람과 관련해서 사용하더라도 이 용어는 정당하게 사용할 수 있다.

'일반 언어학'은 모든 시대와 모든 문화 영역에서 언어의 위력과 복잡한 구조로 생긴 관심으로 인해 정당화된 독립적 학문 분야이다. 그의 실제적 활용은 논리적이게도 언어학에 뒤이어서 이차적으로나 고찰된다.

그리고 언어학의 고유 영역 밖의 목표들, 예를 들면 문학 연구, 외국어 교육, 언어 장애 치료, 의사 소통 기술, 교육의 확산 등에 대한 언어학의 성과들이 평가될 수 있을 것이다. 이 작업은 '응용 언어학'이라는 이름 아래 행해지며, 오늘날 전 세계 대학의 여러 언어학과와 연구소 등에서 중요한 위치를 차지하고 있다.

그러나 '응용 언어학'이라는 개념은 '언어학'을 현존하는 인정받은 학문으로 전제한다. '응용 언어학'에 속하는 여러 노력들은 본 학문의 성립 이전에 선행되었으며, 또한 다양한 방법과 상이한 문화들 속에서 일반적 의미로 언어학의 여러 학파가 형성되는 데 중요한 계기가 되었다는 것은 하나의 역사적 사실이다. 그러한 노력은 일반 언어 교육의 독립된 학파가 되도록 한 것뿐 아니라, 언어학사와 그 밖의 다른 정신과학의 발달에 한 중요한 부분을 차지한다.

1.3.1. 비-유럽 지역

언어학이 생겨난 문화 중심지로 주목할 만한 곳은 고대 중국, 고대 인도, 아랍이 세계 강대국으로 신장하던 시대의 이슬람 그리고 고대 그리스이다. 특히 그리스는 세계 각국의 현대 언어학의 직접적인 조상으로 여겨질 수 있다. 중국의 언어학은 고전 문학과 고전 텍스트의 연구와 표의문자 체계의 부호화에 대한 해답으로 성립되었다.

초기 기독교 시대, 이미 2천년 전부터 문자 체계로 사용되어 왔던 중국 문자들은 대부분 오늘날까지도 보존되어 있는 다듬어진 형태를 취하고 있었다. 사전류는 오늘날에도 여전히 통용될 수 있게 만들어졌다. 더 이상 일반적으로 사용되지 않는 문자표기의 발음에 관한 연구는 중국어 음절의 음성 구조의 체계적 연구에 이르게 했다(시간이 흐름에 따라 고전 중국어에서 모든 문자는 개별적 의미를 지닌 형태소와 하나의 음절을 나타냈다). 음운 분석 기술에 있어서 중국의 학자들은 기원전 5세기부터 중국에서 활동하던 산스크리트어를 사용하는 불교승들의 언어에 대한 가르침을 통해 그 후에도 계속적으로 자극 받았으며 영감을 얻었다.

고립어적 구조와 변화하지 않는 단어 형태를 지닌 고전어의 문법은 중국 언어학자들에 의해 부호화 되었다('중국어형'이라는 명칭은 현대 중국의 여러 방언들에 보다는 고전어에 훨씬 더 적합하다). 언어학의 사상사와 관련해서, 중국 학문의 중요한 공헌은 그때까지 유럽어들에 적합했고 유럽어적 관점에서 생각할 수 있었던 것과는 다른 문법적 구조 유형을 16세기부터 유럽 언어학자들에게 알려주었다는 데 있다.

비-유럽지역인 고대 인도에서 이룩한 언어학적 연구는 이론과 방법 면에서 상당히 발달되었고, 언어학에 미친 영향이 인도 이외의 지역에서 근간을 이루었음에도 불구하고, 유럽의 학자들에게는 아주 늦게 서야 알려졌다.

고전어인 산스크리트어와 그 문학 그리고 그와 연관된 언어학적 연구가 유럽에서 최초로 인정되기 시작했던 18세기말의 시기를 많은 학자들은 현대 언어학의 결정적인 전환점으로 여기며, 몇몇 학자는 심지어 부당하게도 언어학의 시작으로 보기도 한다.

산스크리트어의 의미, 문법, 그리고 음운 기술은 더 오래 전인 베드(Ved) 시대(약 기원전 1100년)부터 구전으로 내려온 성스러운 의식상의 텍스트를 시간의 흐름에도 변하지 않고 또 다른 방언에 의해 변조되지 않고, 본래의 순수함 그대로 보존하려는 절실한 감정에서 생겨난 것이다.

사람들이 여러 문화권에서 언어와 종교 의식의 형태를 변하지 않게 유지하는 것을 의무로 여겼다는 것은 잘 알려져 있다. 그러나 어떤 다른 나라에서도 언어학의 적용이 그 모든 분야의 발전에 있어서 그처럼 풍부하지는 않았다.

우리는 산스크리트어의 발음에 대해서 언어의 음성학에 대한 탁월한 논문들 덕분에 어떤 다른 고대어의 발음보다 더 많이 알고 있다(기원 전 800-150년). 또한 현대 문법 연구의 몇 가지 기본 개념은 산스크리트 문법가들의 통찰력 덕분이다. 그들 가운데 가장 널리 알려진 학자는 파니니 Pānini로서, 그의 산스크리트어 문법은 우리에게 전해 내려온 훌륭한 언어 기술의 하나로, 또한 인간 지성의 최대 기념비 중 하나로 알려지고 있다[6].

아랍 언어학은 종교적 필요에 의해서 뿐 아니라 세속적 필요에 의해서 생겨났다. 7세기 이후 소아시아의 넓은 지역, 북아프리카의 해안 지역 그리고 이베리아 반도에 걸친 아랍 점령지의 확대와 이슬람 신앙의 확산과 더불어 아랍어 지식은 관리 목적과 법적, 상업 정책적

---

6) L. Bloomfield, Language, London, 1935, 11.

조치들의 수행을 위해 비-아랍어 지역에 이르기까지 필수적이 되었다. 그 당시 사람들은 코란을 제대로 가르치고 번역할 수 없다고 믿었기 때문에 개종자들을 위해 아랍어를 가르치고 사제 양성을 위한 학교들이 생기게 되었다(고전 아랍어는 더 이상 아랍어를 사용하지 않는 말레이시아와 같은 나라들에서조차 모슬렘 신학교에서 여전히 가르쳤다). 코란 경전의 내용 해석과 그것이 쓰여진 방언의 정확한 확인 등은 사전편찬 학교의 설립과 방언 연구로 이어졌다. 주목할 만한 것은 오늘날에도 고전어가 어떻게 기술되고 교습되어야 하는가에 대한 방향이 제시되어 있는 알 키타브(Al Kitab '책')이라는 평범한 이름의, 그러나 실제로 권위 있는 최초의 아랍어 문법이, 아랍어를 제2 언어로 배워야했던 시바와이(Sibawaih)라는 페르시아인에게서 유래한다는 것이다.

아랍 학자들에 의해 축적된 지식은 유대인들의 히브리어에 대한 언어학적 연구에 지대한 영향을 미쳤다.

1.3.2. 그리스 · 로마와 중세

유럽 언어학의 역사는 기원전 5세기 그리스에서 사용되던 그리스어를 기원으로 해서 뒤이은 라틴어의 학문 전통, 중세, 르네상스와 유럽의 해외로의 팽창을 거쳐 현대에 이르기까지 이어진다. 이 때 유대인, 아랍인, 중국인 그리고 특히 고대 인도의 산스크리트어 문법학자와 음성학자들의 지식과 이론들이 여러 시대에 걸쳐 반복해서 사용되었다.

그리스와 로마에서 언어학의 발달은 시작부터, 이 장의 첫머리에 암시했던, 학문적 관찰의 대상으로서 언어를 보는 두 가지 관점에서 이루어진 것이다.

그리스 로마 시대에 언어학의 발전은 두 가지 다른 학문에 의해 결정되었는데, 철학과 문학이 그것이다. 소크라테스, 플라톤 그리고 아리스토텔레스 시대이래 철학자들은 언어사용에 있어서 화자의 능력 (물론 그리스어가 연구 대상이었다), 문장의 형식구조와 명제의 논리구조 사이의 관계, 또한 여러 문장 구성의 의미 내용을 다뤄왔다. 예를 들어 아리스토텔레스는 명사구와 동사구의 차이를, 동사구는 그리스 동사의 시제 형식에 의해 언제나 표시가 되는 반면 명사구는 그렇지 않은데 있다고 보았다.

고전 그리스의 철학자 가운데 스토아 학자는 언어를 체계적인 인식획득을 위한 열쇠라고 보고, 토론술 내에 특별한 자리를 차지하게 했다. 그들은 음성학, 의미론과 문법에 대한 별도의 논문들을 썼으나, 문법을 특별히 그들의 목표로 삼았다. 심지어 몇몇 학자들은 서양에서의 학문적 문법 연구의 진정한 시작을 이들에게서 보기도 한다.7)

아리스토텔레스와 스토아 학자들의 언어에 대한 정의는 철학자들이 언어를 화자의 사고와 경험의 표출로 보고 있음을 알려준다. '말은 정신의 경험을 묘사한 것이고, 글은 말을 묘사한 것이다'라는 말은 관념이 선행하고 발화 능력으로서 이성이 뒤따르는데, 이성은 관념에 의해 자극 받아 단어로 나타내진다는 의미이다.8) 이것은 화자의 입장에서 볼 때 언어이며, 또한 개인의 정신적 경험과 행동에서 생겨나는 말인 것이다.

언어학 연구에 대한 완전히 다른 또 하나 동인은 그리스 시대, 특히 헬레니즘 시대(기원전 300년부터)에 알렉산더 대왕의 정복의 결과로 그리스 행정과 문화가 소아시아와 이집트의 넓은 지역으로 확대된 데서 생겨났다. 그리스어는 이제 제1언어가 그리스어가 아닌 민족들에

---

7) M. Pohlenz, Die Begründung der abendländischen Sprachlehre durch die Stoa(스토아 학파에 의한 서양 언어학의 성립), Nachrichten von der Gesellschaft der Wissenschaften zu Göttingen, phil.-hist. Klasse, Fachgruppe 1 Altertumswissenschaft, N.F.3.6 (1939).

8) Aristoteles, De Interpretatione 1. 16a 3-4. Diogenes Laertius, Vitae Philosophorum 7, 49. (독일어 번역: O. Apelt, Leipzig, 1921, Philosophische Bibliothek, Bd.54)

의해서도 사용되었다. 그리스 세계의 교통어(lingua franca)가 되었던 코이네(Koinē)는, 그것이 멀리 아테네 방언에서 유래되었음에도 불구하고, 4, 5세기에 대부분의 시인과 산문작가들이 사용하던 고전 아테네어와는 조금도 일치하지 않았다.

한편 순수 고전 그리스어를 보존하고 교육하려는 운동도 일어났는데, 그것은 고전 작가들의 언어 해석과 함께 발전했다. 방언으로 쓰여진 호머의 일리아드 Ilias와 오디세이 Odyssee는 그리스 전 역사에 걸쳐서 교육을 위한 표준 작품으로 연구되었다. 이와 같이 이미 성립된 호머 비평에 고전 작가들의 문헌 해석이 헬레니즘 시대의 그리스 지식인들의 주된 작업이 되었다. 이런 환경에서 그리스어의 음성학과 문법은 호머와 고전 아테네 시인과 산문작가들의 작품 연구의 일부 또는 전체로서 그 위치를 굳혔다. 중요한 것은 아리스타크 Aristarch (기원전 2세기)가 고대의 주도적 호머 해석가로 그리고 그리스 문법 연구의 기술 분야에 탁월한 학자로 여겨진다는 점이다.

아리스타크 Aristarch의 제자이던 디오니시오스 트락스 Dionysios Thrax의 문법은 4백년에 걸쳐 발전된 섬세한 연구로, 그리스어 기술 문법을 위한 사전 연구 작업을 확대시켰는데, 언어학의 문법 연구를 총체적으로 지적 생활에 포함시키게 한 중요한 위치를 차지하고 있다. 디오니시오스 Dionysios는 그의 그리스어 기술의 시작 부분에 '문법은 대부분 시인과 산문 작가들이 말했던 것과 경험에 기초한 지식이다'라고 쓰고 있다. 또한 그는 문학 작품의 비판적 평가를 언어학적 연구의 최대 업적으로 여겼다9).

경험에 기초한 지식(empeiría)이라는 문법의 정의에 여러 주석자들이 반발하고 나섰다. 즉 언어 연구를 과소 평가했으며, 하나의 진지

---

9) Grammatici graeci, ed. G. Uhlig, Leipzig, 1883, 제1권, 5, 2-3(번역: R. Pfeiffer, in: History of Classical Scholarship, Reinbeck bei Hamburg, 1970, 324).

한 학문을 관찰에 의거한 단순한 지식으로 비하했다고 비난했다. 그러나 디오니시오스 Dionysios와 언어학을 문학연구로 여겼던 사람들은 그들의 연구대상을 그대로 그렇게 관찰했다. 언어의 문학적 가치를 인정하는 기술은 텍스트의 주어진 자료에 기초해서 밖으로부터 관찰되었는데, 바로 현대 언어학자가 한 언어의 현장 연구 시 자료 제공자에 의해 발생된 원래의 발화를 직접 녹음하거나 받아 적은 연구 자료의 분석을 통해 문법을 만드는 것과 같은 것이었다.

그리스어에 대한 연구와 기술은 기원전 500년 이후 수세기 동안 여러 학자들에 의해 도처에서 행해졌으며, 여기서 이루어진 발전은 철학자들(특히 스토아 학자들)과 문헌학자들의 공동노력의 결과였다. 여기에다 후세대의 연구에 포함된 학문의 발전에 특징적인 두 가지 연구 방향의 이전 성과들에 기초한 광범위한 지식이 생겨났다.

몇몇 학자들은 그리스 언어학의 역사에 특정 발전 단계를 대표적으로 설정하고 있다. 디오니시오스 Dionysios의 8품사 분류와 이와 연관된 정의들 그리고 이 정의들과 관련된 문법범주들은 후세대에 의해 교육 재료로 또한 계속적인 연구의 기초로서 지속적으로 받아들여졌다. 디오니시오스 이후 3세기가 지나서 아폴로니오스 디스콜로스 Apollonios Dyskolos(기원 후 2세기)가 그리스어 통사론에 대한 여러 광범위한 책들을 썼는데, 모두 전해져 내려오지는 않았다.

라틴 문법학자인 프리스키안 Priscian(약 기원 후 500년)은 아폴로니오스의 저서를 그가 접했던 문법 지식에 대한 연구 중 가장 권위 있는 것으로 평가했다. 대다수의 라틴 문법가들과 같이, 프리스키안도 그것을 그리스어에서 이미 연구된 품사와 범주들을 거의 변화시키지 않고 라틴어에 적용시킬 수 있는 가장 좋은 연구라고 보았다.

이 두 언어의 유사성과 로마인의 사고에 특징적인 모든 지적 능력을 고려할 때, 그리스에 대한 문화적 종속감은 라틴어 학자들에게 실제로 다른 선택의 여지를 주지 못했다.

언어학의 두 가지 해석 방법인 화자의 내면으로부터의 철학적 관찰과, 외적인 텍스트 자료의 문학적 연구는 고대의 전 기간에 걸쳐 유효한 것이었다. 그러나 디오니시오스와 아폴로니오스 두 문법 학자와 그 시대의 탁월한 문헌학자들도 속해있던 알렉산드리아 학문 전통의 권위는 언어학의 역할을 문학 비평의 목표와 요구에 상응할 수 있는 경험적 텍스트 연구로 보는 알렉산드리아 학파의 견해가 우세하게 되는데 일조했다.

라틴 학자들도 이런 식으로 대부분의 언어학을 연구했다. 또한 이러한 전통은 고대 라틴 문법 학자들의 그룹 형성의 배경이 되기도 했는데, 이들은 '후기 라틴어 문법학자'라는 이름으로 집단적으로 알려졌으며, 그들 중 도나투스 Donatus(기원 후 400년경)와 프리스키안이 널리 알려진 인물이다10). 문법에 대한 그들의 생각은 그들이 책을 쓰는 방법에 영향을 미쳤다. 특히 프리스키안의 긴 논문인 〈Institutiones grammaticae〉는 불가타 성경(공인 라틴어로 번역된 성경)에서 보는 바와 같이, 라틴어 교사들이 당대의 후기 라틴어보다 오히려 지향했던 모델인, 대부분 라틴 문학의 고전 산문과 시작품에서 발췌한 문법적 문장들에 대한 해설과 모범적 설명들로 가득 차있다. 그것은 4세기에 헤로니무스 Hieronymus에 의해 라틴어로 번역되었으며, 문법가들에 의해 규범화된 것과는 아주 다른 라틴어로 분명히 알아볼 수 있게 기술되어 있다.

고대의 언어학은 순전히 기술적이고 규범적이었다. 바로 Varro(기원전 1세기)는 라틴어의 초기 역사와 또한 아주 일반적인 로마의 고대에 관심을 가졌었다. 그러나 모든 사람들처럼 라틴 문자가 그리스어에서 받아들여진 것임을 알았던 그도 역시 라틴어를 몇몇 이질적인 혼합상태를 지닌 서 그리스어 방언에서 직접 유래한 것으로 보았다.

고대의 세계는 말하자면 통시적 언어연구에 적합한 틀을 제공해주

---

10) 텍스트: Grammatici latini, ed. H. Keil, Leipzig, 1855-1923.

지 않았다. 그것은 라틴어와 그리스어의 실제 역사적 관계들에 대한 어떤 상상도 하지 않았으며, 학문적 관심은 이 두 언어 외에 어떤 다른 언어에도 없었다. 이것은 어원학에 있어서 라틴어, 그리스어 학자들의 노력들이 개별 단어의 의미를 추적하는 그 모든 열성에도 불구하고 성과 없이 머물게 되는 이유를 설명해준다. cura(근심)이 cor urere(가슴앓이)에서 유래하고 lucus(숲)이 a non lucendo(빛나지 않는 것)에서 유래했다는 오류들은 그 당시 거의 피할 수 없었는데, 이는 언어의 성장과 단어 의미의 형성을 위한 언어 변천과 그의 역사적 결과들이 거의 인정되지 않거나 간과되었기 때문이다.

유감스럽게도 고대 언어 연구의 이러한 면이 광범위한 지식층에 의해 여러 문법 연구에 포함되어 있는 탁월한 언어학 논문보다도 더 잘 알려져 있다. 후기 라틴어 문법 학자들에 의해 고정된 고대 그리스와 로마의 문법 연구들이 천 년 동안 라틴어 교육의 근간을 이루었다. 오늘날 현대 언어학자들과 언어 교사들에 의해 보편적으로 또는 매우 널리 사용되고 있는 문법범주들이 이에 기초하고 있다.

프리스키안 Priscian과 도나투스 Donatus는 중세에 라틴어 문법으로 된 교리 문답서의 기초를 마련했다. 프리스키안의 〈Institutiones〉가 천 부가 넘는 필사본으로 만들어졌다는 것은 유명한 사실이다.

서양에서 라틴어는 교육어로서, 국제 교역어로서 또한 교회어로서 모든 교육의 절대적 전제 조건이었으며 라틴어 문법은 교육이 목표로 삼았던 '7학예11)'의 한 요소였다.

중세 시대의 초반에는 문법과 언어학 일반에 대한 생각에 큰 변화가 없었다. 사람들은 프리스키안과 도나투스의 저서를 가르쳤으며 그에 대한 서평을 썼고, 일부는 암기에 도움이 되도록 운문 형식으로 문법체계를 정리하기도 했다.

---

11) 중세 유럽에서 7학예는 논리학, 수사학, 라틴문법(3학예)과 음악, 기하학, 지리학, 천문학을 뜻한다.

프리스키안의 문법은 당시 생겨나고 있던 국가 언어들의 문법에 그대로 옮겨졌다. 고대 아일랜드어는 부분적으로 프리스키안의 라틴어처럼 만들어졌으며, 기원 후 1000년경 고대 영어로 쓰여진 라틴 문법의 저자는 그의 저서가 똑같이 영어 문법 교육의 기초를 마련하리라는 생각을 가졌다. 응용 과학으로서의 언어학은 교회의 신교 목사의 영향과 관계가 있다. 초기 기독교 시대 이후 오늘날까지 언어학자와 선교사들 간의 지속적인 동맹관계가 이루어져 왔고, 특히 읽기, 쓰기 능력의 확대를 목표로 하는 계획에 있어서는 그 당시에도 오늘날과 같았다12). 그리스어 문자가 변화되어 생겨난 고트어 문자와 고대 슬라브어를 위해 만들어진 키릴 문자가 기원 후 1세기 복음주의자들 연구의 두 가지 결실이었다.

이론과 실제 언어학 영역에서 가장 독창적 연구 중의 하나는 중세에 음성학과 음운론 분야에서 나왔으며, 정서법 개혁이 주창되었다.

12세기 한 아이슬란드 학자에 의해 쓰여진 〈The first grammatical treatise(제1문법 연구)〉라는 소박한 제목의 짧지만 유명한 책에서 아이슬란드 학자의 개정된 정서법이 소개되었는데, 오늘날의 입장에서 보아도 상세한 음성적 관찰과 고도로 발전된 음운 이론의 아주 적절하고 실용적인 사용에 기초하고 있다. 이 책은 19세기 초 출판되기까지 거의 알려지지 않았으나, 저자는 음운 개념을 빈틈없고 완전한 방식으로 정의하면서 20세기 음운 이론의 발달을 앞당겼다13).

응용 언어학의 전 영역은 중세 언어학 이론의 주요 방향 설정과 실행에 있어서 영향력이 없었다. 여기서 중세 후반기에 거의 1천년만에 처음으로 문법 연구의 입장에 중요한 변화가 생겼다. 이러한 발전은 스콜라 사상의 부상과 개화의 일부분을 이루었다. 이것은 수와 수

---

12) 현대 언어학계에서 파이크 K. L. Pike 교수와 그의 동료들에 의해 각 대륙에서 언어학 하계 연구소의 후원으로 활발히 진행되고 있는 중요한 일을 떠올리게 된다.

13) The First Grammatical Treatise, de E. Haugen, Language 26. 4, 1950, 증보편

준에 있어서 늘어나고 있던 중세 유럽의 대학들과 같이 세계 문학, 교회 음악, 회화와 당시의 '고딕' 건축 등이 증명하고 있는 예술에 있어서 일반적으로 강하게 부각된 창조적인 힘을 한 시대동안 완성시켰다.

중세 초기에는 필사본의 분실, 또는 이교도 문학에 대한 많은 기독교인들의 편견으로 인해 인기 있는 고전 작가의 수가 줄어들기는 했지만, 프리스키안에 의해 구체화된 것처럼 텍스트 연구에 의거한 대체로 경험적 문법 개념이 주를 이루었다. 그리스 문학의 상당 부분이 때로 없어졌고, 그리스어 연구는 여러 영역에서 완진히 정지되었으며, 당시 실제로 표기된 것과 같은 라틴어 유형은 프리스키안의 전형적 고전어보다 중세어와 비슷해졌다.

중세 후반에는 아리스토텔레스 철학서의 라틴어 번역과 아랍어 주해서 그리고 그리스어 필사본을 통한 재발견이 스콜라 사상의 발전에 지속적인 영향을 주었다.

학자들은 스콜라학을 카톨릭 신학과 아리스토텔레스 철학의 결합으로 정의하는데, 토마스 아퀴나스(13세기)가 이 과정에 결정적으로 관여했다. 언어학 분야에서 스콜라학은 특히 13, 14세기에 쓰여진 수많은 논문들에 발표된 언어 이론의 축적인 소위 '사변 문법'들에 의해 나타났다.

언어학의 수행에 있어서 변화는 프리스키안의 주해서들로부터 시작된다. 11세기 이후 주해서의 저자들은 단순한 해설이나 설명에 만족하지 않고 프리스키안에 의해 선택된 라틴 문법의 서술에 철학적 정당성을 부여하고자 했다. 그의 〈Institutiones〉의 내용과 형식은 공격받지 않았으나, 사람들은 그가 문법 기술을 좀 더 포괄적인 이론에 기초해서 설명하지 않았다고 비난했다. 12세기의 어느 작가가 한 이와 관련된 비평을 읽으면, 현대의 변형 생성 언어학자들이 1940년대와 50년대 초기의 미국 기술 언어학자들의 이론적 불합리성에 대해 공격한 것과 주목할 만한 유사성을 확인하게 된다14). 프리스키안 문법의 기초로서 적합한 언어 이론을 만들어내는 것이 스콜라 문법가들 자신이 감추었던 목표였던 것이다.

문법의 이러한 발전에 대한 자세한 사항은 여기서 다루지 않기로 한다15). 그러나 여러 연구의 축적은 상당히 중요한데, 언어학 분야에서 가장 유능하고 활동적인 학자들에게 문학적 수행에 있어서 변화가 일어났기 때문이다. 언어학, 특히 문법은 이제 철학에 의해 완전히 조정되고 있었다.

문법가(per se)는 더 이상 교육자가 아니었다. 그러나 처음에는 현실의 본질과 인간 정신의 작동을 이해했던 철학가로서, 예를 들어 프리스키안과 같은 저자들에 의해 만들어진 것처럼, 문법의 품사와 범주와 구성을 거기서 유도해낼 수 있었다. 문법은 현실을 반영했고 그것은 정신에 의해 파악되었다. 그 때문에 제목이 〈Grammatia speculativa '사변문법'〉이다(speculum = 거울).

언어학의 이러한 총체적 움직임은 '문법의 논리화'16)로 일컬어졌으며 고대 세계에서 주도적이었던 언어학의 텍스트적, 경험적 기초에 대한 전면적 거부를 포함했다. 문법가들이 이제 다시 그들의 활동 영역을 정의해야할 필요성을 느꼈다는 점은 주목할 만 하다. 디오니시오스 트락스가 내렸던 문법의 정의는 천 년 동안 대체로 논란의 여지 없이 남아 있었으나, 이제 사람들은 그것을 완전히 부적합하다고 여겼다. 한 사변 문법학자는 '문법은 정신의 관념들을 올바로 표현하는

---

14) William of Conches, in: H. Roos, Die Modi Significandi des Martinus de Dacia, Beiträge zur Geschichte der Philosophie und Theologie des Mittelalters(중세 철학과 신학 연구) 37. 2(1952), 93. Chomsky, Current issues, 2장.

15) 나는 A short history of linguistics, London, 1967, 제 4장에서 간단하게 개요를 제시했다. 또한 N. Grabmann, Mittelalterliches Geistesleben, München, 1926, 1권, 제 4장, 그리고 Roos, 위에서 인용한 책.

16) M. Grabmann, 위의 책, 114 쪽에서 인용.

언어 과학'이라 정의했다17). 이들의 예는 더 이상 고전 텍스트에서 취하지 않았고, 어휘 내용과 문맥상의 신빙성이 전혀 중요하지 않은 문구들이었다. 'Socrates percutit Platonem.'(소크라테스가 플라톤을 때린다)와 'Socrates albus currit bene.'(하얀 소크라테스가 잘 달린다)가 전형적인 예문이다.

이러한 방법과 이 문법들이 쓰여진 중세 라틴어는 르네상스의 학자들로 하여금 모든 사변문법을 라틴어 연구에 완전히 불필요한 중세적 무지로써 거부하게끔 했다. 이러한 거부는 그들이 교육적, 스콜라적 관점에서 볼 때 여러 통사 개념, 예를 들면 일반 언어하에서 통용되고 있는 지배와 종속과 같은 개념을 발전시킨 중세 문법가들의 공헌을 간과하게 했다.

언어학의 내적, 정신적 방법과 외적, 관찰 방법의 대립으로 특징짓는 언어 연구의 주된 관심을 둘러싼 그 당시 주도적인 논리학(*artes*)과 일시적으로 패한 고전 작가들(*auctores*) 사이의 투쟁은 '7학예의 싸움터'에서 비유적 형태로 거론되었다. 13세기에 대한 이러한 비유로 아리스토텔레스 논리학, 또는 고전 문학의 사령부인 파리와 오를레앙의 여러 대학들에 아성을 둔 경쟁적 투사들이 교전하게 되었다.

1.3.3. 언어적 보편성

사변 문법가들의 연구와 함께 언어의 보편성과 보편 문법에 대한 의문이 처음으로 진지한 문제로 대두되었다. 그 후 이 문제는 언어학 연구의 전면에 서게 되었으며, 오늘날 언어학자들은 언어적 보편성과 관련해서 입장이 서로 다르게 구분된다.

---

17) Sieger de Courtai, Oeuvres, ed. G. Wallerand(Les philosophes belges 8), Louvain, 1913, 93.

　고대에는 언어학의 지배적 모델이 경험주의였음에도 불구하고 그 자료의 기초는 매우 제한되어 있었다. 그리스 문법가들은 그리스어를 공부했고, 라틴 학자들은 라틴어와 그리스어를 공부했다. 고전 시대에 로마 제국은 다언어적 특성을 가졌음에도 불구하고 라틴어와 그리스어 이외의 언어에는 관심이 없었던 것 같다. 기독교 시대에 성경 번역과 고트어와 슬라브어를 위한 문자의 발명 등의 작업은 유용한 것이었으나, 성경의 원전이 쓰여진 언어들 중 하나인 히브리어의 중요성은 간과될 수 없었다. 그리고 후에 아랍 권력의 부상과 확산은 아랍 학자와 철학자들의 학문적 기여에 의해 아랍어를 중세 학자들의 중요한 대상이 되게 했다.

　프리스키안 Priscian은 그리스어와 라틴어 화자를 위하여 문법을 썼다(여기에는 많은 그리스어 예문과 유추가 포함되어 있다). 유럽의 여러 국가 언어의 교사들과 그것에 관심 있는 사람들은 프리스키안 문법의 틀이 적합하다고 간단히 받아들였다. 그러나 스콜라 사변 문법가들은 그들의 문법 체계가 보편적으로 적용될 수 있는 지에 대한 문제에 직면했으며, 또한 이론적으로 적합한 답을 찾아야 했다.

　이것은 스콜라적 범주인 실체와 우연과 연관지으면서 생겨났다. 사변 문법의 저자이며 그리스어 문법의 저자이기도 했던 로저 베이컨 Roger Bacon(13세기)은 모든 언어를 위한 문법은 실체에 있어서 동일하며, 언어들 간의 가시적 차이는 단지 우연적 차이라고 설명했다. 한 언어의 문법을 이해할 수 있다는 것은, 본질적 특성에 관한 한 모든 언어에서도 문법을 이해할 수 있을 것이다. 이러한 보편성은 스콜라 문법 이론을 통해 확실해졌다. 사물과 그 특성들은 어디서나 같은 것이며, 인간의 정신 또한 모든 인간들에게 같은 것이다. 특성과 속성들이 정신에 의해 파악되는 것처럼 표현되기 위해서 모든 언어는 동일한 본질적 문법구조를 공유했다. 가시적 차이는 의사소통의 장애임에도 불구하고 단순히 우연적 속성에 관련된 것일 뿐, 문법 자체에는 영향을 미치지 않는다는 것이다. 스콜라 문법가들의 이러한 순진성은 비난받아 마땅하다. 프리스키안 문법의 개별 장치들은 단순히 고전 라틴 문학어의 관찰된 사실들에 기초한 것인데, 이것이 마치 인간 정신에 의해 이해되는 것처럼, 소위 어떤 보편자질과 연관지었기 때문이다.

보편성에 대한 스콜라적 노력은 이런 식이었다. 이 문제는 일단 제기되었고, 언어학자들에게 알려지고 연구되던 여러 언어로 계속 확대되면서 더 이상 간과될 수 없는 문제가 되었다. 이것은 언어학 이론의 현재 발전과 관련해서 몇몇 변형 생성 언어학자들이 표방하는 보편성 가설과 비교될 수 있다. 예를 들어 형식적, 실체적 보편성은 촘스키 Chomsky에 의하면 모든 언어의 기본 문법을 형성하는데, 이들의 개별적 차이는 후의 변형과 어휘규칙에 맡겨지게 된다는 것이다18).

1.3.4. 르네상스 시대의 경험주의와 합리주의

르네상스는 보통 일반 역사 기술에서 근대 세계의 탄생기로 보고 있다. 실제 인간의 사고 작용과 관찰의 전 영역에 걸친 포괄적이고도 밀착된 변화의 복합성은 학문 중의 학문으로서의 언어학에 여러 면에서 영향을 미쳤다. 언어학에 있어서 방향의 설정에 다음의 중대한 변화가 일어났다.

첫째, 유럽 외의 언어들에 대한 유럽인들 지식의 점진적 확대이다. 예를 들면 그때까지 기술되지 않은 신세계의 여러 언어들(인디안어의 최초 문법은 16세기말에 출판되었다)과 또한 16세기에 이미 유럽인들에게 알려졌던 중국어와 일본어처럼 교육과 언어학적 연구의 독자적 전통을 지닌 언어들이다.

---

18) 예를 들어, Aspects, 27-30.

둘째, 유럽 지식인들의 교통어(lingua franca)였던 중세 라틴어의 단계적 포기와 고전 라틴어 연구의 부수적인 재활성화 그리고 서양에서의 고전 그리스 문학 연구의 부활이다. 그리스와 로마의 고전 문학을 유럽의 일반 교양의 주요 부분으로 인정한 것은 르네상스에서 시작된다.

셋째, 연구와 교수에 있어서 유럽 개별 국가어들의 부상이다. 스페인어와 이탈리아어의 최초의 문법들은 15세기에, 최초의 불어 문법은 16세기에 나타난다. 근대 외국어 교육은 이 시대의 언어학 연구에 많은 노력을 기울이는 주요 동기였으며 그 이후로 지속되었다.

중세 문법이론과 그것이 기술된 논문들은 빠르게 배척되었고 야만적인 것으로 평가되었다. 왜냐하면 그것들은 고대 그리스 로마의 찬란한 문화와 다시 깨어나고 있는 유럽 사이에 놓인 소위 암흑시대에 속했기 때문이다.('중간 시대'라는 개념은 르네상스의 산물이다). 그러나 그것은 스콜라 문법의 일정 부분이 수정되고 후기 이론에 합쳐지며 문법적 언어 기술 시에 사용되는데 장애요인은 아니었다.

어떠한 학문도 그의 과거와 완전히 분리될 수는 없으며, 사람들은 이전 시대의 축적된 문제와 입장을 새로운 시대로 옮겼다. 논리학과 문학 중 어느 것이 언어학의 발전을 규정하느냐에 대한 싸움에서 잠깐 동안은 문학이 승리했다.

철학적 문법이 후에 다시 등장하기는 했지만, 초기 르네상스 학자들은 고전 문학을 문법적 설명의 고유한 보기로서 새로이 알게 되는 것에 대해 환영했다. 우리는 천 년 전의 디오니시오스 Dionysios Thrax 의 정의처럼, 언어학을 문학 연구의 영역으로 밀어 놓은 문법에 대한 정의 방식을 다시 살펴볼 것이다. 15세기의 한 문법학자는 문법이란 "정확히 말하고 쓰는 기술로서 이는 산문 작가와 시인들의 작품을 읽으면서 관찰된 것"이라고 정의했다[19].

---

19) "Quid es grammatice? Est ars recte loquendi recteque scribendi

텍스트의 관찰에 기초해서 언어를 연구하는 좀 더 경험주의적 접근은 르네상스 학자들의 더욱 일반화된 경험적 태도, 즉 지식을 용인된 이론의 연역에 의하지 않고 사실의 기록에 의해서 또는 전통적 권위에 의해서 획득하는 태도와 잘 맞았다. 경험주의적 견해는 이제 문어와 통상 서열의 언어가 된 몇몇 근대 유럽어들을 기술한 문법에서 찾아볼 수 있다. 페트루스 라무스 Petrus Ramus(16세기)의 품사의 재분류, 그리고 히브리어 문법은 라틴어와 동일한 범주를 사용할 수 없다는 뢰클린 J. Reuchlin(*De rudimentis hebraicis*, 1506)의 주장, 월리스 J. Wallis(*Grammatica linguae anglicanae*, 1653)의 영어 명사의 문법에 있어서 격의 거부와 영어 동사에서 현재와 과거 두 시제로 된 모든 시제 구분의 거부 등은 갈릴레이 Galilei와 코페르니쿠스 Kopernikus와 같은 학자들이 거론했던 초기 도그마에 대한 도전으로서 언어학에서의 대립이었다.

모든 언어는 그 자체가 고유한 구조의 발현으로 여겨야 한다는 것이 경험주의적 언어학자들의 일치된 기본 원리였다. 17세기의 한 문법가가 언급한 것이 특기할 만 하다. 중국어에서 동사의 형식구조에는 시간 개념이 표현되지 않는다는 사실을 고려할 때, 시간 관계성은 그리스어와 라틴어의 시제변화가 존재한다는 것 때문에 다른 유럽어에도 존재한다고 보는 것과 같으므로 더 이상 동사의 주요부분으로 볼 수 없다는 것이다[20].

경험주의 철학은 자연 과학의 성장을 북돋우었다. 오늘날 생각하는 것과 같은 과학은 일반적으로 17세기가 낳은 것으로 본다. 특징적인 것은 많은 문법이 자연 과학을 다루는 사람들에 의해 쓰여졌다는 것이다.

---

scriptorum et poetarum lectionibus observata"("문법이란 무엇인가? 문법은 산문 작가와 시인들의 작품 독해에서 관찰된, 바르게 말하고 바르게 쓰는 기술이다", N. Perottus, Rudimenta grammatices, Rom, 1476, 2.

20) T. Campanella, Grammatica (Philosophia rationalis Tomus 1), Paris 1638, 52.

경험주의의 영향력이 특히 강했던 영국에서 윌리스는 자연과학자였다. 그 다음 세기에는 화학자이며 산소의 발견자로 이미 이름난 프리슬리 J. Priestly가 영어 문법뿐 아니라 문법 이론에 대한 책을 썼다. 그는 '문법은 자연철학에 대한 논문과 비교될 수 있다'고 했다(자연철학=자연과학)21)

경험주의는 음성학 연구에 도움이 되었다. 모든 문자 표기의 확산은 어느 정도 음성·음운적 인식을 포함한다. 이런 점에서 볼 때 중세에는 '최초의 문법가'가 음성적 연구의 유일한 보기로서 고립되어 존재하긴 했으나, 중세 언어학 연구의 주류에서 음성학은 뚜렷이 진전되지 않았거나, 프리스키안과 그 밖의 후기 라틴어 문법가들의 고대로부터 이어져 온 전통에 비해 조금 변화되었을 뿐이다. 중세 라틴어가 모든 사람의 제2언어로 제시되고, 라틴 문학에 대해 관심이 적었을 때는, 언어학의 이 분야를 계속 연구하고 확대하려는 자극이 없었다.

그러나 르네상스 이후의 상황은 여러 지방 구어의 연구, 이 언어 사용자들의 교육의 확대, 그리고 언어학 이론의 한 응용 분야로서 정서법 개혁을 사회에서 중요한 위치에 놓이게 한 인쇄술의 발명과 더불어 달라졌다. 이러한 의미를 음성학이 오늘날에까지 간직하고 있다. 현대 언어의 문법서들에는 이제 발음에 대한 단원을 포함하는 것이 일반화되어 있다. 또한 언어의 소리와 기록된 문자가 분명히 분리된 개념으로 구별되던 시대가 비록 멀기는 해도, 영국 왕실 학회(17세기에 설립됨)의 초기 회원들 가운데 문자 언어와 소리 언어 그리고 발화의 철학적 기초에 대해 쓴 저자들이 있다는 사실은 흥미롭다. 이 시기에 언어학 연구의 동기로서, 예를 들면 비둘기의 언어훈련과 같은 오늘날의 응용 언어학의 몇몇 목표가 등장하는 것을 보게 된다.

예전에 존재하던 소리 언어인 라틴어에 대한 치체로 Cicero와 버

---

21) J. Pristley, The rudiments of English grammar, London, 1761, vi.

질 Virgil의 연구는 이 언어의 정확한 발음에 대한 관심을 불러 일으켰다. 북유럽 르네상스의 전형적 대표자였던 에라스무스 Erasmus는 근대 유럽에서 최초로 고전 라틴어의 c와 g의 발음이, 모든 로만스어에서는 강세가 있는 모음 앞에서 연구개 폐쇄음 k와 g로 발음된다고 주장했다. 고전 언어들의 발음의 정확성에 대한 에라스무스의 노력이 그의 저서 〈*De recta Latini Graecique sermonis pronuntiatione*(그리스어 발음에 대한 라틴어 규칙에 대하여, 1528)〉에 나타나 있다.

언어 연구의 내적·외적 방법론적 입장의 대립, 즉 화자가 지닌 능력이며 화자와 고유의 관계에 있는 능력으로서 언어와 다른 모든 현상과 같이 관찰될 수 있는 하나의 현상으로서 언어의 대립은 르네상스 후기에도 계속해서 언어에 대한 생각에 지배적이었다. 그러나 정신사 전체에서처럼 그것은 그대로 반복되는 동일한 이론이 아니라 상당히 다양한 이론들로 표현되는 동일한 입장이었다.

스콜라 체계의 붕괴에 이어서 관찰을 통한 지식을 추구했던 경험주의적 입장의 부흥이 뒤따랐다. 이들은 다시 의미의 오류 가능성과 경험적 지식과는 무관한 정확성을 추구했다. 사람들은 이러한 정확성을 다시 종교적 권위와 아리스토텔레스 논리학에서보다는 수학과 인간 이성의 힘에서 찾았다.

르네상스와 그 이후 시대의 거의 모든 사상가들은 사고의 수단으로서 수학에 집착했는데, 이는 중세 시대에 논리학에 두었던 비중과 비교할 만한 것이었다. 수학은 근대 과학의 기초였으며 현재에도 그렇다. 구하고자하는 정확성과 섬세함은 단지 수학의 도움으로만이 자연의 관찰된 사실로 이전될 수 있었다. 그러나 몇몇 사람은 추상적인 수학의 정확성이 아니라 경험과는 무관한 또 다른 정확성을 추구했다. 이 사람들이 합리주의자들로 그 창시자로서 보통 데카르트 Decartes (1596-1650)를 꼽는다. 합리주의자들은 정신을 외적 인상의 저장소, 즉 감각적 경험의 백지상태(*tabula rasa*)가 아닌 많은 '생득적 관념들'

과 특정한 선험적 지시에 의해 부여된 것으로 보았다. 데카르트 자신은 직접 언어와 문법 이론을 연구하지는 않았으나 후대 학자들이 합리주의 입장에서 언어 이론과 문법을 기술했다. 그들은 언어학적 보편성 문제와 보편 문법의 가능성을 다시 다루기 시작했는데, 이것은 새로 발견된 언어들의 다양한 자료와 한편으로는 신세계의 몇 언어와 또 다른 한편으로 중국어의 유형적 상이함으로 인해 훨씬 초미의 문제가 되었다. 이들 언어 유형에 대해서 고대와 중세 유럽인들은 꿈도 꾸지 못한 것이었다.

고전 중국어의 문법 구조와 문자 체계는 언어에 대한 유럽식 사고에 커다란 영향을 미쳤다. 중국어의 분석적 유형은 문법범주와 문법 관계를 라틴어와 그리스어의 복잡한 굴절 체계와 연결시키는데 익숙해있던 유럽인들에게 완전히 새로운 것이었으며, 또한 문법을 완전히 포기하고 문자에 의해 직접 상징화되는 순수 정신을 나타내는 언어의 인상을 전달해 주었다(중국어 문자를 두고 자주 사용하는 '표의문자(Ideogramm)'라는 말이 이러한 언어 연구를 나타내고 있다). 중국어와 중국글자는 17세기의 여러 사상가들에게 인위적 보편 언어의 모델로 여겨졌는데, 유럽인들은 초기의 보편 라틴어 대신 이 인위적 보편 문법을 통하여 해당 언어의 임의적 문법 규칙의 간섭이나 제한으로 방해받지 않고 말로 또는 글자로 서로 의사소통이 가능했었다. 중국어의 본질에 대한 이와 같은 오해는 부분적으로 1703년까지 유럽어로 된 중국어 문법이 없었다는 사실에서 원인을 찾을 수 있다. 그러나 그것은 18세기와 19세기 전반에 걸쳐 계속되었으며, 다양한 언어에 나타나 있는 서로 다른 문법 구조에 관한 슐레겔 A. W. Schlegel과 훔볼트 W. von Humboldt의 논문들에서 매우 분명해졌다.

17세기에 뽀르 롸얄 Port Royal의 합리주의 학파가 〈*Grammaire générale et raisonnée*(일반 이성 문법)〉라는 문법서를 만들어냈는데, 그 제목이 책에서 제시된 이론을 설명해주고 있다. 즉 문법은 인간 정

신의 노동에 기초하며, 말토막이나 품사는 두 가지 원천 즉 사고의 대
상과 사고의 형식에서 나왔다는 것이다. 이렇게 해서 언어는 우리의
생각을 표현하려는 목적을 달성할 수 있었다.

좀 더 경험주의적으로 만들어진 프랑스어 문법은 보글라 C. F.
Vaugelas의 것으로 그는 상류사회에서 용인된 사용법에 기초해서 문
법을 설명했다. 사변문법가들이 프리스키안을 라틴 문법의 이론적 기
초에 대해 깊이 생각하지 않고 설명을 했다고 비판했던 것과 똑같이,
뽀르 롸얄 문법의 저자들이 보글라는 언급하기만 했던 어떠한 사실의
사용에 대해 심층적인 설명을 했다는 점이 흥미롭다[22]. 모든 발화에
는 판단이 있기 때문에 동사의 유일한 기능은 술어를 주어와 연결하
는데 있다는 것이다. 진짜 동사는 계사(copula/esse)이며, 개별 언어
들에 있는 다른 모든 동사는 논리적·문법적으로 계사와 형용사로 쪼
개질 수 있다는 것이다(Peter lebt. = Peter ist lebend. '페터는 살아있
다'). 이 견해는 후에 19세기 보프 F. Bopp의 역사 언어학에서 약간
다른 내용으로 다시 등장했다[23].

세부적으로는 몇 가지 차이점이 있음에도 불구하고, 이 합리주의
적 방법은 1세기 후에 부제 N. Beauzée가 사용하는데, 그의 이론적
입장을 기술한 제목은 ⟨*Grammaire générale ou exposition raiso-
nnée des éléments nécessaires pour servir de fondement à
l'étude de toutes les langues* (일반 문법 또는 모든 언어의 연구에 기초
가 되는 필수 요소를 고찰한 해설서, 1767)⟩이다. 부제 Beauzée는 문법이
라는 말의 사용을 두 가지로 분명히 구분했다. 하나는 인간 사고의 본
성에서 나오며, 현재 언어의 실존을 가능하게 하는 모든 언어에 타당
한 보편문법의 원리, 또 다른 하나는 이러한 일반 원리가 나타나는 언

---

22) C. Lancelot/A. Arnauld, Grammaire générale et raisonnée(일반 이성 문
　　법), Paris, 1660, 제10장.
23) 비교, 제 II장.

어의 우연적 사실들이다. 그는 주목할 만하게도 전자가 과학적 연구의 본래 대상이라고 주장했다. 이 생각은 옐름슬레우 L. Hjelmslev가 내세운 보편 문법 또는 일반 문법에 대한 요구와 놀랍게도 매우 비슷하다. 그는 그것에 의해서만 언어학이 단순한 "허무주의"로 전락하는 것을 막을 수 있다고 했다24).

언어에 대한 이 두 입장, 즉 합리적이고 보편적 입장과 경험적이고 관찰적·개별적 입장은 르네상스부터 19세기까지의 언어학 연구를 특징지었다. 자연히 대부분의 학자들은 각각의 입장을 취했는데, 대립은 학자들 사이의 상호 배타적인 분파에 있기 보다 오히려 대립적인 학설에 있었다(철학자들 가운데 다수는 경험주의적이면서 동시에 합리주의적 사고 방식을 표현했다. 예를 들어 로크 Lock에 대해 좀 더 상세한 규정 없이 경험주의자라고 한 것은 철학사의 왜곡이다)25). 그러나 언어 연구에 있어서 중요한 학설로서 합리주의와 경험주의는 서로 대립적이며, 이들 간의 싸움과 각각이 주장하는 경쟁적 요구들은 19세기와 20세기의 언어학자들에게로 넘겨졌다. 그리고 이들은 다시 오늘날까지 그 고유의 방법으로 대답했고 또 대답하고 있다.

논란의 여지가 있는 문제에는 언제 어디서나 그렇듯이, 이 싸움에도 하나의 공동 주제가 있었는데, 즉 언어적 보편성이다. 합리주의자들은 그것을 일반 문법으로 여겼고, 인간 정신의 사고 과정에서 유도해낼 것을 주장했다. 경험주의자들은 그것을 부인하거나 별로 관심을

---

24) L. Hjelmslev, Principes de grammaire générale, Kopenhagen, 1928, 15, 268. Campanella와 17세기의 다른 학자들은 경험주의적, 합리주의적 문법 해석을 grammatica civils와 grammatica philosophia로 구분한다.(Grammatica, 3).
25) 언어에 대한 Port Royal의 보편적 생각은 특수하게 합리주의적이었음을 강조해야 한다. 작금의 여러 개념과 방법적 출발점은 중세 또는 르네상스 문법의 다른 근원으로 거슬러 올라가게 된다. Chomsky의 Cartesian Linguistics(1966년 출판됨)에서 데카르트의 영향에 대한 과대 강조가 V. Salmon의 서평 JL 5(1969), 165-187와 H. Aarsleff, The history of linguistics and Professor Chomsky, Language 46(1970), 570-585에서 수정되었다.

기울이지 않았다. 그들은 모든 언어를 특색 있는 개별 체계로 보았던 것이다.

금세기에 경험주의 철학을 엄격히 따랐던 블룸필드 L. Bloomfield 는 언어에 대한 단 하나의 유용한 일반화는 귀납적 일반화(즉 서로 다른 여러 언어의 관찰에서 이끌어낸 일반화)에서 성립해야한다고 역설했다. 또한 블로흐 B. Bloch와 트래저 G. L. Trager는 기술 언어학의 기본 원칙으로서, "품사는 그 굴절이나 통사기능에 의해 정의되어야하며, 절대로 '보편 문법'의 미리 정해놓은 도식에 의해 정의되어서는 안 된다"고 주장했다26).

그러나 촘스키 N. Chomsky는 자신이 제한적 경험주의라고 일컬었던 것을 거부하고, 언어학 이론은 인류의 특수한 지적 능력에 속하면서 다양한 언어 공동체에 서로 다른 언어 현상들에 기반을 이루고 있는 언어의 보편성의 존재를 바탕으로 해서 제시되어야한다고 주장했다. 보편 문법의 연구는 인간의 지적 능력의 본성에 대한 연구인 것이다27).

유럽 언어학의 초기 역사에 대한 이 개관에서 지금까지는 오로지 기술 언어학과 일반 언어 이론, 현대적 개념으로는 공시적 언어 연구에 관심이 집중되었다. 이것은 다음의 사실들에 기인한다. 고대 유럽에서는 중국, 인도 그리고 아랍인들에서처럼 실용적 동기와 이론적 관심이 주로 공시적이었다. 학자들은 실제 존재하고 있는 언어의 구조와 발음을 연구했으며, 언어의 본질과 작용방법의 이론들을 다루었다. 언어 변화는 종교적, 공적, 문학적 언어 그리고 학식 있는 사람들의 언어로 사용되던 형식에서 경계해야할 언어의 변종 또는 오염 정도로 언급되었다.

---

26) B. Bloch/G. L. Trager, Outline of linguistic analysis, Baltimore, 1942, 68.
27) 비교. 각주 2와 위의 책, 그리고 Chomsky, Language and mind, New York, 1968.

1.3.5. 역사적 언어 개념의 성립

오늘날 언어들 사이의 역사적 관계라고 일컬어지는 언어학적 관계들이 추론되었다. 그리스어와 라틴어 사이의 역사적 관계는 이 두 언어가 지니고 있는 여러 단어 형식들의 일치를 생각할 때 명백해 보였으나, 위에서 본 바와 같이 그것은 잘못 해석된 것이었다.

중세에 아이슬란드의 '최초의 문법가'는 영어와 아이슬란드어의 역사적 연관성을 추측했다. 그러나 일반적으로 세계 언어의 역사에 대한 중세적 이해는 바벨탑의 성경 이야기에 대한 믿음과, 신이 탑을 무너뜨리고 난 결과인 언어의 분산에 의해 규정되었다. 전설에 의하면 노아의 세 아들인, 셈, 함 그리고 야훼로부터 생겨났다는 여러 민족과 언어의 명단은, 중세 유럽에 알려졌듯이, 세계의 언어를 포함할 수 있도록 늘어났으며 변화했다. 라틴어와 그리스어는 야훼 계열로 여겨졌다(이 언어 명단들은 르네상스에서 끝나지 않았으며, 몇몇 명단들은 신대륙과 극동 아시아의 언어들을 포함했다)28).

오늘날 잘 알려져 있고, 19세기에 발전된 역사언어학은 그 시작을 로만스 제어의 연구에서 찾을 수 있다. 이들 언어는 라틴어에서 생겨났으며, 이미 라틴어를 배우고 썼던 사람들에 의해 말해지고 후에 문자로 기록되었다.

단테 Dante(1300년경)는 어릴 때 배운 로만스 모국어와 후에 학교에서 배운 라틴어를 비교했다. 그는 일반적으로 용인된 성서 범위 안에서 그가 알고 있던 신 라틴어들을 '예'라는 대답과 관련하여 세 부류(이탈리아어 si, 남프랑스어 oc, 북프랑스어 oil)로 나누었다29).

후에 르네상스 시대의 로만스 제어에 대한 체계적 연구와 더불어 이탈리아어, 프랑스어 그리고 스페인어의 비교와 그들 문법 형식의

---

28) A. Borst, Der Turmbau von Babel(바벨탑), Stuttgart, 1957-63, 931.
29) Dante, De vulgari eloquentia 1. 1, 6.5, 8.5-6.

비교가 진지하게 행해졌다. 16세기초에는 라틴어 본래의 과거와 미래 형들을, 현재완료와 동사 원형 그리고 소유동사 habere 형태에서 나온 현대 로만스어의 어순과 비교했다. 또한 전치사의 역할은 라틴어에서는 격변화에 의해 실현되던 여러 문법 기능의 대용으로 인식되었다. 이 시기의 이탈리아어 문법에서 라틴어의 격형태를 번역하면서 전치사 표기를 위한 격표지(segni di caso)라는 용어가 유래된다(보기: di casa'집의'=casae, 반면에 con Cesare'시저와 함께'=cum Caesare). 격표지라는 개념은 16, 17세기의 몇몇 문법에 상당히 일반적으로 사용되었는데, 그 의미는 문법을 쓴 사람이 보편주의적 입장이냐 또는 경험주의적 입장이냐에 달려 있었다. 전자의 경우, 격은 격표지의 사용을 포함하여 여러 언어에 다양한 형식으로 표현되는 보편 개념이었으며, 후자에서는 격표지란 말이 라틴 문법을 잘 알고 있으리라고 간주되는 독자들을 위한 교수법상의 보조 수단에 불과했다.

로만스어 형식과 이에 상응하는 라틴어 형식의 비교는 변종이나 타락에 대한 연구가 아니라, 알려진 바와 같이, 이 언어들이 발전해온 로마의 고전어와의 관계 속에서 근대의 명망 있는 문어들에 대한 진지한 역사적 연구였다. 이제 유럽의 학문은 역사 언어학과 언어 비교에 대규모로 연구할 수 있는 연구 범위와 관계 모델을 처음으로 갖게 되었다.

다른 영역에서도 계속 비교가 행해졌는데, 스칼리거 J. J. Scaliger를 예로 들면, 그는 로만스어, 그리스어, 게르만어와 슬라브 어족간의 관계를 인정하려하지 않았으면서도, 이 어족들에 모두 있는 '신'을 뜻하는 단어와 관련해서 정리해 놓았다. 이어서 유럽 언어들의 종합적인 역사적 관계에 대한 가설들, 때로는 언어사에 대한 총괄적인 성서적 관념에 대한 가설들이 생겨났다. 특히 18세기에는 그러한 연구에 필수 불가결한 원료로서 체계적인 단어목록을 만드는 노력이 행해졌다.

단어별 의미의 기원에 대한 연구인 어원학은 실제로 역사적 관점을 취하게 되었다. 철저하게 객관적이고 과학적인 방법에 의한 증명이 부족했던 고대와 중세의 공상적 어원학은 예전 형식과 후기 형식을 비교함으로써 대체될 수 있었다. 형식과 의미의 변화가 체계적으로 기록되었다. 역사 어원학은 오랜 과정을 거쳐야 했다. 18세기말 영국에서 한동안 신망이 두텁고, 매우 영향력이 있었던 투크 Tooke같은 사람들의 무지한 주장은 어원 연구에서 역사적 존재의 인정이 환상을 완전히 퇴치하는 것은 아니라는 사실을 보여준다30).

19세기에 포트 A. F. Pott와 여러 사람들의 연구는 중요했다. 거기에는 동계 언어 안에서 합당하고 검증된 어원적 사실들이 수집되어 있었다. 또한 그러한 사실들이 신빙성 있는 것으로 받아들여질 수 있게 한 이론은 후에 19세기에 비로소 청년문법학자들에 의해 완전히 수립되었다. 그러나 역사적 틀은 첫째 전제조건이었다.

산스크리트어가 유럽인들의 비상한 관심을 불러일으키고, 유럽어들과의 역사적 관계가 확실히 파악되던 1786년경에 유럽 학자들은 성공적인 결론에 도달하게 된다. 어족이란 개념이 더욱 분명하게 묘사될 수 있었던 것이다. 그리고 어족이 성립되는데 기초가 되는 자료의 본질이 더욱 잘 파악되었고 중요한 자료들이 수집되었다.

그러나 무엇보다 신 라틴 로만스 어족과 단테 이후 기울여온 학구적 노력의 덕분으로 그 전에는 가능하지 않았던 언어의 역사와 그 역사 연구에 대한 올바른 생각이 19세기의 활발한 발전의 기초가 되는데 유용하게 되었다.

---

30) 비교. H. Aarsleff, The study of language in England 1780-1860, Princeton, 1967.

제 2 장
19세기의 역사 언어학

제 2 장

19세기의 역사 언어학

2.1. 언어학의 역사화

19세기의 언어학은 무엇보다도 1786년을 그 시초로 보는 하나의 주제가 주도했는데, 즉 언어학의 역사화이다. 이것은 물론 기술 언어학이나 일반적 언어 연구가 더 이상 행해지지 않았다는 것을 뜻하진 않는다. 그것은 오히려 언어학이 대표적 학자들에 의해 역사적으로 수행되는 연구 영역으로 인정받고 그의 가장 주된 세부 영역들과 그 안에 포함되어 있는 연구 대상들이 우선적으로 통시적 관점에서 연구되었음을 뜻한다.

산스크리트어와 유럽의 주요 언어들 사이의 역사적 관계가 발견됨으로써 결정적인 추진력을 갖게 된 이 역사화 과정 속에서, 우리는 계통적으로 친족관계에 있는 인도게르만 제어의 오늘날 용인된 모습과, 그들의 그때 그때의 역사적 의의와 그리고 역사적으로 증명된 어족들의 윤곽이 어떻게 지속적으로 형성되었는가를 알게 된다.

이론 형성과 방법론에 관한 한, 언어 사이의 역사적 관계의 본질과 그러한 관계들이 발견되고 증명되는 방법들은 여러 세대에 걸쳐 학자들에 의해 엄밀히 만들어졌으며 점차 다듬어졌다. 이러한 발전은 세기 말 청년문법학자들의 성과에서 최고조에 이른다.

19세기에 언어학은 낭만적, 정신과학적 개념에서 엄격한 자연과학적 개념으로 발전했는데, 처음에는 생물학적 모델로, 후에는 물리학적으로 증명된 모델에서였다. 이전 시대와 같이 언어 연구에서 경험적 출발점의 강조는 음성학에 대한 관심을 고조시키고, 이 분야의 발전을 가능하게 했다. 언어학에서 음성학 분야는 역사적 언어연구의 중요한 요소일 뿐 아니라 비-유럽 세계가 유럽의 영향에서 점차 벗이나려던 시기에 새로이 연구되던 언어들의 발견을 통해서 꾸준히 활발해졌다.

전환점으로서 1786년은 언어학의 역사적 발전의 시발점으로 일컬어지지는 않더라도(몇 사람은 그렇게 여기기도 하지만), 언어학에 있어서 상투어였다. 이 해는 확실히 오늘날 우리가 19세기의 언어학으로 이해하고 있는 시대의 시작을 알려주고 있다. 이 해에 윌리엄 존스 Sir William Jones의 반박할 수 없는 증명에 근거한 정평 있는 설명이 있었다. 즉 산스크리트어는 인도의 고전어로서 여러 언어들과는 확실히 친족관계에 있으며, 대부분의 현대언어들과 아마 친족일 것이라는 것이다. 그의 말은 이러한 사실들뿐만 아니라 유럽 학자들의 후 세대에서 산스크리트어가 불러일으킨 놀라움과 경이도 반영하고 있다.

> 산스크리트어는 그 나이에 있어서 뿐 아니라, 구성에 있어서 경탄할 만하다. 그것은 그리스어보다 완전하고, 라틴어보다 풍부하며, 정선된 섬세함에 있어서도 이 두 언어를 능가한다. 그러나 그것은 마치 우연이기라도 한 것처럼 동사 어근과 문법 형식이 이 두 언어와 흡사하다. 이 유사성은 어떤 문헌학자도 산스크리트어, 그리스어, 라틴어들이 이미 더 이상 존재하지 않는 하나의 공동 기원에서 유래한 것임을 믿지 않고는 이들 언어를 연구할 수 없을 정도로 강하다. 또한 고트어와 켈트어도

산스크리트어와 같은 출처라고 가정할 만한 근거도 있다.

산스크리트어의 영향은 이중으로 중요했다. 먼저 그것은 19세기 유럽, 특히 독일 대학의 역사 비교 언어학의 성장과 발전에 엄청난 기여를 했다. 장기적으로 고대 산스크리트 문법가들이 언어 관찰 영역에서 그리고 음성학과 그 밖의 언어학 분야의 기술 방법에서 이룩한 탁월한 업적들이 유럽 학자들에게 알려졌다. 몇몇 경우에 있어서는 기원전 1세기까지 거슬러 올라가는 그들의 연구가 19세기 뵈틀링 O. Böthlingk, 휘트니 W. D. Whitney, 그리고 베버 A. Weber와 같은 학자들에 의해 번역되었다. 또한 그들의 연구 방법과 실습으로부터 배우지 않았더라면, 현대 기술 언어학이 이렇게 발전된 단계에 이를 수 없었으리라는 것도 확실하다. 주목할 만한 것은 유성음과 무성음의 차이에 대한 간단한 음성적 규정이 산스크리트어 음성 텍스트 번역에서 자세히 밝혀지기 전까지는 고전과 현대 유럽 학계의 통일된 지식에서 빠져있었다는 것이다1).

19세기의 역사 언어학은 어떤 형태로든 모두가 18세기 유럽에 존재했던 여러 문헌에서 발전되었다. 산스크리트어와 그의 계통적 친족어들의 발견이 직접적인 자극으로 작용했다. 혹자는 '전통 역사 언어학'이란 말을 사용하는데, 이러한 표현은 언어학의 이전 역사를 도외시했음을 나타낸다.

앞장에서 분명해진 바와 같이 고대와 중세 유럽에서 언어학 연구

---

1) Jones의 Third anniversary address, Asiatic Society에서 인용. Zur Beschreibung der Stimmhaftigkeit in der klassischen Sanskritgrammatik (고전 산스크리트 문법의 유성성에 대한 기술), 비교. W. S. Allen, Phonetics in ancient India, Oxford, 1953, 33-37.
　문법 분석에서 특히 미국 구조주의자들의 입장에서 사용되는 근대적 제로(Null) 개념은 그 기원이 인도 학자에게로 거슬러 올라간다. Pānini가 그 개념을 사용했으며, 그것은 서유럽 언어학에서 소쉬르에 의해 소개되었는데, 그는 파니니가 그 개념을 도입하게된 맥락과 비슷한 문법적 맥락에서 이 개념을 사용했다(W. S. Allen, Zero and Pānini Indian linguistics, 16(1955), 106-113).

는 완전히 공시적 또는 기술적이었다. 사람들은 언어(예로서 라틴어와 그리스어)를 말하는 대로, 쓰는 대로 기술하거나 아니면 철학 이론의 전체 범주 안에서 문법을 만들었다. 이것은 그 이전의 언어학에도 해당되는데, 즉 세계 도처에서 특히 고대 인도에서 그랬다. 언어학에서 순수 역사적 차원은 르네상스 이전의 유럽에서는 거의 찾아볼 수 없었다. 금세기의 공시 언어학이 다시 획득한 주도적 위치에서 보면, 19세기의 언어학이 거의 전적으로 역사적 관점에 집중된 것은 언어학 사의 과도기로서, 그리고 19세기 독일 대학의 가장 빛나는 전성기를 나타낸 언어학 연구에 전반적으로 유익했던 중간 단계였던 것 같다.

18세기의 언어학은 여러 학자들이 합리주의와 경험주의 철학의 특징적 성격들을 서로 통일시켰음에도 불구하고, 이 두 방향의 철학자들의 상반된 견해들에 의해 주도되었다. 합리주의 언어학자들은 언어의 밑바닥에 있는 보편성 또는 '보편문법'을 연구하며, 언어들은 '표면구조'(비교할 수 있는 현대적 개념을 사용하기 위해서이다)에서 인간 사고의 보편성에 기초하는 기저의 동일한 개념과 구조를 나타내는 여러 가능성을 연구하는 것이 중요하다고 강조했다. 경험주의적 노력은 '탐험여행' 시기 이후 점차 확대되고 있는 비-유럽어들에 대한 지식을 통해서, 그리고 현대 여러 언어의 교수와 연구에서 프리스키안 Priscian 라틴 문법의 '가죽 조끼'로부터 점차 해방됨으로써 만족스럽게 이루어졌다.

18세기말 경에는 여행 기회의 확대와 나폴레옹 전쟁에 의해 생긴 다른 세계에 대한 관심이 언어적 자료 조사를 대규모로 가능하게 했다. 이러한 활동은 러시아가 점증적으로 비-러시아 사용자들을 지배했을 때, 이미 나라의 공적 입장에 의해 뒷받침되었다. 언어 연구에도 폭넓은 관심을 가졌던 라이프니츠 Leibniz는 러시아 지배층으로 하여금 비교 목적을 위한 사전과 모범 텍스트를 종합하도록 했다.

이 때문에 19세기가 합리주의자와 경험주의자들의 언어학에 대한 경쟁적 해석을 유산으로 받았음에도 불구하고, 언어의 친족관계에 유일하게 타당한 증거로서 상세히 밝혀놓은 사전적, 문법적 형식의 중요성에 대한 통찰이 언어학의 방향을 자료 수집과 해석을 하는 경험주의적 연구 방향으로 기울게 했다.

그림 J. Grimm은 그의 저서 〈Deutsche Grammatik(독일어 문법, 1822)〉의 제2판 머리말에서 다음과 같이 밝혔다.2)

나는 문법의 일반 논리 개념에 반대한다. 그것은 그럴듯한 규정의 강도와 긴밀성을 갖고 있으나, 내가 언어 연구의 정신으로 여기는 관찰을 방해한다.

이러한 입장은 포트 A. F. Pott의 갈채를 받았는데, 그의 〈Etymologische Forschungen(어원 연구, 1833)〉에서 행한 어원에 대한 철저한 연구는 후에 인도 게르만어 비교 역사언어학 자료에서 중요한 부분을 차지했다. 그림 J. Grimm의 게르만어 음성변화에 대한 역사적 설명은 그 자체가 여러 철학적 언어이론보다 더 큰 가치를 지닌다3).

2.2. '인도 게르만 어족' 개념의 성립

산스크리트어에 새로이 중점을 둔 연구와 고전 그리스어와 라틴어에 대한 계속적 연구가 19세기 유럽에서 인도 게르만 어족을 주요 관심 대상으로 만들었으나, 단어 형태의 체계적 비교에 기초한 언어들 간의 역사적 친족관계에 대한 최초의 설명은 18세기말경 셔이노비치 P. Sajnovics의 〈*Demonstratio idioma ungarorum et lapponum*

---

2) Deutsche Grammatik, Berlin, ²1870, T.1, vi.
3) Etymologische Forschungen auf dem Gebiete der indogermanischen Sprachen(인도게르만어 어원 연구), Lemgo, 1833-36, xii.

idem esse(헝가리어와 랩어의 동일함 증명, 1770)〉과 뎌르머티 S. Gyarmathi 의 〈*Affinitas linguae hungaricae cum linguis fennicae originis grammatica demonstrata*(헝가리어와 핀어의 문법적 유사성 증명, 1799)〉 을 통해 인접 핀-우그르 어족에서 이루어졌다. 후자의 책에서 뎌르머티 S. Gyarmathi는 계통 분류시 공통의 기원에서 유래한 언어 요소들과 인접 언어 간의 장기적 접촉에 의해 얻어진 특성들을 명백히 구분했다.

셔이노비치 Sajnovics와 뎌르머티 Gyarmathi의 이러한 선구적 업적과 19세기에도 계속된 핀-우그르어 연구에도 불구하고, 유럽에서 역사 언어학의 주류는 인도 게르만어에 대해 발전되고 있는 생각에 의해 진행되었다.

슈테른힐름 A. Stjernhjelm과 애거 A. Jäger[4]와 같은 학자들이 처음으로 암시하고, 1786년 윌리암 존스 Sir William Jones가 부분적으로 기초한 데 이어 이 어족은 라스크 R. Rask, 그림 J. Grimm, 보프 F. Bopp, 포트 A. F. Pott 그리고 슐라이허 A. Schleicher에 의해 점차 일반적으로 인정을 받았다.

1833년에 이미 포트는 '인도 게르만어 지역'에 대한 어원 연구를 했다. 보프는 그가 다루고 있는 어족에 이름을 짓는 것이 타당하다고 주장한 그의 저서 〈Vergleichende Grammatik(비교문법)〉의 제2판 (1857) 서문에서 '인도 게르만어' 보다는 '인도 유럽어'라는 명칭을 선호했다[5]. 슐라이허는 19세기 중반경 인도 게르만어족을 이루는 언어들의 역사적 관계를 그의 계통수로 설명했는데, 이것은 불충분함과 약점에도 불구하고 오늘날까지도 여전히 보편적으로 사용되고 있는 하나의 모델이다[6].

---

4) Stjernhjelm, Ausgabe der Gotischen Bibel(고트어 성경), Stockholm, 1671.
   A Jäger, De lingua vetustissima Europae, Stockholm, 1686.
5) F. Bopp, Vergleichende Grammatik(비교문법), Berlin, ²1857, xxiv.
6) A. Schleicher, Compendium der vergleichenden Grammatik der indo-

역사 언어학자의 그 다음 세대, 특히 청년문법학자들과 그 가운데 브루그만 K. Brugmann과 델브뤽 B. Delbrück은 주요 특성들로 인정받게 된 이후 금세기에서야 알려진 히타이트어를 제외한 전 어족의 모습을 제시했다7).

발전되고 있는 인도 게르만 어족에서 비교적 큰 하위 어족들은 몇몇 학자들에 의해 특수 분야로서 연구되어 왔다. 로만스어는 고전 라틴어와 세속 라틴어의 보존을 이유로 어떤 면에서는 인도 게르만어에서 유일하게 디츠 F. Diez의 〈Grammatik der romanischen Sprachen(로만스어 문법, 1836-1844)〉의 주제가 되었다. 어떤 의미에서는 로만스어 역사 언어학이 포괄적인 인도 게르만어학보다도 시대적으로 훨씬 더 거슬러 올라간다고 말할 수 있다. 말하자면 단테 Dante가 라틴어 문어와 프랑스의 실제 살아있는 언어들, 즉 프로방스어와 이탈리아어들을 비교했기 때문에 그를 로만스어학의 창시자로 여길 수 있을 것이다8). 디츠 Diez 이전에도 레이누아르 F. Raynouard의 〈*Grammaire de la langue romane*(프로방스어, 1816)〉와 같은 개별 로만스어에 대한 역사 연구들이 있었다.

그러나 역사 언어학자들에게 특별한 관심을 끈 것은 산스크리트어, 특히 산스크리트어 문법이었다. 산스크리트어 연구와 언어학은 대학의 학과에 개설되었는데, 예를 들면 1822년 베를린에서 보프 F. Bopp가 맡았던 동양 문학과 일반 언어학 강좌 등이 있다.

슐레겔 F. von Schlegel은 인구어 연구에서 역사적 언어 분류를 위

---

germanischen Sprachen(인도게르만어 비교 문법 연구), Weimar, 1861.

7) K. Brugmann/B. Delbrück, Grundriss der vergleichenden Grammatik der indogermanischen Sprachen(인도 게르만어 비교 문법의 개요), Strassburg, 1886-1990.

청년문법학파까지의 비교 역사 언어학의 역사는 아래 책에 다루어져 있다. B. Delbrück, Einleitung in das Studium der indogermanischen Sprachen(인도 게르만 어학 입문), Leipzig, [4]1904, 1-5장.

8) Dante, De vulgari eloquentia, 비교. 제1장, 25.

한 문법 자료의 가치에 대한 그의 견해를 발표했으며(*Ueber die Sprache und Weisheit der Indier*(인도인의 언어와 지혜, 1808)), 또한 벤페이 T. Benfey는 독일 학문사에 동양 문예학과 언어학을 포함시켰다9). 제일 먼저 문법 형식 특히 굴절, 그리고 어휘 단위 자체가 연구된 것은 고대 인도 산스크리트 문법가들의 공헌이었다. 이것을 보프의 초기 작품 제목 *Ueber das Conjugationssystem der Sanskritsprache in Vergleichung mit jenem der griechischen, lateinischen, persischen und germanischen Sprache*(산스크리트어 동사 굴절체계와 그리스어, 라틴어, 페르시아어 그리고 게르만어 굴절 체계와의 비교, 1816))와 계통적 친족어들의 비교 역사 명칭으로서 오랫동안 유지되어 온 개념인 '비교 문법'이 증명하고 있다.

산스크리트어가 유일하게 구조적으로 탁월하다고 믿는 언어로서 받는 인정은 물론 고대 산스크리트 문법가 자신의 탁월한 연구에서 나온 것이다. 이들 중에 파니니 Pāṇini는 인도와 유럽에서 가장 잘 알려진 사람이다.

그보다 앞서간 사람들에 대해서는 거의 알려져 있지 않지만, 진실로 산스크리트 조어의 명확한 생성적 연구를 구현한 그의 산스크리트 문법인 아스따다이 *Aṣṭādhyāyī*의 밀도 있는 설명과 풍부함은 파니니가 언어학자들의 긴 대열에서 정점을 이루고 있음을 입증해준다. 그의 저서는 뵈틀링 O. Böthlingk의 번역과 서평(1839-40)을 통해 유럽 대중에게 널리 알려졌다. 세계의 알려져 있는 언어들 가운데서 여전히 존재하는 원초적인 또는 가장 오래된 언어에 대한 생각은 매우 오래된 것으로 적어도 헤로도트 Herodot(2.2)에 관한 이야기로 소급된다. 즉 이집트의 한 왕이 한 아이를 태어남과 동시에 벙어리 집단에 고립시키고 최초로 그 아이가 자연적으로 말하는 단어를 적음으로써 가장

---

9) T. Benfey, Geschichte der Sprachwissenschaft und orientalischen Philologie in Deutschland(독일의 언어학과 동양학 역사), München, 1869.

오래된 인간 언어를 알아내려 했다는 것이다. 이 실험의 무의미함이 이와 똑같은 이야기가 세계의 다른 지역에서 다른 사람들에 의해 애기된 것까지 막지는 못한다.

기독교 시대에는 그러한 생각들이 여전히 히브리어를 아담어 *lingua adamica*, 즉 신에 의해 인간에게 부여되고 신 자신이 아담에게 사용하던 언어로 여기는 신학적 사고에 의해 강화되었다. 후에 사람들은 여러 나라에서 특정 언어의 오래된 정도를 그럴듯한 증거로 배타적 애향심을 부추기곤 했다. 17세기에 고로피우스 Goropius Becanus의 플레밍어에 관한 주장들이 이에 대한 좋은 예가 되는데, 이 주장들은 후에 라이프니츠 Leibniz에 의해 '고로피아니즘'이라고 조롱 당했다.

그러한 방법은 당연히 비-학문적이다. 또한 르네상스 시대에는 언어 변화에 대한 통시적 연구와 언어들 간의 역사적 관계의 적합한 관계들이 모색되었기 때문에, 그것은 단지 전통, 특히 기독교 전통의 권위와 절대적 진리에 입각한 기록으로서 구약 성서의 직접 해석에 의해서나 남아있을 수 있었다. 17세기 이후 언어가 하나 또는 두 개의 이미 사멸된 언어로부터 유래되었다는 생각이 문서로 기록되었다. 윌리엄 존스 Sir William Jones의 앞의 인용에서 분명해진 바와 같이, 이것은 산스크리트어, 라틴어, 그리스어 그리고 게르만어를 통해 나타난 통일성에 대한 이해였다.

그러나 이론은 천천히 사멸된다. 그리고 18세기 후기와 19세기 초 언어에 대한 관심은 언어의 기원 쪽으로 기울어졌다. 헤르더 Herder는 언어의 기원에 대한 논문으로 1770년[10] 프로이센 과학원상을 받았는데, 콘딜락 E. B. de Condillac의 ⟨*Essai sur l'origine des connaissances humaines*(1746)(인간 인식의 기원에 대한 글)⟩의 주제와 라스크 Rask가 덴마크 과학원의 요청으로 연구했던 주제인 ⟨고대

---

10) Abhandlung über den Ursprung der Sprache(언어 기원에 대한 연구) (Herders sämtliche Werke, ed. E. Suphan, Berlin, 1891, 제5권, 1-156).

스칸디나비아어의 기원〉이 비슷한 주제였다.

산스크리트어는 확실히 고대 언어로 여겨졌으며, 유럽인들은 고대 유럽 언어인 라틴어와 고전 그리스어로 그것을 학습하는 외에 산스크리트어와 고대 인도 문화를 알아내려는 노력을 기울였다. 존스 Jones 는 산스크리트어의 '고전적 나이'와 '그 놀라운 구조'에 대해 얘기했다. 19세기 초반에 산스크리트어는 추측상의 원시 조어의 제1단계로서의 위치를 유지했다. 이 때문에 보프 Bopp의 〈*Vergleichende Grammatik*(비교 문법, 1883)〉 초판의 서문에 있는 다음의 말은 전형적이다.

> 누가 반세기 전에 그리스어의 특성으로 알려진 형식의 완전성을 갖추고, 때로는 능가하며, 또한 각각의 언어가 가장 순수하고 가장 오래된 것을 지니고 있는 곳을 우리에게 알려주면서, 그리스어에 존재하는 방언 전쟁을 중재하는데 매우 적합한 언어가 먼 동쪽에서 왔다는 것을 꿈이라도 꾸었을 것인가.

슐라이허 Schleicher가 산스크리트어를 인도 게르만 어족의 최고 자리로부터 끌어내려 격하시키고, '인도 원시조어'를 인도 게르만어 계통수의 하위에 놓았다 하더라도, 원시 조어의 삼각모음체계의 유지는 이 언어의 인도 게르만어에 대한 영향을 나타내는 것이다.

켄툼어군과 자템어군(경구개음을 K음으로 지니지 않고 마찰음으로 변화시키는 음성적 특성을 갖는다)의 구분 이후 19세기 후반 경에야 비로소 다양한 변화를 겪었음에도 다른 인도 게르만어와 구별되는 언어로서 산스크리트어에 적합한 지위가 주어졌다.

슐라이허 Schleicher의 〈*Compendium*〉이 발표되고 6년 후인 1867년에 휘트니는 산스크리트어를 이제는 모어(엄마 언어)라 하지 않고 어족의 가장 나이가 많은 자매어라 일컬었다[11].

---

11) W. D. Whitney, Oriental and linguistic studies, New York, 1873, 203.

2.3. 역사적 관계 틀에서의 유형 연구

언어학의 역사화는 18세기말과 19세기초의 유럽, 특히 독일 사회에 특징적인 낭만주의 분위기에 의해 계속 진행되었다. 낭만주의는 고유 역사와 이전의 민족 문화에 대한 감정적 관심과 결합되었다. 이 운동은 때로는 예전에 '계몽주의 시대'의 과장된 지성으로 느껴졌던 것에 대한 반작용으로 나타났으며, 조형예술, 문학, 음악과 정치사상을 변화시키기 시작했다. 소위 도시 문화의 유해한 영향을 받지 않은 미개한 민족들의 언어에 대한 루소의 열정이 언어학의 낭만주의적 성향의 시작을 알렸다12). 그림 형제 Grimm의 작품에 나타난 방언과 민중 문학을 학문적으로 고찰하는 것은 바로 교육받은 계층의 세련된 문화와는 반대로 자기 고유 민족의 순박한 사람들의 문화에 대한 이러한 낭만적 사랑의 일부였다.

그림 J. Grimm의 언어학적 연구들에서 국수주의와 역사주의로의 이동이 더욱 강하게 인식된다. 19세기는 유럽에 있어서 강력한 민족 감정의 시기였으며, 도처에서 민족의 통일과 독립을 위한 노력을 정당화하는 수단으로 국어에 대한 필요성이 강조되었다. 그림 Grimm이 그의 이름과 연관된 음운 추이가 게르만족 초기의 독립선언이라는 주장은 피히테 Fichte의 선동적 발언, 즉 "(독일 민족의) 다양함은 독일인이 자연력으로부터 최초로 분리될 때까지 하나의 살아있는 언어를 말하는 데 있다는 것이다."와 똑같이 평가될 수 있다13).

---

12) J. J. Rousseau, Essai sur l'origine des langues(언어의 기원 연구)(1749), in: Oeuvres de J. J. Rousseau, Paris, 1822, 제13권, 163-257.

13) J. Grimm, Geschichte der deutschen Sprache(독일어 역사), Leipzig, ⁴1880, 제1권, 292.
J. G. Fichte, Reden an die deutsche Nation(독일 민족에게 고함)(1808), Leipzig, 1895, 62.
언어학의 진행과정에 대한 이러한 해석은 W. Scherer, Zur Geschichte der deutschen Sprache(독일어의 역사, 1868)에도 나타나 있다.

언어학의 역사화는 19세기에 유형적 연구에 대해 변화하는 입장 속에서 계속되었음을 알 수 있다. 각각 상이한 범주에 기초한 유형 분류와 계통 분류가 논리적으로 상관이 없다는 것은 오늘날에도 완전히 인정된 사실이다. 계통적으로 친족관계인 특정 어족들이 어느 시점에서 어느 정도 유형적 동일성을 나타낸다 하더라도 (예로써 고전주의 시대의 인도 게르만 제어와 오늘날 계통적으로 반투 Bantu어족에 속하는 여러 언어들), 유형상의 유사함에는 계통적 친족관계에 대한 어떤 타당하고 확실한 결론이 나올 수 없다는 사실이 확고한 것으로 여겨지고 있다. 17, 18세기에는 유형석 분류가 역사적 친족관계와 연관되지 않았다. 보편 타당한 문법, 즉 실제 언어들의 개별적 문법 체계의 기초를 이루고 있고 또한 그것들을 가능하게 하는 보편문법을 만드는데 관심이 있는 사람은 자연어에서 그러한 보편문법의 다양한 실현을 연구했다. 이 목표를 위하여 뽀르롸얄 Port Royal(1660년)의 문법에 대한 언어 유형적 연구와 부제 N. Beauzée(1767)의 연구가 기여했다[14]. 프랑스의 〈*Encyclopédie*(1772)〉에는 두 가지 기본적 언어 유형이 구분되었는데, 유추적 유형과 전환적 유형이 그것이다. 전자는 단어 형태에 변이형을 나타내지 않으며, 단어들을 소위 사고의 과정에 유추해서 배열하는 데 반해, 후자는 주로 굴절 형성의 문법적 사용에 의해 표시된다는 것이다. 사람들은 한 유형에서 다른 유형으로의 역사적 변천을 고려하며, 여기에 전환적 성격의 감소가 확실하다는 독일어를 생각했다하더라도 이러한 유형적 상이함을 역사적 친족관계와 연관시키지 않았다. 논문 *langue*는 언어적 친족관계의 이 두 방법을 분명히 상이한 것으로 표현했다.

---

14) C. Lancelot/A. Arnauld, Grammaire générale et raisonnée(보편 이성 문법), Paris, 1660.
N. Beauzée, Grammaire générale ou exposition raisonnée des éléments nécessaires du language pour servir de fondement à l'étude de toutes les langues, Paris(일반 문법 또는 모든 언어의 연구에 기초가 되는 필수 요소를 고찰한 해설서), 1767.

이 입장은 낭만주의의 운동에서도 변하지 않았는데, 아마 여러 민족들의 서로 다른 특성이라는 의미에서 특정 어형들은 특정한 사고의 과정과 연결되어 있다는 생각에 대해 민감했던 점에서는 그러했다. 이원적 유형 분류는 슐레겔 F. von Schlegel 〈*Ueber die Sprache und Weisheit der Indier*(인도인의 언어와 지혜에 대하여, 1808)〉에 의해 주장되었다.

　　부차적 의미규정은 어근음의 내적 변화인 굴절에 의해 표시되거나 아니면 그때그때 그 자체가 복수, 과거, 미래의 당위성 또는 다른 관계 개념을 뜻하는 고유의 첨가 단어에 의해 표시된다.

　　그의 동생 어거스트 슐레겔 A. W. Schlegel은 삼원적 유형분류를 제안했다. "구조가 없는 언어"(Langues sans aucune structure grammaticale, 이후 분석적 언어 또는 고립어)와 교착어 그리고 굴절어이다15). 그는 마지막 유형을 '유기적'이라 불렀으며, 그 당시의 과학적 사고와 일치하듯 이에 속하는 언어들을 고도로 발달된 언어로 보았다. 이러한 구분은 비-역사적인 것이었다.

　　유형적 분류, 특히 고립어, 교착어와 굴절어의 세 가지 분류는 본래 훔볼트 Wilhelm von Humboldt에게서 시작된 것이 아니다. 삼원체계는 이미 슐레겔 A. W. Schlegel에 의해 주장되었음에도 불구하고 흔히 훔볼트와 연결되어 있다. 그러나 훔볼트는 언어 구조의 이러한 관점을 풍부히 사용했으며, 여러 출판물에서 이에 대해 반복해서 설명했다. 그러나 항상 일관성 있게 적용하지는 않았다. 그의 마지막 저서 (인간 언어구조의 다양함)에서도 그는 삼원체계, 즉 고립어와 굴절어의 이원 대립에 소위 "교착어"들을 단순한 혼합형(zwitterwesen)으로 포함시키는 체계와 고립어, 교착어, 굴절어에 미국의 언어들의 특징인

---

15) A. W. von Schlegel, Observations sur la langue et la littérature provençales, Paris, 1818.

융합어를 포함하는 사원 대립 사이에서 명확한 입장을 취하지 않았
다16).

홈볼트는 앞선 사람들과 마찬가지로 한 유형에서 다른 유형으로의
언어 변화 가능성을 인정했음에도 불구하고 공시적 분류법을 취했다.
그러나 그의 글들에는 새로운 면이 있었다. 그는 삼원체계에 대해서
"언어 유기체의 완전함이 중심으로 해서 도는 축"이라고 기술했으며,
그에 대한 참고 사항으로 굴절어를 "보다 완전하다"고 말하면서, 언어
는 그 구조의 증가 국면을 거쳐 축소 국면으로 순환적으로 움직이고
있으며, 이 과정에서 새로운 구성원리가 생겨날 수 있다는 결론에 도
달했다.

이러한 견해는 뒤이어 다음 세기에 가벨렌츠 C.von der Gabelentz
와 슈미트 W. Schmidt에 의해 주장되었다17). 홈볼트는 고립어, 교착
어, 굴절어의 세 가지 유형분류를 언어의 가능성을 완전하게 실현하
는데 있어서 하나의 진전이라고 이해했다18). 그가 산스크리트어를
가장 완벽하게 발달된 굴절어로 여기고, 반면에 중국어를 구조적으로
미개하다고 여긴 것은 이 시대의 언어학에 전형적 특징이었다. 그럼
에도 불구하고 중국어는 이러한 언어구조의 특수한 성격을 통해 두각
을 나타냈다19).

---

16) W. von Humboldt, Die Verschiedenheit des menschlichen Sprachbaues(인간
   언어 구조의 다양함), 복사본 Darmstadt, 1949, 114, 124, 151-165, 272.
17) 위의 책, 114, 295. Von der Gabelentz, Die Sprachwissenschaft(언어학),
   Leipzig, 1901, 255-258. W. Schmidt, Die Sprachfamilien und Sprachen-
   kreise der Erde(세계의 어족과 언어군), Heidelberg, 1926, 26.
18) Ueber das Entstehen der grammatischen Formen und ihren Einfluss auf
   die Ideenentwicklung(1822)(문법 형식의 성립과 사상발달에 대한 영향에 대하
   여), H. Steinthal(ed), Die sprachphilosophischen Werke Wilhelms von
   Humboldt(홈볼트의 언어철학서), Berlin, 1883, 67-101(Hildesheim, New
   York, 1971).
19) Verschiedenheit, 294; Lettre à M. Abel-Rémusat sur la nature des
   formes grammaticales en général et sur le génie de la langue chinoise
   en particulier(문법 형태의 일반적 속성과 중국어의 개별적 특성에 관해 아벨 레

19세기 중반에 언어에 대한 과학적 사고에 있어서 여러 면에서 전형적이었던 슐라이허 Schleicher는 인도 게르만어족 선사의 구조적 완성에 대한 연구를 주저하지 않고 계속했다. 인도 게르만어에서 산스크리트어, 그리스어, 라틴어를 통해 나타나는 고도의 발전을 하기까지의 성장시기에 어족은 세 가지 구조적 기본형식을 나란히 취하게 되었다. 슐라이허는 유형론의 역사성을 주장했다. 다시 말해서 "역사와 발전은 각 시대가 하나의 대변자를 남김으로써 체계에 적합하게 되는데 이로써 바로 역사의 연속성이 체계의 병존으로 바뀌게 된다"는 것이다20).

슐라이허는 유형론을 역사에 편입시켰다. 그와 그 당시 언어학자들에게 있어서 역사적 지식은 절대 우선적이었다. 역사적 지식은 언어가 대상을 표현하는 것과 같이 대상의 인식에 있어서 전제조건이었다. 또한 역사적 방법만이 관찰되는 사실에 대해 적합한 설명을 할 수 있었다. "어떤 것이 어떻게 되고 있는 가를 알지 못한다면, 우리는 그것을 인식할 수 없다"21). 그 후의 학자들은 역사의 우위를 강조하면서 유형론을 거부하거나 아니면 그것에 보잘것없는 의미를 부여했다. 분트 W. Wundt와의 논쟁에서 델브뤽 B. Delbrück은 역사가 거의 또는 전혀 알려지지 않은 언어들로부터 유도하는 것의 불확실성을 역설했다. 또한 그는 유형적 분류에 대해서도 "이러한 분류는 점차 사라지게 된다"22)고 말했다. 메이에 A. Meilet는 후에 이 견해에 동의한 것 같다.

뮤자 씨에게 보내는 편지), Paris, 1827.

20) A. Schleicher, Sprachvergleichende Untersuchungen(언어 비교 연구), Bonn, 1880, 2권, 15.

21) A. Schleicher, Die Darwinische Theorie und die Sprachwissenschaft (다윈 이론과 언어학), Weimar, 1863, 10.

22) B. Delbrück, Grundfragen der Sprachforschung, mit Rücksicht auf W. Wundts Sprachpsychologie erörtertet(언어 연구의 기본 문제: 분트의 언어심리학적 관점에서), Strassburg, 1901, 44-48.

C'est une amusette dont aucun linguiste n'a putirer parti (이것은 어떤 언어학자도 이용할 수 없었던 놀이이다)[23]

청년문법학파의 이론은 19세기 후반 경 용인된 언어학 모델이었다. 20세기 초 소쉬르 F. Saussure의 영향 아래 공시적 관심이 부흥했음에도 불구하고 예스퍼슨 O. Jespersen은 1922년에도 여전히 언어학은 무엇보다도 하나의 역사 학문이라는 의견을 주장할 수 있었다(Language, 7).

앞장에서 본 바와 같이, 언이학은 그 발달 괴정에서 다른 학문 분야와 또한 정신 생활과 연관되어 상당히 많은 영향을 받았다. 사람들은 어느 역사적 시점에서든지 한 학문 분야 내의 모든 사상가와 사상을 다 평가할 수는 없다. 그러한 시도는 표면적인 단호한 모양새를 나타내지만 인간 사고의 변화가 실제 일어나는 방법에는 분명히 맞지 않을 것이다. 그러나 19세기 동안에 처음으로 커지고 우세하게된 역사적 입장의 중요성과 함께 우리는 계속 이어지는 또 하나의 경향을 보게되는데, 그 시대의 자연과학적 사고방식에 대한 언어학의 적응이 그것이다. 이 움직임은 17세기 이후 자연과학의 방법에 포함된 것과 같은 경험주의의 결과로 생각할 수 있다.

2.4. 언어 연구의 여러 모델

언어의 역사적 연구는 자료와 착상의 대부분을 르네상스 이후 유럽에서 그렇게도 널리 일반 교양에 기여했던 고대 그리스 로마 세계의 문학과 문화 연구에서 얻었다. 비교 언어학에 대한 전통적 영어 용

---

23) A. Meillet, Linguistique historique et linguistique générale(역사 언어학과 일반 언어학), Paris, 1948, 76.

어인 'comparative philology(비교 문예학)'은 언어학의 발달에서 문예학적 연구의 중요성을 입증하고 있다. 유럽 전체, 특히 독일에서는 옛 문헌의 연구를 고전 문화의 전체 구조에 대한 인식을 확대하고 평가하는 데로 이끈 볼프 F. A. Wolf(1759-1824)의 깊은 영향이 감지될 수 있었다.

19세기 동안에 언어학에 대한 생각은 점차 그 당시 자연 과학의 입장을 반영했다고 할 수 있다. 전형적인 것이 굴절어에 대한 초기적 찬양과 느슨하게 연결된 교착구조와는 달리 음성적으로 하나를 이룬 단어체에 어근과 문법요소가 융합된 언어 구조에 대한 시각 등이다. 시사적인 것은 그림 J. Grimm이 굴절 동사와 교착 동사를 표시하기 위해 사용한 '강', '약' 같은 표현들이다. 그러나 전체적 입장은 세기 말경에 무엇보다도 괴테 Goethe가 주장한 학문 일반에 대한 유기체적 관찰 방식과 함께 보아야 할 것이다.

사람들은 헤겔이 의식적이든 무의식적이든 19세기 독일의 사고 방향을 정신과학과 자연과학으로 구분한데 책임이 있다고 주장했다[24]. 아마도 18세기의 소수 학자들은 언어 연구가 정신 과학에 속하는데 반대했을지 모른다. 19세기의 언어학은 활동적이고 영향력 있는 옹호자들의 손에서 점점 자연 과학의 영역으로 들어가게 되었으며, 이것이 실제 청년 문법 학자들의 단호한 목표와 모든 자랑이 되었을 것이다[25].

언어학이 어떤 자연과학을 고유의 모델로 삼았는지는 19세기의

---

24) A. v. Helmholtz가 Heidelberg(1862)에서 행한 매우 흥미로운 대학 축사 "Das Verhältniss der Naturwissenschaften zur Gesammtheit der Wissenschaft" (자연과학과 학문 전체의 관계), Vorträge und Reden, Braunschweig, 1884, 117-147.

25) 비교. H. Arens의 Die Sprachwissenschaft: Der Gang ihrer Entwicklung von der Antike bis zur Gegenwart(언어학: 고대에서 현재까지 발달 과정), Freiburg/München, ²1969, 제2부, 3장: 'Ausbau: Der Weg zur Naturwissenschaft'(완성: 자연과학으로의 길).

흐름 속에서 변화했다. 전반기에는 부분적으로 위에서 언급한 유기체적 견해에 의해 제기되어 생물학과 생물학적 모델과의 유추를 선호했다.

보프 Bopp는 1836년에 "언어들은 특정 법칙에 따라 구성되며, 내적 생존 원리를 지니며 발전하고, 후에는 사멸하는 유기적 자연체로 볼 수 있다"26)고 했다. 포트 Pott도 같은 세기에 비슷한 의견을 표명했다.

> 언어는 구체적 질료와 형식이 있음에도 불구하고, 하나의 능력, 즉 인간의 동력이다. 따라서 언어는 정신적·육체적 자연물로서 인간에 종속되어 있으며 이 때문에 언어와 인간의 결합이라는 일반적 특성이 부인될 수 없는 것이다27).

슐라이허 Schleicher에게 있어서 언어학은 하나의 역사 학문이었다. 그러나 그것은 그 대상인 언어가 인간 의지에 따르지 않는다는 점에서 여타의 역사 학문들과 구별된다.

> 따라서 언어학의 방법론은 모든 정신 과학의 그것과 완전히 다르며 근본적으로 자연 과학의 방법을 따른다. 때문에 언어학의 성과들은 일반적으로 여러 역사적 학문보다 더 확실한데, 주관적 임의성이 역사학에서와 같이 심하게 나타나지 않기 때문이다. 언어학은 자연 과학에서처럼, 인간의 의지와 임의에 의해 전혀 변하지 않는 불변의 자연법칙의 섭리가 인식될 수 있는 영역에 대한 연구를 과제로 삼고 있다28).

슐라이허에게서는 자연 과학 중 생물학적 모델이 절정에 이르렀

---

26) F. Bopp, Vocalismus oder sprachvergleichende Kritiken(모음 체계 또는 언어비교 비평), Berlin, 1836, 1.
27) A. F. Pott, Etymologische Forschungen(어원연구), xxiv.
28) A. Schleicher, Sprachvergleichende Untersuchungen(언어 비교 연구), 제2권, 2.

다. 즉 언어는 화자의 의지와는 별개로 완전히 식물과 동물의 삶과 비슷하게 독자적인 고유의 삶을 영위한다는 것이다. 그는 말년의 저서들(1863)에서 다음과 같이 말했다.

> 언어는 인간 의지에 의해 결정되지 않은 채 생겨나고 일정한 법칙에 따라 성장하며 발전하고 다시 늙어서 죽어 가는 자연 유기체이다. 즉 언어도 '생명'이라는 이름 하에 있는 일련의 모습들을 지니고 있다[29].

> 그가 유추로서의 이 모델을 어느 정도 이용했는지는 말하기 어렵다. 생물학적 유기체의 관점에 대한 생리학적 해석 가능성은, 그가 언어를 뇌의 생리학적 산물이라고 말한 데서 찾을 수 있다. 또한 관찰되고 있는 언어 구조는 다양한 그러나 관찰될 수 없는 두뇌 구조에 대한 증거(즉 유일하게 가능한 증거)임을 알려준다[30].

> 슐라이허는 헤겔 학파로 성장했으나, 식물학과 원예학에 대한 관심과 1859년에 발표된 다윈의 진화론에의 심취는 그의 언어와 언어학에 대한 견해에 지속적인 영향을 미쳤다. 언어사의 흐름에 대한 슐라이허의 해석은 본래 다윈의 영향이 아니었다.

> 그러나 헤켈 E. Haeckel에 의해 다윈 이론을 접하게 된 후에, 그는 이 진화 이론에서 그 자신의 생물학적 언어 인식의 발판을 찾게 된다.

> 다윈 Darwin이 여러 종의 동물과 식물에 적용했던 것이 이제는 최소한 가장 주된 특성에 있어서는 언어의 유기적 구조에도 해당된다.

> 이 외에 언어는 생물처럼 서로 접촉하게 되면 '생존 경쟁'에 휘말

---

29) Darwinische Theorie, 7.
30) A. Schleicher, Ueber die Bedeutung der Sprache für die Naturgeschichte des Menschen(인간의 발생학에 있어서 언어의 의미), Weimar, 1865.

리게 된다고 한다31). 슐라이허의 진화론은 다윈을 통해 기반을 닦았음에도 불구하고 실제로는 성장과 강력한 발전의 시대 다음에는 퇴화와 붕괴의 시대가 이어진다는 초기 이론에 속한다. 그는 성장과 붕괴 시대의 구분을 기초로 하여, 인도 게르만 어족의 생애를 선사시대와 그 구조적 발전의 절정에 있는 대표적 언어들인 산스크리트어, 그리스어, 라틴어 등 고전어의 시대인 역사 시대로 구분했다.

언어의 생애(보통 언어의 역사라고 부른다)는 두 가지 주요 시기로 나뉜다. 하니는 언어의 발전 시기인 선사시대이며 또 하나는 언어의 음성과 형식의 붕괴와 동시에 기능과 문장 구조에 중요한 변화가 일어나는 시기인 역사 시대이다32).

슐라이허가 언어학과 생물학 사이의 유추를 어떤 다른 학자보다 가능한 한 더 폭넓게 이끌어냈음에도 불구하고, 그의 저서들에는 자연 과학이나 또는 대체로 경험적 학문들에 해당되는 입장에 대한 자각이 나타나있다.

이것(문법)은 인간 발생학의 한 부분이다. 그 방법은 본질적으로 자연과학의 그것이다. 사람들은 자연 연구자로부터 과학에는 단지 분명하고 매우 객관적인 관찰에 의해 확인된 사실과 이에 기초한 결론만이 유효하다고 보는 법을 배울 수 있다. 즉 몇몇 나의 동료들에게 유용할 인식이다33).

---

31) Darwinische Theorie(다윈 이론), 13, 31. J. Maher, "More on the history of the comparative method: the tradition of Darwinism in August Schleicher's work", Anthropological linguistics 8. 3(1966), 1-12.
32) A. Schleicher, Compendium, 4.
33) Compendium, 1. Darwinische Theorie 6-7. 실제 다윈 자신은 그가 초기의 진화론과는 달리 자연 과학의 법칙성과 비교할 수 있는 그런 법칙성 아래 그의 진화 이론을 냄으로써 자연과학적 관점의 발전을 촉진시켰다(Origin of species, 제15장).

언어학에서는 생물학적 유추와 특히 일반 물리적인 것의 유추 형
성 사이에 엄격한 경계선을 그을 수 없다. 보프 Bopp 자신은 유기적
입장을 물리적 법칙성에 대한 생각과 결합시켰다.

나는 이 책에서 이미 제목에 언급된 언어들의 유기조직을 비교하고,
모든 친족어를 종합적으로 기술할 것이며, 언어의 물리적이고 기계적인
법칙의 연구를 하려고 한다[34].

보프에게서는 17, 18세기에 주장되는 동사 의미분석에 대한 구상
과 당대의 비교언어학 사이의 보편적 관련성이 나타나있다. 그는
⟨*Conjugationssystem*(동사 굴절 체계, 1816)⟩에서 동사 자체는 본래
계사(copula)라는 완전히 뽀르 롸얄 Port Royal적 견해를 주장했다.
여기서 유일한 순수 동사는 존재 동사 sein, esse이며, 추상적 동사
*verbum abstractum*인 반면, 그 밖의 다른 동사들은 '부가적 동사'로서
순수 동사와 구분된다. 그러나 보프는 이러한 주장을 다른 동사들의
시제 형태 굴절 체계에서 계사의 형식적 반영을 재발견하려는 시도와
연결시켰다[35].

보프는 그의 후기 저서들에서 단어의 굴절 형성에 있어서 교착의 역
할에 훨씬 더 큰 비중을 두었는데, 산스크리트어와 친족어들에서 단어
의 어근은 원래 단음절로 구성되었으며, 인칭, 시제, 격과 같은 범주의
표시는 독자적인 단어들이 교착된 결과라고 주장했다(*Vergleichende
Grammatik*, 1857, 105-110쪽). 그는 이 단계에서 슐레겔 F. Schlegel
이 산스크리트어와 같은 '유기적' 언어의 특징으로 여겼던 굴절에 의
한 내적 변화 이론의 결정적 반대자임을 밝혔다. 슐레겔은 "사람들은

---

34) Vergleichende Grammatik(비교 문법), i.
35) Ueber das Conjugationssystem der Sanskritsprache(산스크리트어의 동사굴
　　절체계), Frankfurt, 1816, 3, 95, 96, 99. P. A. Verburg, "The background
　　to the linguistic conceptions of Fr. Bopp", Lingua 2(1950), 438-468.

산스크리트어의 구조가 완전히 유기적으로 되어 있으며, 어근음의 굴절 또는 내적 변화 그리고 곡용에 의해 여러 의미로 분화된다는 것을 인정해야 한다.”(*Ueber die Sprache und Weisheit der Indier*, 41쪽)고 주장했던 것이다.

보프 자신도 그의 초기 저서 〈*Conjugationssystem*〉에서는 산스크리트어에 대해 ‘유기적’이란 표현을 사용했으며, 그 언어의 구조에 대해 슐레겔과 매우 비슷한 견해를 피력했다.

우리에게 알려진 모든 언어들 가운데 인도인의 거룩한 언어는 내적 굴절과 어간 음절의 형성에 의해 정말 유기적인 방식으로 다양한 관계를 표현하는 가장 훌륭한 언어이다.

1822년 봄 그의 서신 교환을 토대로 사람들은 보프가 산스크리트어 굴절의 본질과 근원에 대해 현저하게 입장을 바꾼 것은 훔볼트의 견해에 영향을 받은 것으로 보았는데, 훔볼트는 교착이 문법 구조가 고립 상태에서 굴절 상태로 발전하는 중간 단계라고 판단했다. 훔볼트의 편지에 대한 답장에서 보프는 다음과 같이 썼다.

슐레겔 F. Schlegel의 유기적 언어와 기계적 언어의 구분은 완전히 무너졌습니다(S. Lefmann, Franz Bop: sein Leben und seine Wissenschsft(프란츠 보프: 그의 생애와 학문, 1897)

슐라이허의 세 가지 언어 유형의 역사적 배열은 슐레겔의 주장과 보프의 말년의 확신 사이에 놓여있는 안티테제를 해결하는 수단이 될 수 있을 것이다. 그는 인도 게르만어에 관한 한 각각의 유형은 어족의 가장 발달된 단계로 가는 도중에 있다고 했다.

교착은 단음절성을 지니며, 굴절은 교착과 단음절성 둘 다를 지닌다.

〈Sprachvergleichende Untersuchungen(언어비교 연구, 14-15)〉

엄밀한 자연과학적 언어 연구는 음성학을 점차 역사 언어학의 주요 부분으로 인정하게된 것과 관련이 있다. 유럽어 음성학에 대한 고대 산스크리트어 연구의 중요성은 이미 위에서 언급되었다. 그러나 근본적으로 역사 학문으로서 언어학과 관련해서 음성학은 음운 추이의 파악과 기술에 필수적인 것이 되었다.

그림 Grimm이 문자와 음성을 본래 구별하지 않았고, 단지 유기 폐쇄음과 마찰음을 같은 표기를 근거로 해서 PH, TH, CH로 정리함으로써, 이들 대응음들의 끝점을 순환적으로 결합시켰다는 것은 잘 알려져 있다.

방언학자들은 곧 음성 자체의 비교가 필요한 것이지, 서로 다른 표기의 연구에 의지하는 단순한 문헌학은 아니라는 것을 곧 인식했다. 1837년 라우머 R. von Raumer는 다음과 같이 기술했다.

우리가 특정 방언의 특정 표기를 다른 방언의 다른 표기의 위치에서 찾아내는 것에 만족한다면, 목표에 도달하지 못할 것이다. 우리는 이들 문자로 표시된 음성의 본질을 알아내야 한다.

그는 또한 그의 후기 논문에서 자연 과학의 틀에서 직접 관찰에 의존하는 음성학에 대한 이와 같은 중요한 인식을 확고부동하게 했다[36].

역사 언어학이 음성학을 19세기 언어 연구의 주요 분야로 발전시

---

36) "Die Aspiration und die Lautverschiebung(기음성과 음운 추이)", Gesammelte sprachwissenschaftliche Schriften(언어학 논문 총서), Frankfurt, Erlangen, 1863, 9-10.
"Die sprachgeschichtliche Umwandlung und die naturgeschichtliche Bestimmung der Laute(음성의 언어사적 변화와 자연과학적 규정)", Zschr. für österreichische Gymnasien 9 (1858), 353-373(서문, 353).

키는데 유일한 요인은 아니었다. 존스 Sir William Jones는 동양의 언어들을 로마 문자로 표기하는데 관련된 문제를 연구했다. 한편 오늘날 '응용 언어학'에 해당될 만한 실용적 생각들이 고대 인도의 여러 연구에 자극 받아 생겨났으며, 언어 연구의 이러한 관심에 큰 관심을 불러 일으켰다. 두 가지 중요한 것으로 정서법 개혁 운동이 꼽히는데, 특별히 영국에서는 이것을 일반 교육의 문제와 또한 유럽적 영향에 새로이 개발된 지역들, 특히 아프리카에서의 선교 활동과 결부시켰다. 렙지우스 C. R. Lepsius의 표준 알파벳은 보편 음성 자모를 만들려는 의도에서 세기 중반에 생겼다.

이에 뒤이어 오늘날 널리 사용되는 국제 음성 표기(1889)가 생겼다. 이러한 발전에 중요한 인물은 스위트 H. Sweet였다. 언어학사에서 그의 위치는 제 3장에서 다루게 될 것이다. 그럼에도 불구하고 역사 언어학의 자연 과학적 방법의 적용과 이 학문의 자연 과학에로의 편입은 음성학 연구에서 분명히 나타났다.

지버스 E. Siebers의 〈*Grundzüge der Lautphysiologie*(음성생리학 개론)〉의 부제목은 *Zur Einführung in das Studium der Lautlehre der indogermanischen Sprachen*(인도 게르만어 음성학 입문)으로 되어 있다. 이 책의 첫 장에서 지버스는 E. Siebers는 자연 과학자와 역사 언어학자들의 긴밀한 접촉을 주장했다.

여기에 청년문법학자들이 요구한 살아있는 언어와 그들이 나타내는 방언들에 대한 연구의 중요성이 있다. 음성 변화의 실제 자료를 정확하고 세밀하게 관찰한 데서 역사 언어학의 대표자들은 물리학자와 화학자, 19세기 후반에 그들의 사고 방식이 일반적 학문관에 널리 부각된 자연 과학자들과 같이, 연구 영역에 대해 동일한 관계에 놓이게 되었다.

그리고 오스토프 H. Osthoff와 브루그만 K. Brugmann이 쓴 〈*Morphologische Untersuchungen*(형태론 연구)〉의 유명한 서문은

오늘날 이런 맥락에서 한번 더 읽어볼 만하다. 슐라이허의 주요 연구들이 생물학적 언어 연구의 절정을 이루었다면, 청년문법학자들의 주장은 물리학적 관점과 또한 하나의 정밀과학으로서 역사 언어학의 극치로 여겨질 수 있다.

여기에 19세기 물리학의 절대 법칙과 자연의 기계적 획일성에 대한 생각에 유추한 음성법칙의 무예외성의 의의가 있다. 이런 식으로 훼르너 Verner가 그림 Grimm의 제1차 음운 추이의 명백한 예외를 포함하는 법칙을 찾아내려는 동기가 생겼다. 그림 Grimm은 다음과 같은 표현으로 만족했다.

음운 추이는 집단적으로 일어나며, 개별적으로는 한번도 순수하게 분리되지 않는다. 불규칙에도 규칙이 있을 것이다. 단지 이것을 발견하는 것이 필요하다37)

슐라이허 Schleicher와 보프 Bopp처럼 청년문법학자들도 음성 변화를 화자의 의지나 의식과는 완전히 상관없이 일어나는 것이라고 보았다. 그러나 그들은 생물학적 유추를 포기하면서 이러한 독립성을 언어가 독자적 생활을 영위한다는 생각과는 연관시키지 않았다. 이제 구체화된 실체가 아닌 개별 인간의 언어 습관에 작용하는 자연 과학의 맹목적 인과율을 '언어'라고 일컬었다38). 이제는 역사상 어떤 시대에도 슐라이허가 주장했던 언어적 쇠퇴의 여지는 없었다. 언어는 아주 단순하게 좋은 쪽으로든 나쁜 쪽으로든 지속적이고 피할 수 없는 변화를 하게 되어 있다. 또한 선사와 역사의 차이는 진행되고 있는 언

---

37) Deutsche Grammatik(^{2}1822), 인쇄 Berlin, 1870, 1권 503. K. Verner "Eine Ausnahme der ersten Lautverschiebung(제1차 음운 추이의 예외)". Ztschr. für vergl. Sprachforschung 23 (1877), 97-130(인용 101쪽).

38) H. Osthoff/K. Brugmann, Morphologische Untersuchungen(형태론 연구) 1 (1878), xii-xiii. Osthoff, Das Verbum in der Nominalkomposition(동사와 명사 파생), Jena, 1878, 326.

어 변화의 속성에 있는 것이 아니라 증거의 속성에 있다. 같은 이유에서 널리 대중화된 슐라이허의 원시 조어를 예전에 실재했던 언어로서 재구성하려는 시도는 인도 게르만어의 원형을 만들어내는 대장간의 가설의 혼탁한 분위기에서 생긴 비학문적 산물로서 조소받게 되었다39).

역사 언어학을 자연과학의 영역으로 이끌려는 움직임은 19세기 심리학 이론의 발전과 비슷하게 일치한다. 이것은 특히 의미론과 관련해서 어원 문제와 언어 행위와 사고 작용 사이의 관계 측면에서 언어에 대한 입장에 근본적인 영향을 미쳤다. 심리학을 정신 과학의 일부로 보는 낭만주의적 생각에 반대할 뿐 아니라 헤겔의 이상주의에도 반대했던 헬름홀츠 H. L. F. von Helmholtz는 에너지 보존법칙(1847)을 살아있는 유기체에 적용하면서 심리학을 자연과학 안에 이식하려 했다. 그는 심리학을 본질적으로 생리학적인 것으로 보았고, 생리학을 대체로 물리학이라고 생각했다40).

이런 관점에서 생각·사고는 국제화된 언어였다. 블룸필드 L.Bloomfield가 〈*talking to oneself or thinking*(자신에게 말하기 또는 생각하기)〉를 쓰기 거의 1세기 전에 가이거 L. Geiger는 〈*Ursprung und Entwicklung der Sprache und Vernunft*(언어와 이성의 기원과 발전, 1868-1872, 원래 9년 전에 나왔다)〉를 기술했다.

이 전통은 마이어 Max Meyer, 왓슨 J. B. Watson 그리고 바이스 A. P. Weiss에 의해 블룸필드 Bloomfield 에게 전수되었다. 그는 언어에 대한 첫 저서인 〈*Introduction to the study of languages* (1914)〉를 분트 Wundt의 심리학에 의거해서 썼으며, 그의 고전적 저

---

39) H. Osthoff/K. Brugmann, Morphologische Untersuchungen I (1878), ix-x, 청년문법학파에 대한 최근의 재평가는 K. R. Jankowsky에 의해 행해졌다. The neogrammarians, den Haag, 1972.
40) H. v. Helmholtz, Die Erhaltung der Kraft(힘의 보존), Berlin, 1847, E. G. Boring, History of experimental psychology, New York, [2]1929, 295.

서인 〈*Language*(1933)〉에서 인간 생활의 모든 면에 대한 기계론적 또는 행동주의적 설명으로 완전히 옮겨가고 있음을 알려주었다(서문, VII-VIII). 이러한 생각의 연속성에 대한 표시로 다음의 비교를 할 수 있다. 먼저 의미 연구에서 블룸필드의 유명한 허무주의를 살펴보자.

그러므로 의미의 규정은 언어 연구에서 약점이며, 인간의 지식이 현재 상태를 넘어서 확대될 때까지는 그대로 남아있을 것이다.

이제 슐라이허가 1865년 단어 의미의 변화에 대한 어원 연구와 관련해서 그의 입장을 정리한 방언을 살펴본다.

그는 일시적으로 어원학을 Glottik = Sprachwissenschaft 의 과제로 보아서는 안 된다고 주장했다. 왜냐하면 어원학에서 출발하는 사람은 분명히 아마추어같이 마음대로 하기 때문이다[41].

언어와 언어 연구를 그와 같이 취급하는 것은 언어학의 자연 과학에로의 계속적 편입과 19, 20세기에 이룩한 자연 과학 자체의 발전의 결과로 여겨질 수 있다. 발전은 초기 스콜라 철학과 합리주의 철학이 주장했던 것처럼 언어의 본래 전제 조건을 형성하기보다는 오히려 언어와의 결합에서 이루어졌음에도 불구하고, 사고 과정과 사상, 감정이 각 언어 이론에서 기본적 개념을 나타내는 언어에 대한 낭만주의적 사고에 역행하는 것이었다.

헤르더 J. G. Herder와 훔볼트 W. von Humboldt의 책을 특징지었던 이 '정신주의적' 언어 연구는 19세기 동안 그리고 금세기까지 스타인탈 H. Steinthal, 분트 W. Wundt, 크로체 B. Croce, 포슬러 K.

---

41) L. Bloomfield, Language, London, 1935, 28, 140. A. Schleicher, 슈미트 J. Schmidt를 위한 서문, Die Wurzel AK im indogermanischen(인도 게르만어에서 어근 AK), Weimar, 1865, viii.

Vossler와 슈피처 L. Spitzer 같은 학자들의 연구에 의해 유지되었다. 여기서 크로체 Croce는 문체론에, 슈피처 Spitzer는 어원학에 중심을 두었던 것을 알 수 있다42). 그러나 이 전통은 그 지속성과 옹호자들의 헌신에도 불구하고 학자들 간에 이 시대의 주도적 모형과 용인된 사고 방식들, 즉 첫째로 역사 언어학과 관련하여 청년 문법 학파, 20세기 구조주의의 여러 관점들 그리고 미국 기술 언어학의 블룸필드 Bloomfield 시대의 기계론적 관점에 완전히 반대되는 견해를 구현한 것이다.

---

42) H. Steinthal, Einleitung in die Psychologie und Sprachwissenschaft(심리학과 언어학 입문), Berlin, 1881. W. Wundt, Völkerpsychologie(민족 심리학), Leipzig, 1905-1906. B. Croce, Estetica come scienza dell'espressione e linguistica generale(표현 학문으로서 미학과 일반 언어학), Mailand, 1902. K. Vossler, Positivismus und Idealismus in der Sprachwissenschaft(언어학의 실증주의와 이상주의), Heidelberg, 1904. Y. Malkiel, "Necrology: Leo Spitzer", Romance philology 14 (1960-61), 362-364.

제 3 장
언어학의 구조주의

제 3 장

언어학의 구조주의

3.1. 청년 문법 학파에 대한 비판

역사 언어학에서 청년 문법 학파의 학문적 입장은 하나의 모형 또는 패러다임을 이루었다[1]. 이는 상당한 기간 동안에 그들 영역 안에 나타나는 현상을 다루는데 가장 적합한 방식으로 인정되고 실행되며 가르쳐지는 이론과 방법임을 뜻한다. 실제로 역사 언어학에서 후기의 변화된 관점들은, 물론 역사 언어학의 최근 해석이 상당히 과격한 공격을 했다 하더라도, 청년 문법 학자들의 입장을 조금 바꾼 것이며, 한번도 포기한 적은 없었다고 말할 수 있다(6.1. 참조).

파울 H. Paul의 책 〈*Prinzipien der Sprachgeschichte*(언어사의 제 원리)〉는 1880년에 처음 출판되었는데, 청년 문법 학자의 이론을 설명한 것으로 1902년 제5판까지 표준 교과서였다. 이것은 오스토프 Osthoff와 브루그만 Brugmann이 만들었던 청년 문법 학파의 프로그

---

1) 비교. T. S. Kuhn, The structure of scientific revolutions, in: International Encyclopaedia of Unified Science 2.2., Chicago, 1962.

램을 무비판적으로 받아들였다는 것을 뜻하지는 않는다.

그것은 두 가지 면에서 동시에 문제가 제기되었다. 방언학자들은 의식적으로 각각의 단어는 고유의 역사를 가지며, 음성 변화가 소위 규칙적으로 일어났던 시간과 공간의 경계는 그 자체가 확실하지 않다고 주장했다. 그 외에 단어 형태의 변이는 서로 인접한 방언 지역에서의 음운 변화와 관련해서 고찰되어야 하며, 또한 청년 문법 학자 자신들도 언어의 역사적 발전 과정에서 명백한 불규칙성의 원인으로 여겼던 유추에 기초한 간섭 현상도 고찰되어야 했다2).

그러한 비판을 청년 문법 학파적 견해의 대표자들은 일축했다. 그들은 음성 법칙의 무예외성을 실제 일어나는 음성 변화 자체에 대한 설명이 아니라 방법론적 원리로 보았으며, 규칙적인 것으로 구분되지 않거나 그 밖의 방법, 즉 유추, 방언 차용, 동음어의 회피로도 만족할 만하게 설명되지 않는 단어들은 어원적으로 친족이 아닌 것으로 간주해서, 그것을 언어의 역사적 친족 관계의 증거에서 제외시켰다. 예로써 의미의 동일함과 강한 형식상의 유사함에도 불구하고 아무도 라틴어의 dies와 영어의 day의 관계, 또는 라틴어의 habere와 독일어의 haben 사이의 어원 관계를 말하지 않았다. 왜냐하면 이들은 그림 Grimm의 음운 추이, 라틴어에서 decem은 영어에서 ten, 라틴어에서 cornu는 독일어에서는 horn 등으로 나타나는 음운 추이와 일치하지 않기 때문이다.

아주 넓은 맥락에서 청년 문법 학파의 견해는 이상주의 학파의 언어학자들에게 공격받았는데, 언어학에서 기계론적 과학의 원리를 지나치게 강조한 데 대해 반대하는 사람들로 독일의 포슬러 K. Vossler

---

2) 예를 들어 G. G. Kloeke, De Hollandsche expansie, den Haag, 1927, 190-5 는 "쥐"와 "집"의 뜻을 갖는 /mu:s/와 /hu:s/가 있는 방언과 /my:s/와 /hy:s/ 방언, 그리고 두 단어 /mu:s/와 /my:s/가 사용되는 네덜란드어 사용 지역 내의 방언을 나타낸다. B. Delbrück, Einleitung in das Studium der indogermanischen Grammatiken(인도 게르만어 문법 연구 입문), Leipzig, [4]1904, 163.

와 이탈리아의 크로체 B. Croce를 들 수 있다. 이 언어학자들은 맹목적 필연성에 반대해서 언어 변화에 개별적 화자의 의식적, 창조적인 부분을 강조했으며, 평범한 화자의 언어사용과 발전은 단테, 괴테 또는 셰익스피어와 같은 문학적 천재들의 작품이 언어에 영향을 미치는 방식과 근본적으로 다르지 않고 단지 정도의 차이가 있을 뿐이라고 확신했다3).

언어에 대한 '실증주의적'이고 엄격히 자연 과학적 입장의 이상주의에 대한 거부는 언어학적 사고에 있어서 광범위하고 근본적인 움직임의 일부로 볼 수 있다. 어떤 면에서는 이러한 움직임이 19세기에 존속했던 '심리주의적' 사고의 진전을 보여주지만, 다른 면에서는 물론 청년문법 학파와는 다른 기본 전제와 다른 학문개념에 기초했으면서도 그들보다 결코 덜 엄격하지는 않았던 과학적 원리의 고수를 주장했다.

20세기 전반에는 구조주의가 언어학의 모든 관점과 공시적이든 통시적이든 언어 연구의 모든 차원을 파고든 주도적 테마였다. 부분적으로 구조주의는 특히 음운론 분야에서, 음성학 자체가 제기했고 별도로 취급되어야 하는 특수한 문제를 해결하려는 데서 출발했다.(음운론 장 참조)

그러나 질료의 최소 단위로서 원자의 구체적 실재에 대한 생각들이 19 세기말과 20 세기초에 발전된 물리학적 인식의 조명 아래 근거 없는 것으로 밝혀졌을 때, 일반적 의미에서 언어학의 구조주의는

---

3) K. Vossler, Positivismus und Idealismus in der Sprachwissenschaft(언어학의 실증주의와 이상주의), Heidelberg, 1904; B. Croce, Estetica come scienza dell'espressione e linguistica générale(표현 학문으로서 미학과 일반 언어학), Mailand, 1902, ^{9}1950, 18; "Anche niente più che una differenzia quantitativa possiamo ammettere nel determinare il significato della parola *genio, genio artistico*, dal non-genio dell'uomo commune(우리는 '천재성, 예술적 천재성'이라는 말의 의미를 규정할 때 보통 사람의 비천재성과는 양적인 차이에 의해서도 구별할 수 있다)."

예술과 몇몇 학문 분야의 좀더 광범위한 움직임에 불과했다4).

구조주의의 기본 인식은 그것이 외형 자체보다 외형들 간의 관계
에 의미를 두는 데 있다. 과학적 연구와 예술적 가치 인정의 목표는
서로 간에 존재하는 관계와는 분리된 채 관찰된 개별 성분 자체에 있
지 않고 상호 관계에 있었다. 사람들은 이를 통해서 과학이 자료의 단
순한 관찰로부터 근본 원리의 추상화에 도달하는 것이라고 생각했다.
구조주의는 이렇게 과학의 재료와 관련된 문제를 다루는 데 필요한
이론과 방법이 되었다. 이 출발점은 동시대 물리학과 수학에서 유래
했다. 그것이 언어, 신화, 진속 관계, 송교 등과 같은 인간의 사회적
현상 연구로 옮겨갔을 때, 사람들은 그것을 통하여 형태 심리학의 연
구 대상이 된 인간에게 내재해있는 정신의 구조 원리를 발견할 수 있
다고 믿었다5).

3.2. 소쉬르 F. de Saussure 의 구조적 언어관

언어학에 있어서 구조주의의 시작은 1910년대 제네바에서 소쉬
르의 대학 활동과 1916년 몇몇 제자들에 의해 그의 강의록이 출판되
면서 엄청난 영향력을 발휘한 것과 결부된다6). 〈*Cours de linguisti-
que générale*(일반 언어학 강의)〉의 전 세계적 영향으로 소쉬르는 언어

---

4) E. A. Cassirer, "Structuralism in modern linguistics", Word I (1945),
   99-120; R. Jakobson, "Retrospect", Selected writings: I Phonological
   Studies, den Haag, 1962, 631-658.
5) 비교. M. Lane(ed.), Structuralism, a reader, London, 1970, 11-39.
6) F. de Saussure, Cours de linguistique générale(일반 언어학 강의), ed. C.
   Bally/A. Sechehaye, Lausanne-Paris, 1916; Paris, [4]1949. 이 장에서 다루어
   진 시대는 다음의 문헌에도 설명되었다. O. Szemerényi, Richtungen der modernen
   Sprachwissenschaft I: Von Saussure bis Bloomfield(현대 언어학의 방향 I: 소
   쉬르에서 블룸필드까지), Heidelberg, 1971.

학을 20세기에 대학의 학과로 설립하는데 공헌했다는 명성을 얻었다.

소쉬르는 오늘날 세계 도처에서 언어학에 기본적인 것으로 여겨지는 여러 개념과 입장들을 보편화시켰다는 점에서도 당연히 칭송 받을 만하다. 사람들은 의사 전달 수단으로서 어느 특정 기간의 언어에 대한 공시적 연구와 역사적 변화 속에 있는 언어의 통시적 연구를 근본적으로 구분한 것을 그의 공헌으로 여긴다.

그는 공시 언어학에서 화자가 사용하는 추상적, 어휘적, 음운적 체계로서의 언어인 랑그 langue 개념과 그 랑그를 사용해서 나타나는 실제 발화체인 빠롤 parole을 구분했다. 소쉬르는 랑그에 우선적으로 관심을 기울이면서, 랑그, 다시 말해서 모든 개별언어는 구조로서 파악되어야한다고 주장했다.

소쉬르는 랑그의 공시적 연구 틀에서 구조 개념을 언어학의 중심에 놓았다. 랑그는 그것이 음운적, 문법적, 또는 어휘적이거나 간에 언어의 본질을 이루는 구성 요소가 아니라 이들 요소들 간의 상호 관계이다. 그는 구조 개념을 언어 개념의 영역이 아닌 예를 들어, 기차 연결망과 장기말을 비교하면서 설명했다. 사람들은 제네바-파리행 8시 45분 급행 열차를 유럽 철도 연결의 전체 체계 안의 위치를 근거로 확인하는 것이지, 다른 특징들, 예를 들어 특별한 증기 기관차인가 또는 열차가 어느 특정한 날 우연히 연결된 기차칸인가 하는 것을 근거로 삼지 않는다. 이와 마찬가지로 장기 놀이의 장기말들은 그것이 만들어진 재료나 또는 보통 알아볼 수 있는 보통 외관에 의해서가 아니라, 장기판 위에 그때그때 허용되는 성격들에 의해 규정된다. 그것들이 만들어진 재료는 놀이하는 사람이 모든 말을 구별할 수 있는 한에서 기본적으로 그들의 외관만큼이나 아무런 역할을 하지 못한다(농부, 주교, 왕 등등)[7].

이러한 주장은 음운론에서 직접적으로 음운 이론의 완벽한 발전을

---

7) de Saussure, Cours[4], 151, 153.

이루게 했으며, 문법에서는 개별 언어의 품사와 범주가 해당 언어의 전체 문법 체계와 관계 속에서 다른 언어와 구별된다는 점에서 영향을 주었다(예를 들어 독일어의 여격은 다른 세 가지 격과 구별되며, 다른 다섯 가지 격과 구분되는 라틴어의 여격과는 다르다는 것이다).

의미론에서는 소쉬르의 구조 이론이 후에 의미론의 '장 이론'의 기초를 이루었는데, 장 이론에서는 어휘적 의미를 개개의 단어 형식과 독자적 결합으로 이해하지 않고, 같은 의미 영역과 의미장 내에서 다른 단어 형식과 의미의 존재를 통해 규정된다는 사실에서 출발했다. 소쉬르는 이러한 생각을 동사 '두려워하다'의 세 가지 표현늘 *redouter, craindre, avoir peur*을 도입했는데, 이들은 의미상 모두 조금씩 서로 다르다8).

의미론과 관련해서 소쉬르의 견해는, 언어는 그의 구조성에 의해 단순한 어휘 목록과 구별된다는 것이었다9). 그는 기술 언어학에서 자주 인용되는 그의 표현인 언어는 "une forme, non une substance"(실체가 아니라 형식이다)는 것을 그의 구조 개념으로 아주 일반적으로 정당화했다10). 그 후 여러 언어 연구자와 언어학파들이 소쉬르 언어학의 이 중심 테마를 그들 자신의 이론과 언어 문제 처리의 출발점으로 삼았다.

소쉬르의 〈Cours...〉는 언어학에서의 "코페르니쿠스적 전환점"으로 일컬어졌다11). 이것은 부분적으로 타당한 것 같다. 왜냐하면 언어

---

8) de Saussure, Cours[4], 160. R. Hoberg, Die Lehre vom sprachlichen Feld: ein Beitrag zu ihrer Geschichte, Methodik und Anwendung(언어장 이론: 그 역사, 방법론 그리고 적용을 위한 기고), Düsseldorf, 1970. 비교. J. Trier, Der deutsche Wortschatz im Sinnbezirk des Verstandes: die Geschichte eines sprachlichen Feldes(이성의 감지 영역에 있는 독일 어휘: 언어장의 역사), Heidelberg, 1931. 그 밖의 참조는 S. Ulmann, The principles of semantics, Glasgow, 1951, 152-170.
9) de Saussure, Cours[4], 34, 97.
10) de Saussure, Cours[4], 157.
11) P. A. Verburg, Lingua 2 (1950), 441.

학이 〈*Cours...*〉가 나타나서 전체 언어학자들에게 영향을 미친 이후에는 더 이상 예전과 같지 않았고 또한 같을 수도 없었기 때문이다. 그러나 소쉬르도 19세기의 역사 언어학이 전성기를 이루었을 때는 전혀 고려되지 않았던 언어에 대한 일련의 이미 알려진 생각들을 받아들여서 계속 발전시켰다는 것을 항상 상기해야 할 것이다.

제 I장에서 소쉬르가 청중의 관심을 돌리게 했던 공시 · 기술 언어학이 1786년까지 언어학의 상당 부분을 차지했다는 사실이 분명해졌을 것이다. 소쉬르가 그것을 다시 올바른 위치로 돌리고, 아울러 언어 연구의 주요 방법들 사이의 필수적 구분과 이 영역의 중요한 논제들을 지적했던 것이다. 그러나 소쉬르가 역사 언어학이 오래 주도한 이후에 이 주제를 다룬 유일한 학자는 아니다. 언어 공동체의 소유로서 랑그와 개인의 발화 행위인 빠롤의 대립은 이미 가벨렌츠 G. von der Gabelentz에서도 찾을 수 있다. 그는 개별 언어와 말을 구분했으며, 또한 각 언어의 구조적 특징을 주장했다.

각 언어는 그 모든 부분들이 유기적으로 연결되어 작용하는 체계이다. 사람들은 전체가 변하지 않고는 어떤 부분도 없어지거나 달라질 수 없다는 것을 안다[12]

구조 개념과 전체가 부분을 지배한다는 생각이 물론 가벨렌츠 G. von der Gabelentz로 소급되는 것은 아니다. 일반적, 철학적 의미에서 이것은 헤겔의 형이상학적 기본 사상과 훔볼트 언어 이론의 중심 주제이다. 훔볼트의 구조 개념은 가벨렌츠도 사용했던 용어인, 그의 유명한 주장의 내적 언어 형식에서 표현되었다[13]. 훔볼트의 글에 있는

---

12) von der Gabelentz, Die Sprachwissenschaft, ihre Aufgaben, Methoden uns bisherigen Ergebnisse(언어학, 그 과제, 방법과 성과), Leipzig, 1901, 481. E. Coseriu, "Georg von der Gabelentz et la linguistique synchronique(가벨렌츠와 공시언어학)", Word 23 (1967), 74-100. Coseriu는 von der Gabelentz의 책이 Saussure적 사고의 발전에 지속적인 영향이 있었다고 생각한다.

내적 언어 형식에 대한 정확한 해석은 여러 서평의 주제였다. 사람들은 언어라는 현상에 대한 오늘날의 여러 해석들에서 부당하게도 훔볼트를 근거로 삼았다.

훔볼트의 견해에 의하면 언어는 인간의 특별한 능력이다. 문법과 사전에 담겨있는 구조는 인간 정신의 보편 자질이다. 그러나 각 언어는 개별적 특징을 지니는데, 그것은 저마다의 여러 가지 음성을 사용하거나 또는 어휘가 약간씩 다른 사물과 크기에 관련되기 때문이 아니라, 음운, 문법, 어휘 구조와 소리와 의미가 서로 결합하는 방식이 모든 언어마다 다르기 때문이다. 슥 이것이 각 언어의 내적 구조를 형성하며 여기에서 문학 예술가들의 자료와 더욱 중요한 것으로 화자의 사고 형식이 생겨났다14).

개별 언어는 고유한 언어 형식을 갖는다는 훔볼트의 언어관은 스콜라 문법가들뿐만 아니라 17세기의 합리주의 문법가들도 출발점으로 삼았던 통일적이고 기본적인 문법에 대한 생각과는 반대였으며, 이는 후에 "언어적 상대주의"로 불리던 표현의 전초 단계였다. 훔볼트는 18세기에 보통 그러했듯이 언어 구조를 사고 구조와 동일하게 보았다. 그는 이들이 함께 발전되었으며, 또한 인간의 사고력과 뗄 수 없게 결합되어 있다는 데서 출발했다. 이러한 견해들이 프랑스에서는 콘딜락 E. B. de Condillac과 독일에서는 헤르더 Herder에 의해 주장되었다. 이는 훔볼트에 의해 계속 발전되었는데, 그는 칸트 Kant의 인간 이성에 대한 주장을 모든 언어 공동체의 분화된 사고 과정으로 여겼던 것에 일반적으로 적용했다.

이러한 관찰 방식은 19세기 동안 그 당시 주도적이었던 역사 비교 언어학 보다 관심이 덜 하기는 했어도 그대로 유지되었다. 주목할 만

---

13) von der Gabelentz, Die Sprachwissenschaft, 63.

14) W. von Humboldt, Über die Verschiedenheit des menschlichen Sprachbaues (인간 언어 구조의 다양함에 대하여), 1836. 원본 재 인쇄, Darmstadt, 1949, 41, 89-98, 269.

한 것은 청년문법학파에서 역사 언어학의 주도적 학자가 내적 언어 형식을 학문적으로 무가치하다고 비난한 것이다. 스타인탈 Steinthal은 그것을 훔볼트가 얘기했던 것보다 더 강한 주관적 방식으로 발전시켰다.

또한 음성과 사고의 총체로서의 언어에 대한 생각이 카시러 E. Cassirer의 교의에 있어서 중심요소였으며, 독일 바이스게르버 L. Weisgerber와 미국의 워프 B. L. Whorf 이론들에서 다양한 형태로 나타났다15).

그러나 이 생각의 연속성이 훔볼트의 구조주의를 소쉬르와 20세기의 대부분 구조주의자들의 구조주의와 동일시하게끔 우리를 현혹해서는 안 된다. 전체가 개별 부분보다 우위라는 훔볼트의 주장은 낭만적, 철학적 그리고 예술적 생각이다. 20세기에는 이러한 훔볼트적 생각의 보존에 후위를 이루던 포슬러 Vossler와 같은 이상주의자들이 있었다. 화자의 내적 활동과 창조성16), 그리고 언어의 유기적 속성에 대한 주장은 청년 문법학자들의 원자론에 대한 반작용일 뿐 아니라, 19세기 후반 언어학자들의 주 목표였던, 즉 언어학을 하나의 엄격한

---

15) 훔볼트의 칸트주의에 대하여, 비교. Verschiedenheit, 26, 90. B. Delbrück, Einleitung^4 49:"내적 언어 형식은 성격적으로 파악할 수 없는 어떤 것이다"; 같은 책 55: 다른 것들(훔볼트의 이론)은 내적 언어 형식처럼 결국 무시되었다." W. Bumann, Die Sprachtheorie Heymann Steinthals(Heymann Steinthal의 언어 이론), Meisenheim, 1965, 120-129.

　　E. A. Cassirer, Philosophie des symbolischen Formen(상징 형식의 철학), 1-3권, Berlin, 1923-1929; L. Weisgerber, "Das Problem der inneren Sprachform und seine Bedeutung für die deutsche Sprache(내적 형식의 문제와 독일어에 있어서 그 의미)", in: German-roman. Monatshefte 14(1926), 241-256; Das Menschheitsgesetz der Sprache(언어의 인간적 법칙), Heidelberg, 1964. B. L. Whorf, Language, Thought and Reality: Selected writings ed. J. B. Carroll, New York, 1956(독일어 번역 Sprache, Denken, Wirklichkeit, Hamburg. 1963).

16) I. Iordan, Einführung in die Geschichte und Methoden der romanischen Sprachwissenschaft(로만스어학의 역사와 방법론 입문), Berlin, 1962, 108.

과학적 학문으로 만들려는 실증주의에 대한 반작용이었다.

소쉬르와 그에게 영향받은 모든 사람들은 구조주의를 과학적 관찰 방식의 필수 요소라고 보았다. 그들이 청년문법학자들과 다른 점은 방법론에서 공시 언어학의 특별한 위상을 인정해야한다는 그들의 주장과, 또한 언어의 요소들을 절대적 실체로서가 아닌 상대적인 것으로 파악하는 것이다. 그러나 언어학을 과학으로 유지하려는 희망에서 그들은 청년문법학자들과 같은 원리를 주장했다. 이러한 학문적 견해들의 순서는 사고의 변화가 반작용을 불러일으키지만 옛 형태로 되돌리는 일은 드물다는 한 보기이다. 왜냐하면 후기의 발전 단계늘은 중간 단계의 고정적이고 지속적인 성격을 지니기 때문이다.

주목할만한 것은 구조주의 언어학의 두 대표자인 소쉬르와 블룸필드가 청년문법학파적 비교 역사언어학으로 교육받았으며, 또한 완전히 선의에서 대립하고 있다는 사실이다. 소쉬르는 처음에 그의 인도 게르만어 모음체계의 역사적 연구들과 함께 라이프치히에서의 연구로 언어학에서 유명해졌고17) 청년 문법 학파의 오스토프 Osthoff와 브루그만 Brugmann 그리고 다른 대표자들과 함께 라이프치히에서 연구한 이후 그들의 이론과 방법들이 그를 통해 프랑스에 소개되어 메이에 Meillet에 의해 계승되었다. 소쉬르는 프랑스를 완전히 떠나 제네바로 가기 전에는 1880년부터 1891년까지 파리에서 강의했다18).

블룸필드도 1913년부터 1914년까지 레스킨 A. Leskien과 브루그만 Brugmann에게서 배웠다. 그의 저서 〈Language〉에서 역사 언어학과 비교 방법이 다루어진 단원들은 영어권 지역의 언어학자들에

---

17) Mémoires sur le systéme primitif des voyelles dans les langues indo-européennes(인도 유럽어 원시 모음체계에 관한 연구 논문집), Leipzig, 1879.

18) 여기서 언급할 만 한 것은 de Saussure 사후에 세 개의 짧은 논문들이 T. A. Sebeok(ed.), Portraits of linguistics, Bloomington, 1966, II, 87-110에 인쇄되었는데, 이들은 그가 오늘날 널리 유명하게된 공시 언어학의 재강조에 대한 그의 역할보다 역사 언어학 분야의 연구를 더욱 중점적으로 다루었다는 것이다.

게는 언어학의 이 관점의 원리들에 대한 고전적 설명으로 여겨지며, 얼마 전에는 별도로 출판이 되기까지 했다.

캐나다와 미국의 알곤킨 제어의 역사에 대한 블룸필드의 탁월한 연구는 청년 문법학자의 방법론이 인도 게르만어의 문화적으로 연관성이 없는 언어들, 또한 지난 20, 30년대에 선교사들에 의해 정리된 한 두 언어의 어휘 목록과 문법을 제외하고는 문자로 된 기록이 없는 언어에도 얼마나 잘 적용될 수 있는가를 보여주었다.

블룸필드는 언어학이 자연과학적으로 행해져야 함을 다른 사람들보다 더 엄격하게 요구했는데, 이는 인간을 위한 여러 학문에 이러한 방법으로 자연 과학의 진보를 유용하게 하기 위해서였다. 이렇게 해서 블룸필드는 미합중국과 다른 지역의 구조주의 언어학자의 전 세대에 영감을 주었던 것이다[19].

소쉬르의 〈Cours...〉에서는 뒤르껭 E. Durkheim의 사회 이론의 영향이 계속해서 나타나고 있다. 뒤르껭은 사회 현상 "faits sociaux"의 객관적 상대성을 강조했으며, 그러한 현상들을 "commes des choses"로서 공동체 내의 개별 성원들의 실제 행동의 표본과는 독자적으로 어느 정도 거리를 두고 연구할 것을 요구했다. 소쉬르는 랑그 langue와 빠롤 parole의 구분 근거를 이 뒤르껭의 사회 이론에서 찾았다.

소쉬르에 있어서 언어학은 인간의 사회 관계 연구의 성분, 특히 기호를 사용하는 인간 능력의 한 부분이었다. 랑그는 "언어의 사회적 부분으로서 독자적으로 태어나지도 변화되지도 않는 개인을 초월한

---

19) Bloomfield의 Language history에서 역사적 단원, H. Hoijer(ed.), New York, 1971. 미국 인디언 언어에 대한 블룸필드의 연구. 비교. C. F. Hockett, "The implications of Bloomfield's Algonquian studies", in: Language 24(1948), 117-131, 여기에 블룸필드의 저서들에 대한 상세한 서지 목록이 제시되어 있다. 블룸필드의 논문과 그에 대한 주요 논문들은 C. F. Hockett(ed.), A Leonard Bloomfield anthology, Bloomington, 1970에 실려있다.

외적인 것"이었다. 랑그와 구조적으로 친족인 성분들은 어린 시절의 문화적 경험의 결과로서 개인의 두뇌 속에 고유 재산으로 존재한다. 이와 반대로 빠롤은 완전히 개인의 통제하에 있으나 물론 언제나 이미 이루어진 랑그와 일치해야 하는 개인의 언어 행위였다.

> La langue existe dans la collectivité sous la forme d'une somme d'empreintes déposées dans chaque cerveau(랑그는 모든 사람들의 뇌 속에 새겨진 흔적들의 총체 형태로 공동체 속에 존재한다)[20]

이런 식으로 소쉬르는 랑그와 빠롤의 구분, 즉 그 이전의 언어학자가 어떤 형태로든 구분했던 추상적 체계로서의 언어 또는 다르게 보면 언어 능력과 개인적 행위의 부분으로서 발화 언어 수행의 구분을 해석했다. 그것은 개인의 의식밖에 있는 집단적 실재(faits sociaux)에 대한 뒤르껭의 주장이었다. 그것을 소쉬르는 공시 언어학이 연구하는 불변의 동종 체계로서 언어가 시간의 흐름 속에서 겪는 변화, 즉 통시 언어학의 영역과 엄격히 구별했다. 그가 언어 변화의 발생을 개인적 변이형들에서 음성적, 문법적 또는 어휘적으로 그것이 랑그에서 일반적 인정을 받게 될 때까지 빠롤에서 어떻게 표현되는 가를 살펴보았다 하더라도, 이것을 개개인이 고유의 모국어에 대해 어떤 지배도 하지 못한다는 그의 주장과 어떻게 조화시키는지를 파악하기 어렵다.

모든 언어학자들은 이 세계 여러 언어의 중요한 사실들을 고려하기 위해서 언어학의 적절한 연구에 필수적인 소쉬르의 공시적, 통시적 구분을 받아들인다. 그러나 오늘날 공시태와 통시태를 완전히 구분하는 그의 이론적 출발점의 타당성은 많은 사람들에 의해 논란의 대상이 되고 있다.

---

20) de Saussure, Cours[4], 31, 33, 38; E. Durkheim, Les règles de la méthode de la sociologie(사회학의 법칙과 방법), Paris, 1895.

언어 공동체의 경계가 얼마나 좁게 그어지며, 또한 연구되는 시기가 얼마나 짧았던지 간에(소쉬르의 용어로 'etat de langue'(랑그 상태)), 어떤 언어도 완전히 동질적이거나 통일적이지 않다.

소쉬르도 인정했던 지역에 따른 방언 차이는 제외하고라도, 사회적 계층에 있어서 차이와 각 개인의 언어 자체에도 발화 상황에 의해 결정되는 문체적 차이가 있는데, 여기서 서로 다른 형식들 간에 변이가 있는 것이다. 공시태에서의 변화와 불확정성이 오늘날 통시태에서 언어 변화의 여러 현상들의 중요한 근원으로 여겨지고 있으며, 이러한 인식을 기초로 역사 언어학에 대한 현저히 새로운 해석들이 생겨났다21).

소쉬르 입장이 후에 수정되었다고 해서 그가 그의 논문들을 통해 언어학에 기여한 공헌과 또한 언어학사에서 그의 위치가 절대로 작아지는 것은 아니다. 사람들은 공시적, 통시적, 랑그, 빠롤과 그 밖의 여러 개념들이 〈Cours...〉로 발전된 그의 강의에서 처음으로 사용되었으며, 오늘날 국제 언어학의 고정 어휘에 속한다는 데서 그의 중요성을 인정하는 것이다.

소쉬르와 직접 그의 영향을 받은 사람들에게서 우리는 정신 과학에서 자연 과학을 거쳐 사회학으로 발전된 언어학의 절정을 경험한다. 이것은 엄격한 과학성에 대한 언어학자들의 요구에 어떤 뒤처짐을 의미하는 것은 아니다. 왜냐하면 1920년대 초에는 사회학과 인류학이 자연 과학적 방법에 지지 않으려고 경쟁하면서, 자연 과학과 동일한 발전을 한다는 전망이 일반적이었기 때문이다. 이의 결과가 특히 미합중국에서 인간 생활을 위한 열쇠로서 행동주의 심리학(블룸필드는 특별히 '기계론'이라고 일컬었다)으로 나타났다. 바로 이런 태도를 1920

---

21) 비교. U. Weinreich, W. Labov/M. I. Herzog, "Empirical foundations for a theory of language change", in: W. P. Lehmann/Y. Malkiel(ed.), Directions for historical linguistics, Austin, 1968, 95-188.

년부터 블룸필드가 취했고, 이것이 언어와 언어학에 대한 그의 견해를 완전히 결정했다. 이것은 바로 1933년 출판된 그의 책 〈*Language*〉와 그 이전의 19년간 발표된 일련의 논문에서 분명해진다[22].

언어학 문제의 사회학적 발견으로의 발전은 20세기 전반기에 영국에서 말리노프스키 B. Malinowski와 훠스 J. R. Firth에 의한 언어학의 인류학적 설명을 통해 결정적으로 완성되었다. 그의 언어 이론 중 의미의 맥락 이론은 부분적으로는 블룸필드의 교의 내에 어떤 주도적 조류에 대한 반작용이었는데, 이에 대해서는 나중에 언급할 것이다. 어쨌든 이 영국 학자는 언어와 발화는 단지 문화적 배경과 화자가 사회 환경에서 실제 사용한 것을 관찰함으로써 밝혀지는 '상황 맥락'의 범위에서만 이해되고 적합하게 분석될 수 있다고 주장했다.

우리는 언어의 구조적 분석을 고집하고 몇몇 언어학적 기본 개념과 관련해서 뒤르껭의 사회학 이론을 접하는 가운데 소쉬르의 공시언어학 이론의 두 가지 본질적 방향을 보게 된다. 구조주의로의 설정은 여기서 훨씬 더 중요하고 영향력이 있게 되었다. 뒤르껭의 사상을 취한 것은 언어학의 사회학 방향으로 이루어지는 일반적 발전과 부합되었다. 그러나 그의 후진들은 다시 거기서 벗어나게 된다. 다른 언어학자들에게는 같은 경향이 다른 방식으로 표현되었다. 그러나 소쉬르는 그의 구조적 언어 개념을 통해 모든 그의 동시대인들과 후학들에게 영향을 주었으며, 그에 의해 본래 그의 강의에서 표현된 기술 용어 (termini technici)를 국제적으로 사용되게끔 했다.

일반 이론에 관한 한 소쉬르의 가장 충실한 제자는 코펜하겐 학파

---

22) Bloomfield, Language, London, 1935, vii-viii(그의 초기 저서 Introduction to the study of language, New York, 1914 에 대해 그의 의견이 변한 것이 주목된다). "A set of postulates for the science of language", Language 2(1926), 153-164; "Language of ideas", Language 12(1936), 89-95(독일어 번역: "Sprache oder Ideen", in: L. Antal(ed.) Aspekte der Semantik(의미론의 관점들); de Saussure, Cours de linguistique générale의 서평, MLJ 8(1923-1924).

의 창립자이며, 1965년 그가 죽을 때까지 주도적 학자였던 옐름스레우 L. Hjelmslev였다. 그의 비교적 초기 저서 중의 하나인 *Principes de grammaire générale*(일반 문법의 제 원리, 1928)를 보면 소쉬르의 견해가 여러 분야에 적용되고 있음을 알게 된다.

그러나 소쉬르의 구조주의는 옐름스레우의 후기, 1943년 처음에 덴마크어로 출판된 '언리(glossematic)' 이론에서 논리적으로 계속 발전되었다. 이 이론은 10년 후에 영어로 번역되어 널리 접할 수 있게 되었다[23]. 내적으로 견고하지 못한 그 밖의 언어 이론과 구분하기 위해 옐름스레우는 자기 이론의 이름으로 '언리학(glossematic)'이라는 표현을 사용했다고 밝히고 있다. 이것은 전후 유럽과 미국에 특히 영역본으로 소개되었을 때, 전문가들 사이에 굉장한 주목을 받았다. 언리 이론의 본질은 언어가 형식이며 실체가 아니라는 소쉬르의 생각에서 도출된다. 옐름스레우에 의하면, 언어는 두 가지 차원, 즉 내용(의미론과 문법)과 표현(음운론)의 결합이다. 언어를 실제 과학적으로 다루기 위해 그가 필수적 독자성으로 여긴 것에 도달하기 위해서, 의미론은 언어 외적 세계에 실제 존재하는 모든 것에서 독립해야 하며, 음운론은 실재의 음성 자료에 의존해서는 안 된다고 주장했다. 음운 단위는 오직 순서와 결합 범주에 기초해서 구별되어야 한다는 것이다. 어떤 의미로는 전체 이론에 기초가 되는 이러한 주장이 1949년 피셔 예르겐슨 E. Fischer-Jørgensen에 의해 설득력 있게 비판되었다. 덴마

---

23) L. Hjelmslev, Omkring sprogteoriens grundlaeggelse, Kopenhagen, 1943 ;영어 번역 F. J. Whitfield, Prolegomena to a theory of language, Baltimore 1953(= IJAL 19.1, 증보). 언리 이론에 대한 아주 간략한 설명은 "Structural linguistics", Studia linguistica 1 (1947), 69-78. 구조주의의 주요 주장이 Hjelmslev의 Prolegomena에서 가장 예리하게 정리되어 있는 것을 충분히 알 수 있다(14쪽): "전체는 사물이 아닌 관계로 되어 있다는 것과, 실체 자체가 아닌 그의 내적·외적 관계만이 과학적으로 존재한다는 사실을 인정하는 것이 비록 언어학에서는 새로울 지 몰라도, 과학에 있어서는 전혀 새로운 것이 아니다. 대상이 관계와 다를 것이라는 주장은 불필요한 공리를 내세우는 것이며, 따라서 언어학이 벗어나야 하는 형이상학적 가설이다.

크에서도 언리론이 여러 학자들에 의해 격렬히 논의되었으며, 그들 방법을 언어의 기술주의적 분석에 적용하려 했다. 덴마크 이외 지역에서는 몇몇 언어학자가 옐름스레우에 의해 크게 영향받았다고 할 수 있으나 추종자가 많지는 않았다. 특히 람브 S. J. Lamb의 '성층 문법'은 옐름스레우를 깊이 통찰한 덕이라고 할 수 있다[24].

3.3. 음운론

3.3.1. 기원

세계 어디서나 구조주의는, 특히 음운론 분야에 있어서, 다시는 되돌릴 수 없게 되었으며, 그 영향은 언어학 전체로 확산되었다. 이것은 소쉬르의 ⟨Cours...⟩ 출판 이후 첫 10년 동안 음운론이 담당한 역할에 의해 일부 밝혀진다.

⟨Cours...⟩는 보편적 개념을 전체 공시적 언어 연구에 도입했으나, 1920년 음운론에 적용됨으로써 비로소 기술 언어학의 방법으로 모두 옮겨지게 되었다. 이론과 방법에 관한 한 지난 50년 간 여러 언어학 분야들이 서로 교체되며 주도적이 되어왔다.

1920-1930년대에 특히 유럽에서는 기술 언어학의 어떤 다른 분야보다 음성학과 음운론에 훨씬 더 많은 관심이 기울여졌다. 40년대와 50년대 특히 미국에서 형태 문제에 대한 정밀한 연구가 진행될 때, 사람들은 이 문제들이 이전의 음운 분석을 위해 개발되고 또 확인되었던 여러 생각과 방법을 적용함으로써 가장 잘 해결될 수 있다고

---

24) E. Fischer-Jørgensen, "Remarques sur les principies de l'analyes phonémique", in: Recherches structurales, TCLP 5 (1949), 214-234. K. Togeby, "Structure immanente de la langue française", TCLC 6 (1951), S. M. Lamb, Outline of stratificational grammar, Washington, 1966, 2.

공언했다25). 그 다음 시기에는 형태론이 특히 형태 분석의 형식으로 기술주의적 연구에 있어서 주도적 역할을 했는데, 이때 사람들은 문법 구조를 특수한 형태소 배열로 이해했다.

현대 언어학의 마지막 발전 단계인 생성 변형 문법 틀에서는 통사론이 절대적으로 전면에 부각되었다. 이전의 형태론과 통사론 사이의 구분은 변형 문법학자들에 의해 거의 사라졌다. 사람들은 이제 모든 문법적 분석을 통사론에 소속시켰다. 음운론은 이론의 발달에서 더 이상 주도자가 아니다. 그것은 방법론과 여러 기본 구상에 있어서 변형 문법적 통사론의 방법과 이론에 맞추어졌으며, 기술 문법의 마지막 구성 성분을 이룬다(여기서 이 개념은 이제 언어의 형식적 기술의 총체를 포괄한다).

20세기 언어학의 역사적 과정은 이런 관점에서 음운론, 형태론 그리고 통사론의 순서로 주도되는 것으로 여기고 파악되어야 할 것이다.

음성학은 19세기 동안 지속적인 발전을 했으며, 부분적으로 역사 언어학 영역으로 생각되었고, 또 일부는 널리 해외로 확산되는 유럽 언어학의 관심에 영향을 받았다. 우리는 이미 산스크리트어로 된 음성학 논문들이 19세기 초 이후 유럽 학자들에게 알려졌을 때, 이 논문들을 통해서 조음 음성학이 생기게 된 결정적 동기를 언급한 바 있다.

음성 분석과 기술은 음성 범주의 세밀한 관찰과 구분을 하기 위해 상당히 발달했으며, 19세기 후반에는 인간의 눈과 귀를 보조할 수 있는 여러 기계들이 발명되었다.

루슬로 Abbe P. J. Rousselot는 도구 음성학 또는 실험 음성학이라

---

25) 비교. Z. S. Harris, "Morpheme alternants in linguistic analyses", in: Language 18 (1942), 169-180: "이 논문은 음소의 발견에 적용된 작금의 엄격한 방법을, 한 언어의 형태소를 규정하는데 적용할 것을 제안하는데 목적이 있다."

부르는 학문 분야의 창시자로 불린다26). 같은 시기에 헬름홀츠 H. von Helmholtz, 스텀프 C. Stumpf와 다른 여러 사람들이 조음시에 공기 압력의 변화에서 발생하고 고막과 청각기관의 작용에 의해 지각되는 물리 현상으로서 소리음에 대한 체계적 연구를 했다. 음성학의 이 두 분야에서 20세기에는 조음 과정, 즉 발화 때 생기는 음파와 청자에 의한 수용 과정을 연구하기 위한 여러 개량된 기계 시설들이 발명되었다27).

르네상스 이후부터 이미 문자 기호에 의한 음성 표기가 중요한 문제였다. 역사석 변화와 실용직 요구는 모든 언어에서 발음이 어느 정도 부정확하게 정서법에 의해 표기되게끔 했다. 그리고 유럽인들이 그때까지 문자로 고정되지 않은 언어를 접하게 되었을 때, 정서법 체계의 연구에 문제점들이 다시금 그리고 더욱 시급하게 대두되었다.

이렇게 해서 많은 사람들은 정서법에 어긋나는 소리음의 표기, 즉 음성 표기에 대한 생각에 이르게 되었다. 표기는 화자가 만들어낸 음의 연속체를 문자로만 상징화해야 했다.

적합한 기호체계를 만들기 위해서, 사람들은 16, 17세기 이후 두 가지 방식을 사용했다. 하나는 가장 빈번하게 사용되는 알파벳 표기로서 로마, 그리스 문자로 구성된 알파벳을 보조 표시와 함께 받아들인 것이다. 또 이것은 나중에 현재의 국제 음성 기호가 된 것이다. 다른 하나는 기호들이 분명히 각각 표기되는 음의 조음시 여러 기관과 움직임을 나타낼 수 있도록 만들어진 '유기적' 또는 '모사적' 표기가 사용되었다.

---

26) P. J. Rousselot, Principes de phonétique experimentale(실험 음성학의 원리), Paris, ²1924.

27) H. von Helmholtz, Die Lehre von den Tonempfindungen(음성 감지론), Braunschweig, 1863. C. Stumpf, Tonphysiologie(음성생리학), Leipzig, 1883. G. Ungeheuer, Elemente einer akustischen Theorie der Vokalartikulation (모음 발음의 음향 이론의 제 요소), Berlin, 1962. G. Lindner, Einführung in die experimentelle Phonetik(실험 음성학 입문), München, 1969.

여러 표기들 가운데서도 특히 알려진 것은 벨 A. M. Bell의 〈*Visible Speech*(1867)〉이다. 이 표기 방식은 후에 청각 장애자를 다룬 연구에서, 포터 R. K. Potter, 코프 G. A. Kopp 그리고 그린 H. C. Green에 의해 같은 제목의 책으로 계속 사용되었다(1947)[28].

음성 관찰이 정확하고 정밀해질수록, 어느 정도로 음성적 차이를 별도 기호로 나타내야 하며, 또 나타낼 수 있는 가를 결정하는 것이 더욱 절실한 문제가 되었다. 정서법 개혁자들은 이미 17세기에 이 문제를 인식했다[29]. 이 같은 일은 일반 음성표기를 특별히 개별 언어를 위해 발전시킨 표기와 분리하려 할 때면 언제나 발생했다. 이것은 특히 19세기에 비로소 첨예하게 되었으며 그것에 대한 해답으로 20세기 음운론의 주요 개념인 음소가 생겨났다.

19세기 음성학과 언어학에 있어서 중심 인물은 스위트 Henry Sweet 였다. 스위트는 가시 언어의 조류에 따른 표기와 정서법 개혁을 다루었으며, 그의 저서에서 처음으로 정밀 표기와 간이 표기의 구분이 나타나게 되었다. 그는 간이 표기를 'Broad Romic'이라 불렀는데, 이것은 모사적(ikonisch) 기호화 대신 로마 문자가 이용되었기 때문이다.

간이 표기의 방식과 목적에 대한 그의 논문들은 역사적으로 볼 때 큰 의미가 있다. 그의 주저서인 〈*Handbook of phonetics*(1877)〉에 중요한 말이 나온다.

---

28) A. M. Bell 은 이론 음성학 그리고 응용 음성학의 발전에 삼 세대 이상이 연구한 중류 가정 출신이다. 그 마지막 세대의 인물이 A. M. Bell 로서 Bell Telephone Company of America 에 불후의 이름을 남겼다. 비교. R. W. Albright, "The International Phonetic Alphabet: its backgrounds and development", IJAL 24.1(1958), 3부.

29) J. Kukenheim, Contributions à l'etude de la grammaire italienne, espagnole et française à l'époque de la Renaissance, Amsterdam, 1932, 37.

우리가 음성의 관계를 매우 세부적으로 살펴보지 않는다면, 또한 무제한으로 긴 구절을 음성적으로 표기하는데 하나의 언어를 다룰 때와 같이 극히 제한된 소리들로 설명하려 한다면, 언어의 실제 의미 구분에 적합하면서 쉽게 쓸 수 있고 다룰 수 있는 문자로 표시될 수 있는 대략적인 음성 차이만을 분명하게 하는 알파벳이 필요하다. 그러므로 우리는 한 언어에 독자적으로 의미가 있는 음성 차이만이 기호화될 필요가 있다는 것을 일반 규칙으로 규정할 수 있다. 예를 들어 길이와 닫힘성 또는 열림성 같은 두 가지 의미 범주가 분리할 수 없이 결합된 경우에는 하나만 표시하면 된다30).

스위트는 '음소'라는 표현은 사용하지 않았으나, 우리가 인용한 대목은 후 세대에 의해 제시된 바와 같은 음소의 여러 정의와 일치하고 있다.

'음소'(원래 러시아어로 'fonema')라는 표현은 19세기 후반 러시아에서 이론 분야에 대해 연구하던 언어학자들에 의해 언어학 전문 용어로 만들어졌다. 그들 가운데 가장 유명한 사람은 스위트와 같은 시대 사람이며 1845년 같은 해에 태어난 꾸르트네 Baudouine de Courtenay 였다. 그는 언어에서 두 가지 음성 개념을 구분했다. 그것은 물리적 현상과 음소 또는 소리의 정신적 대응, 즉 화자에 내재해 있는 추상적 언어 체계의 심리적 요소이다. 이 심리적 음소 개념은 얼마동안 대중화되었다. 트루베츠코이 N. S. Trubetzkoy는 처음에는 이 생각을 지지했으나 나중에는 다른 사람들과 마찬가지로 엄격하게 언어학적 개념으로 해석하기 위해 이를 다시 포기했다31).

---

30) H. Sweet, Handbook of phonetics, Oxford, 1877, 103.
31) J. Baudouine de Courtenay, Versuch einer Theorie Phonetischer Alternationen(음성 교체 이론의 시도), Strassburg, 1895; F. Häusler, Das Problem Phonetik und Phonologie bei Baudouine de Courtenay und in seiner Nachfolge(꾸르트네와 그의 후계자들에 있어서 음성학과 음운론의 문제), Halle, 1968, 4장; N. S. Trubetzkoy, Grundzüge der Phonologie(음운론 개요), TCLP 7(1939), Göttingen, 1958, 37-41.

　　이 두 가지 무관하면서도 평행하게 나아가는 발전 노선들이 20세기 초 음성학자들의 연구에서 접점을 찾게 되었다. 영국에서는 우선 존스 Daniel Jones가 음소를 과학적 기초로 삼았으며, 스위트 H.Sweet에게서 받아들인 간이 표기와 정밀 표기의 구분을 정당화했다. 그는 말년에 쓴 한 짤막한 논문에서 음소와 음운 이론에 대한 자신의 생각이 발전하는데는 꾸르트네 Baudouine de Courtenay 뿐 아니라 스위트의 도움도 컸음을 밝혔다32).

　　존스는 그의 오랜 창조적 직업 생활 동안 음소의 본성과 본질에 대한 이론적 논의에 기여했다. 그러나 그의 주된 관심은 음성학 분야에서의 실용적 교육 활동과 여러 언어를 위한 광범위한 표기 체계의 발전에 있었다.

3.3.2. 트루베츠코이 N. S. Trubetzkoy와 프라그 학파

　　음운론에서 음소 개념으로 인해 생기는 문제점들에 대한 집중적 연구는 그 정규 모임의 장소에 따라 '프라그 써클'이라 불리는 일련의 학자 그룹의 중요한 연구 영역에 속했다. 이것은 양 세계대전 사이에 가장 활동적이었던 언어학자 그룹이다. 이 그룹의 대표는 러시아인 트루베츠코이 N. S. Trubetzkoy였고, 가장 우수한 회원 중의 하나가 야콥슨 R. Jakobson으로서, 그는 후에 프라그 언어학자 써클의 생각들을 미국에 전파하려했고 미국 언어학자들에게 지속적인 영향을 미쳤다.

　　써클은 1926년에 만들어졌으며 1939년 전쟁으로 해산될 때까지 〈*Travaux du cercle linguistique de Prague*〉를 발행했다. 그 후

---

32) D. Jones, The history and meaning of the term phoneme, Maitre phonétique 의 증보판 1957; 음운론과 음소 개념에 대한 그의 견해가 그의 책에 나타나 있다. The phoneme: its nature and use, Cambridge, 1950.

이 써클은 부활했으나 더 이상 세계적으로 영향을 행사하지는 못하고 있다33).

차례로 발표된 〈*Travaux*〉 연구지들이 프라그 써클의 관심사를 반영하고 있다. 언어학의 모든 영역이 다루어졌으나, 계속적으로 지대한 관심사는 음운론의 이론적·실제적 문제에 있는데, 음소가 음운 구조의 기본 단위였다. 이는 이 시기의 언어학에서 음운론이 담당했던 주도적 역할과 완전히 일치했다.

〈*Travaux...*〉의 제7권(1939)은 프라그 언어 연구와 트루베츠코이의 음운 이론의 절정을 이루었다. 그것은 그의 죽음과 전쟁의 발발로 인한 써클의 해체 직전에 나왔다.

프라그 음운론에 대한 자세한 설명을 하기에는 이 책의 지면이 부족하다. 그러나 두말할 나위없이 분명하고도 언어학 이론의 발전에 중요한 것은 프라그 학파가 기술 언어학에서 과학적 개념으로서 음소에 완전한 권위를 갖게 했으며, 스위트와 존스가 설정했던 모든 실용적 생각들을 결정적으로 넘어서게 했다는 사실이다. 소쉬르는 의사 전달에 있어서 음소 단위들이 서로 다르게 구분될 수 있는 것이 중요하다고 지적했다("Dans la langue il n'ya que des différences sans termes positifs" "랑그에는 긍정적 개념이 없고, 오직 차이만 존재한다")34). 간이 표기 또는 음소 표기의 정당화로서 음소에 대해서는 한 언어 내의 여러 다른 음소와 구별되는 것 이상은 요구되지 않았다. 그러나 음운 구조의 기본 단위로서 음소와 음운적 변별성은 매우 폭넓게 분석될 수 있었다. 이는 프라그 학파에 의해 생겨났으며 언어 구조에 대한 여러 견해가 음운 차원에서 밝혀졌는데, 즉 음운 분야에서 모든 프라그 학파의 성과들이 어떻게 이 목표에 도움이 되는가 하는 것이었다. 변

---

33) J. Vachek, The linguistic school of Prague, Bloomington, 1966, 프라그 학파의 시작부터 현재까지의 역사와 업적에 대한 개요.

34) de Saussure, Cours⁴, 166.

별적 자질들은 그것이 만드는 음소의 수보다 적은데, 이들 변별적 자질의 묶음으로 되어 있는 분절 음소의 분석이 음운 구조의 기본적인 요소를 밝혀냈다. 이러한 생각은 그것이 뒤이은 음운 연구들에서 여러 가지로 다르게 해석되었음에도 불구하고 가장 중요했으며, 또한 여전히 중요하다.

프라그의 변별적 대립의 중화 이론은 음운 학자들로 하여금 다양한 대립 체계가 여러 위치와 환경 그리고 음절 구조에 영향을 미친다는 사실을 완전히 받아들일 수 있게 했다. 예를 들어, 폐쇄음에서 유성성과 무성성 사이의 대립은 독일어 단어에서 마지막 위치에서는 중화되는 반면, 첫 위치와 중간 위치에서 나타난다. 독일어 Bund와 bunt는 똑같이 /bunt/로 발음되는 반면 Bundes와 buntes는 구별된다.

중화가 일어나게 되고 또 그것을 설명해주는 사실들은 최대 대립 체계에 의존하는 간이 표기에는 큰 의미가 없다. 그러나 그것은 음운 체계와 음운 구조의 본질에 대해서 많은 것을 알려준다.

경계표시 이론은 언어들에 있는 특정 분절 음소와 특정 변별 자질의 통합적 기능을 음운 구조(음절과 음절 집단)와 문법 단위들에 있어서 부분적 경계 표시로 인식하고 분석하려는 시도라는 점에서 비슷하게 유래한다[35]. 이것은 그때까지 주목을 받고 있던 변별적 단위로서 음소의 본질적인 계열적, 통합적 기능과는 완전히 관계없는 하나의 부수적 기능이었다. 트루베츠코이가 이 이론에 대한 그의 견해를 완성하지는 않았지만, 이후 음운 이론의 발달에, 특히 영국의 운율 음운론과 미국 음운론의 연접 음소 개념에 있어서 중요한 결론들이 경계 표시 개념에서 나오게 되었다(3.4. 참조).

소쉬르 구조주의의 영향은 〈*Grundzüge*〉의 여러 곳에 분명히 나

---

35) N. S. Trubetzkoy, *Grundzüge²*, 69-75, 206-218, 24-26; *Anleitung zu phonologischen Beschreibungen*(음운 기술 입문), Brno, 935, 30-32.

타나있으며, 트루베츠코이가 소쉬르의 랑그(언어 구성체)와 빠롤(발화 행위)의 구분을 인정하고 이에 기초해서 음성학과 음운론을 구분한 것은 그의 책 첫 부분에 명백히 언급되어 있다.

우리는 발화행위 소리론을 음성학으로, 언어 구성체 소리론을 음운론 이란 이름으로 표시한다[36].

구조주의는 소쉬르에 의해 순 공시적 개념으로 작성되었다. 사람들이 그의 초기 역시적 논문들에 구조주의적 견해가 적용되었다고 기술하는데도 불구하고, 그는 특이할 정도로 분명히 모든 구조의 관점을 통시 언어학에서 배제했다[37]. 그러나 야콥슨 R. Jakobson과 마르티네 A. Martinet는 완전히 소쉬르적 사고를 따르는 언어 변화의 구조적 해석을 발전시켰으며, 또한 청년문법 학파의 위치를 없앨 필요가 없고, 오히려 반대로 개별 음성 변화들이 새로운 음운 체계의 발전을 이끈다는 인식을 통해 강화해야 한다는 것을 알렸다. 그 외에 어쩌면 더 중요한 것은, 음성 변화가 가능한 이유는 한편으로는 더욱 큰 대칭성으로 향하고, 다른 한편으로는 체계의 음소들 사이의 더욱 큰 변별성을 추구하는 음운 구조 내의 구조 압박으로 생각될 수 있다는 것이다[38].

---

36) N. S. Trubetzkoy, Grundzüge[2], 7.

37) T. Sebeok, Portraits II, 93, 105. de Saussure, Cours[4], 24: "Les altérations ne se faisant jamais sur le bloc du système, mais sur l'un ou l'autre de ses éléments, ne peuvent être étudiées qu'en dehors de celui-ci."(변화는 체계 안에서 한꺼번에 일어나지 않으며, 요소들 사이에서 발생하기 때문에 오직 체계 밖에서 연구될 수 있을 뿐이다).

38) R. Jakobson, "Prinzipien der historischen Phonologie(역사 음운론의 원리)", TCLP 4 (1931), 247-267; A. Martinet, "Structure, function, and sound change", Word 8 (1952), 1-32.

3.3.3. 미국의 음운 이론: 블룸필드와 블룸필드 학파 시대

사람들은 양 대전 사이의 언어학 시대를 음운론의 우위 시대라고 일컬었다. 문법 분석 시에 언어학자들은 기꺼이 음운 연구의 결과들을 인용했다. 야콥슨 R. Jakobson은 트루베츠코이 N. S. Trubetzkoy의 변별적 자질 이론을 러시아어 격체계의 분석에 적용했으며[39], 다른 언어학파에서는 1940년경에 형식적 문법 분석의 미국식 방법론이 그 당시의 음운 분석의 성과에 근거를 두었다.

1956년에 비로소 음운론이 다른 언어학 연구보다 훨씬 강하게 체계화되어 있음이 인정되었다. 1942년 헤리스 Z. S. Harris는 미국 문법 방법론의 발전에 하나의 시금석으로 여겨지는 한 논문에서, 음운론에서는 이미 통상적인 정밀성을 형태론에 적용하려했는데, 그는 이미 음운 이론에서 발전된 개념들을 사용했던 것이다[40].

형태소, 형태, 변이형태의 개념들은 미국 구조주의의 고도로 발전된 단계에서 문법 기술을 위한 표준 개념이 되었으며, 이들은 미국에서 이미 언어학 용어로서 공공 개념이었던 음소, 음, 변이음의 음운 개념들에서 본 따서 만들어진 것이었다. 마침내 파이크 Pike와 그 이후의 동료들은 음소적, 음성적 대립에서 유추하여, 신조어인 'emic'과 'etic'을 만들고, 이것을 특정 언어 구조의 모든 차원에 속하는 단위들, 그리고 그것을 독자적이고 고립된 것으로 여겨지는 단위들과 관련시켰다[41].

---

39) R. Jakobson "Beitrag zur allgemeinen Kasuslehre(일반 격이론)", TCLP 6 (1936), 240-288.

40) R. E. Longacre, Language 32 (1956), 301: "문법은 아직 음운론과 똑같이 성숙되지 못했다. 아직까지 아무도 Hockett의 최근에 발표된 'Manual of phonology'와 비교할 만한 '문법서'를 쓰지 못하고 있다"; Harris, "Morpheme alternants", in: Language 18 (1942), 169-180.

41) 이 두 개념은 K. L. Pike가 사용했으며, 그의 저서 Language in relation to a united theory of the structure of human behavior. Glendale, 1954, 제2장

미국의 음소적 음운론의 몇 가지 특징과 구조주의 시기 동안 언어학 기술에 있어서 전형적인 미국식 관점은 언어학이 20세기 초 미국에서 발전된 모습을 설명해준다. 물론 미국 학자들은 절대로 유럽의 동시대인들로부터 고립되어 있지 않았다. 19세기 동안에 휘트니 W. D. Whitney와 같은 미국인들은 유럽 특히 독일에서 공부했었다. 보아즈 F. Boas와 사피어 E. Sapir는 독일에서 태어났으며, 블룸필드 Bloomfield는 1913-1914년에 레스킨 A. Leskien과 브루그만 K. Brugmann의 제자였다. 그러나 공시적 기술주의적 연구의 부흥을 미국의 학자들은 다른 어느 곳에서보다 더 강하게 느낄 수 있었고 또 특별히 언어학적 문제를 다루는데 있어서 눈에 띠는 특별한 영향을 받았다.

미합중국에서는 기술 언어학이 인류학과 밀접한 관계에서 발전했는데, 말하자면 유럽에서보다 훨씬 강하게 발전했다. 대학에서의 언어학 연구는 수년 동안 인류학과에서 행해졌으며, 인류학과 언어학의 공동 학과도 여러 곳에 있었다.

20세기 초반의 중요한 언어학자 가운데서 이 두 학문을 공부한 일련의 학자들이 있는데, 예를 들어 보아즈 F. Boas, 사피어 E. Sapir, 호이어 H. Hoijer 그리고 하스 M. R. Haas 등이다. 이 두 학문의 긴밀한 결합과 이 둘이 추구하는 특수 연구 영역은 이 시기의 미국 언어학이, 19세기 초반 독일에서의 산스크리트어 연구와 역사 언어학의 결합만큼이나 특징적이었다.

식민시대 이후 학자들은 미국 인디언들의 문화와 언어를 연구해야 할 필요성을 인식했다. 초기 미국 대통령의 한 사람인 제퍼슨 Thomas Jefferson은 공식적 지원과 해당 프로젝트의 조직을 가동했다. 또한 19세기 미 대륙이 서부로 확장되는 식민 과정에서 인디언들에게서 접

에서 정당화했다; 비교. W. A. Cook, Introduction to tagmemic analysis, New York, 1969, 19.

하게 되는 놀랄 만큼 많은 언어들에 대한 관심이 커졌다. 1891년 파 웰 J. W. Powell은 여러 가지 변화와 수정을 거치고 오늘날까지도 사 용되고 있는 멕시코 북쪽 미국 대륙의 원주민어들의 계통수를 작성했 다[42]. 그러나 사람들은 여러 특수한 생활 습관들이 백인과의 접촉으 로 파괴되기 전에, 이 언어들에 대한 기술주의적 분석을 하는 것이 시 급하다는 것을 알게 되었다.

미국의 대학들에서 언어학이 학문으로 인정을 받게 되었을 때(이 는 1920-1930년대에 생겨났는데 유럽에서 유사한 도약이 있기 몇십 년 전이 다), 미국 인디언어 공부는 언어학과의 교과과정에 고정 과목이었다. 대부분의 언어학자들은 그의 일생에 언젠가는 직접 현장에서 자주 그 들에게 박사 학위 논문의 자료로 제공되는 미국 인디언어를 분석했 다. 또한 이론적, 방법적 발전에 결정적으로 관여했던 많은 학자들이 그들의 전 연구 활동에서 미국의 인디언어를 다루었다(그들 가운데는 블 룸필드도 있다). 1920년과 1950년 사이의 주요 정기 간행물을 잠시만 일별해도 미국 인디언어가 얼마나 언어학적 분석과 기술에 근간을 이 루었는지를 알 수 있다[43].

문화적으로 동떨어진 언어가 미국 언어학의 주도적 학파의 뚜렷한 특징으로 이렇게 강조되고 난 다음, 1960년 이후부터는 영어와 친숙 한 유럽어로 방향을 돌리는 반대의 과정을 볼 수 있다.

미국 원주민 언어의 특징은 그것이 완전히 연구되지 않았다는 것, 또 이 언어들에는 어떤 문자로 된 증거나 어떤 종류의 학습 전통도 없 다는 데 있다. 한두 개의 고전적 위치를 차지했던 중미 언어는 경우에 따라 부분적으로 해독될 수 있는 문자 체계를 가졌었다. 몇몇 미국 언

---

42) J. W. Powell, Seventh annual report of the Bureau of Ethnology, Washington, 1891; H.-J. Pinnow, Die nordamerikanischen India- nersprachen(북미 인디언 어), Wiesbaden, 1964.

43) M. Joos(ed.), Readings in linguistics, New York, 1958은 1925년과 1956 년 사이에 언어학 분야의 미국 문헌에 대한 유용한 개관을 할 수 있게 한다.

어들은 16세기 선교사에 의해 기술되었다. 또한 에스키모 어와 북아메리카 동해안의 몇 언어들은 18세기 유럽인에 의해 문자로 표기되었다. 아무튼 미국 대륙의 몇 개 언어의 연구에 그치는 극히 적은 자료를 제외하면, 언어학자는 연구 시에 완전히 자기 자신에 의존했다. 양 대전 중에는 태평양에서의 군사작전 시 태평양의 여러 섬 언어에 대한 연구가 집중적으로 행해져야 했다. 여기서 미국 고유 언어들의 연구시의 출발점과 비슷한 상황이 벌어졌다. 유럽의 언어학은 그 당시나 또는 다른 어느 시기에도 이와 견줄만한 상황에 이른 적이 없었다.

이러한 조건하에서 행해진 현장 연구의 각 단계에서 또한 그 이후의 언어 기술 과정에서 언어학자는 우선 어떻게 자료를 분석하는가, 그가 추상화했던 음소, 형태 요소와 통사 구조를 어떻게 기술하고 분류할 수 있을 것인가에 대해 생각해야하는 과제에 직면했다. 언어학자는 완전히 자신에게 의존했고, 당해 언어에 대한 이전의 어떤 종류의 기술에 의해서도 영향받지 않았으며, 그 언어 화자의 문화에 대한 지식도 없었다.

이러한 조건들은 현장 연구가와 기술 언어학자에게 어려운 과제에 직면하게 했다. 언어학자로서 직업 훈련을 위한 이런 식의 연구에 상당한 가치가 있다는 것이 세계 여러 곳에서 인정되었다.

미국의 이러한 특수한 학문적 국면(1920-1950)에서는 현장 연구의 여러 성과로부터 나온 경향들이 대부분의 언어학자들에게서 주를 이루었던, 특히 블룸필드 자신에게서도 부각되었던 기본 입장과 연결되었다. 언어학의 결정적인 과학화 노력이 그것이다. 블룸필드는 그의 직업적 명성의 절정에서, 우리가 이미 살펴본 바와 같이, 19세기에 주도적이었던 경험적, 과학적 사고의 계승된 전통에 강하게 영향받았다. 미국에서는 그것이 행동주의에서 명확히 나타났다.

행동주의자들은 기본적으로 모든 인간에 관련된 학문인 심리학, 인류학 그리고 언어학은 19세기에 '사상', '사고', '소망', '감정' 등과 같은 개념들이 생리학적 또는 사회학적 의미로 새로이 정의될 수 있으며, 의미들은 모든 임의의 관찰자에 의해 파악 가능한 실제 일어난 사건, 물리적 대상 그리고 신체적으로 일어난 일과 관련해서 제시될 수 있을 정도로 발달된 자연 과학처럼, 동일한 방법적 요구에 부응해야함을 강조했다. 블룸필드는 과학적 방법에 대한 이러한 해석에 대해 다음과 같이 언급했다.

> 과학은 시간과 공간에 따라 모든 관찰자가 접할 수 있는 사건이나, 또는 시간과 공간의 좌표 체계로 모아질 수 있는 사건을 다루어야 한다44)

이 마지막 주장은 블룸필드 L. Bloomfield 자신은 분명히 그렇지 않았다 하더라도 여러 비평가들이 그가 언어 연구에서 의미의 문제를 제외하려한 것이 부당하다고 비난한 바와 같이, 기술 언어학 내에서 의미론에 대한 블룸필드의 일반적 비판주의에 이르게 했다. 그러나 그는 물론 오로지 문장 내의 단어와 형태소들의 실제 형식과 배열에 기초한 엄격한 형식 문법을 선호했다. 또한 문법 분석의 자료로 다뤄지는 문장들은 그것이 화자 또는 언어학자의 언어임에도 불구하고 화자의 직관이 고려되지 않는 외부적 자료로 관찰되는 실제 발화체에서 나온 것이어야 했다.

형식적 문법 분석의 발달에 있어서 블룸필드와 그 밖의 미국 언어학자들은 2천년도 전에 파니니 Pānini에 의해 발전되었던 기술을 한껏 활용했다. 블룸필드는 파니니의 산스크리트어 문법 기술을 잘 알

---

44) L. Bloomfield, "Secondary and tertiary responses to language", Language 20 (1944), 45-55; "Linguistic aspects of science", International Encyclopaedia of unified science 1.4, Chicago, 1939, 13. 행동주의에 대한 참고는 A. P. Weiss, A theoretical basis of human behavior, Columbus, 1929. 블룸필드는 고별사에서 Weiss에 대한 감사를 언급했다. 참고. Language 7 (1931), 219-221.

고 있었으며, 그의 공헌을 인정했다45).

미국 인디언어에 있어서, 그 언어 화자들의 문화에 대한 자세한 지식 없이 외부로부터 접근한 사람들에게는 더 이상 의미의 대략적 분석도 가능하지 않았다. 음운론과 문법과 엄격한 형식적 분석의 필요에 대한 집중이 우리가 이미 얘기한 이 언어들의 언어학적 연구의 특수한 조건과 함께 언어 이론은 언어학 연구의 방법 자체를 규정해야 한다는 주장도 인정하게끔 했다.

이것은 어떤 다른 학문도 그들의 기초적 이론에서 제시하지 않았던 주장이었다. 즉 사람들이 '발견 절차'는 정밀 과학에 포함되며, 이미 이론적으로 타당한 분석을 보장해주는 방법을 나타낸다고 믿는 시대였다. 그 당시 어느 학자는 "텍스트가 그 고유의 구조를 보여준다"고 말했다46). 사람들이 필요로 하는 모든 것은 적합한 텍스트 유형과 적합한 일련의 방법이었다.

파이크 K. L. Pike의 논문 제목 〈*Phonemics: a technique for reducing speech to writing*(1947)〉이 특징적이다. '블룸필드 시대'라고 불리는 이 시기에 언어학 이론을 언어학적 분석 방법의 자세한 설명과 결합시킨 일련의 책들이 출판되었다. 헤리스 Z. S. Harris의 〈*Methods in structural linguistics*〉(이 책은 40년대에 쓰여졌음에도 불구하고 1951년에서야 출판되었다)이 가장 유명한 것으로, 어떤 면에서 볼 때 언어학에 있어서 이러한 발전의 절정을 보여주었다. 그것은 음소 분석의 이론과 방법을 차례로 다루고, 그 다음 형태소 분석이 이어지는데, 미국 언어학의 이 단계에서 문법은 형태소의 규정과 이의 일정한 순서 배열로 구성되어 있었다. 여기서 문법 분석은 위에서 이미 서술한 바와 같이 음소 분석을 모방한 형식으로 이루어졌다.

---

45) L. Bloomfield, Language 11.
46) M. Joos in: C. Mohrmann et al.(ed.), Trends in European and American
   linguistics 1930-1960, Utrecht/Antwerpen, 1961, 17.

블룸필드적 미국 음운론의 음소는 프라그 음운 학자들이 대략 동일한 노선에 있었다 하더라도 존스와 프라그 학파가 음소를 파악한 것과는 여러 중요한 항목에서 구분된다. 음운론은 이 시기에 언어학의 가장 발전된 영역으로 1930년에서 1940년까지의 시기에 그 현행 이론으로 일종의 학문적 위기를 겪었다고 말할 수 있다. 음성학에서 나온 자료들이 그 당시 인정된 이론의 가능성을 능가했다. 과학 분야의 고전적 위기의 경우이다47).

존스 Jones가 스위트 Sweet의 실용적 연구와 꾸르트네 Baudouin de Courtenay와 그의 동료들의 이론적 작업으로부터 발전시킨 것처럼, 음소는 개별 단어의 변별적 자음과 모음 분절음의 음소 분석뿐 아니라, 또한 유사하게 다뤄질 수 있었던 성조어의 성조 등과 같은 여러 음성 자질에 의해 정리되었다. 그러나 음성적 차이의 자세한 관찰로 인해 음성학자들은 억양, 강세 그리고 연결된 발화체에서 한 단어가 다른 단어와 분리되는 음성 자질과 연관된 문제, 즉 아주 체계적이지는 못했지만 트루베츠코이의 경계신호로 다뤄졌던 자질에 직면하게 되었다.

이러한 어려운 문제에서 생긴 의문점들은 10년 이상 격렬하게 논의되었다. 여기서 언어학의 주된 조건에서 순 음운적 차원과는 다른 차원의 분석에 영향을 미치는 다양한 해결책이 천천히 드러났다. 가장 보수적 해결책은 존스와 그의 동료들에 의한 것이었다. 그것은 근본적으로 예전에 주장되었던 바와 같이 음소를 고립된 단어 음운론의 경계 안에 두고 억양이나 단어 사이에 있는 음성 자질을 그 영역에 포함시키지 않고, 이 자질들을 별도로 고찰함으로써 나온 것이다48).

반면에 대부분의 미국 언어학자는 50년대 말까지 표준 이론이었

---

47) T. S. Kuhn, The structure of scientific revolutions, 제7장.
48) D. Jones, "Some thoughts on the phoneme", TPS 1944, 119-135; The Phoneme, 34장, 463-469, 688-689.

으며 이 시기에 출판된 일련의 교재들에서 주장된 상당히 급진적인 해결책을 마련했다. 블룸필드 자신은 이 음운 이론의 정리에 책임이 없으며, 과학적 언어 연구를 위하여 그가 발전시킨 기본 사상을 일관성 있게 계속 발전시키려했던 다른 분야에서도 마찬가지인 것처럼 그의 제자들에게 책임이 있다고 했다. 이 때문에 음운 이론의 이러한 설명 방식은 블룸필드 시대의 특징적인 것으로 볼 수 있다.

본래 '블룸필드적' 해결안은, 그가 모든 음운적으로 중요한 음성 자질을 파악함으로써 음소 개념을 형성하는데 있었다. 이로써 음운론은 음소학(존스에게시는 확실하고 명백하지 못했있던)과 같은 영역을 포함하며, 음소학은 언어 분석과 언어 구조의 독자적 차원을 이루었다. 억양, 강세 그리고 단어 경계로 규정된 음성 자질과 같은 개념들, 예를 들면 영어에서 an ocean과 a notion을 구별하는 것과, 독일어에서 성문 파열음에 의한 Druckersatz와 Druck-Ersatz가 구별되는 것 등이다. 그리고 문장 안에서와 끝에서 휴지(pausa) 현상들이 모두 성조, 강세와 여러 연접 방식(junture)의 새로 만들어낸 초분절 음소에 의해 파악되었다.

음성적 차이 이외의 어떤 다른 요인도 음소 분석에는 영향을 미쳐서는 안된다는 것이 기본 원칙이 되었다. 그러므로 발화(또는 정밀 표기)와 음운 자질(또는 간이 표기)의 관계들은 특정 연접 음소로 기술되는 음성 자질과 (우연히) 일치되더라도, 예를 들어 단어 분리와 같은 문법 요인과는 완전히 독립적인 문법 차원에 있어야 했다. 유럽인들에 의해서는 거의 주장되지 않았던 언어학의 음운 차원의 이러한 독자성은 양면적 일회성(biuniqueness requirement)으로서 알려지게 되었다49).

---

49) 50년대 후기의 일련의 교재들에서는 음운론 단원이 독자적 음소 음운론에 기초하고 있다. 비교. H. A. Gleason, Introduction to descriptive linguistics, New York, 1955, ²1961; C. F. Hockett, A Course in modern linguistics, New York, 1958; G. L. Trager/H. L. Smith, Outline of English structure,

이 시기에 미국 언어학자 중 불과 몇 사람이 음소 분석에서 문법적 사고를 완전히 배제할 것을 거부했다50). 그들 중에는 주목할만하게도 파이크 Pike가 있다. 그러나 대부분의 학자들은 그것을 받아들였으며, 그들에게 있어서 문법적 분석은 완벽한 음소 분석을 논리적으로 전제한 것이었다. 이러한 방법상의 규정은 이미 확정된, 음소 분석의 이론과 실제로부터 문법 분석의 방법적 독립과 함께, 언어 기술을 두 가지의 본질적으로 유사한 과정의 이중 적용으로 파악되게끔 했다. 한 언어의 음소의 추상화와 상호 배열의 서술, 그리고 한 언어의 형태소의 추상화와 그 배열 서술의 이중 적용이다.

이제 음소가 음운 단위의 기본이었던 것과 같이, 형태소는 문법의 유일한 기본 단위로 평가되었다. 블룸필드 자신은 문법 단위로서 단어의 형식적 위상과 관련해서 나타나는 여러 문제점들을 연구했는데, 특히 아주 문자로 고정되지 않은 언어에 있어서 그러했다. 그러나 블룸필드 학파의 학자들 중 단어에는 단지 비교적 최소한의 의미를 부여하고 문법을 점점 확대되는 복합체 또는 직접 성분들로 된 형태소의 나열로 여겼던 학자들이 있었다. 이 두 가지 분석 차원에서는 분포가 중심 개념이었다. 이 때문에 미국 구조주의 언어학의 이 시기를 '분포주의'의 시기라 부른다.

헤리스의 〈Methods〉가 그 당시의 중요한 기본 생각을 다음과 같이 적절히 정리하고 있다. 언어 분석은 "분포 관계의 논리학"에 달려 있으며, "두 가지 중심 단계인 성분의 규정과 이 성분들의 관계 내에

Norman, Oklahoma, 1951에서 결정적으로 주장되었다. N. Chomsky는 Current issues in linguistic theory, den Haag, 1964에서 그 원칙을 다음과 같이 기술했다: "기술적으로 보아서 양면적 일회성의 조건은 모든 음성의 연속체는 일회적 음소 연속체에 의해 나타내지며, 모든 음소 연속체는 음성의 일회적 연속체를 나타낸다는 것을 뜻한다."

50) K. L. Pike, "Grammatical prerequisites to phonemic analysis", Word 3, (1947), 155-172; "More on grammatical prerequisites", Word 8 (1952), 106-121.

서의 분포의 확정을 이중 적용한 것"으로 정의될 수 있었다[51].

이상적인 분포는 문법에서는 형태소의 순서로, 음운론에서는 음소의 순서로 나열된 것이었다. 연접(juncture)과 결합된 초분절 음소는 음성 자료와 음소 단위가 어느 정도 분리됨에도 불구하고, 두 개의 분절 음소 사이에 위치하는 연접 음소로 기술되었다[52].

19세기 언어학자들은 굴절어의 융합 과정, 즉 모음 교체와 자음 변화 등을 이상화하려는 경향을 보였는데, 미국의 분포주의자들은 첨가어를 최고의 기술모델로 여기려는 것 같았다. 그러므로 이 시기에는 영어의 men(man의 복수형) 또는 독일어의 Gärten(Garten의 복수형), 영어의 took(take의 과거형) 또는 독일어의 nahm(nehmen의 과거형)과 같은 단어 형식들이 나란히 연결된 형태소로의 분석과 어떻게 결합될 수 있을 것인가에 대한 논의가 오랫동안 계속되었다[53].

3.4. 훠스 J. R. Firth의 운율 음운론

막대하게 늘어난 음성 자료에 적합한 분석 방법과 음운 이론의 개발 문제에 대한 제 3의 해결 방법이 훠스 J. R. Firth에 의해 제시되었으며, 영국 언어학자들에 의해 40년대, 50년대 후반에는 상당히 자세하게 다듬어졌다. 운율 음운론 또는 소위 운율 분석은 당시 영국에서 커다란 관심을 불러 일으켰으며 계속 발전되었다. 어떤 면에서 훠

---

51) Z. S. Harris, Methods in structural linguistics, Chicago, 1951, v.6.

52) 연결 음소의 두 가지 해석에 대하여 참고. Z. S. Harris, Methods, 제8장, C. F. Hockett, "Manual of phonology", IJAL 21.4, 제1부(1955), 167-172. 연접 음소에 지시된 위치를 이와 결합된 음성 자질과 분리한 데 대하여는 헤리스의 스와힐리어 강세에 대한 연구(위의 인용) 참고.

53) 참고. C. F. Hockett, "Problems in morphemic analysis", Language 23 (1947), 321-343; B. Bloch, "English verb inflection", Language 23 (1947), 399-418; A. A. Hill, Introduction to linguistic structures, 129-134.

스의 음운론은 이후 생성 변형 문법의 대표자들과 그 밖의 다른 언어
학자들처럼 그 당시의 미국 음소론에서 벗어난 것이었다. 특히 훠스
와 대다수 그의 추종자들은 음운론에서의 양면적 일회성과 그것의 문
법 분석 차원으로부터의 독립에 대한 요구를 거부했다. 촘스키 N.
Chomsky와 같이 훠스도 음운론을 언어적 발화체의 문법 기술과 음성
기술 사이의 결합 성분으로 여겼다. 훠스 학파에 의해 음소 분석에 사
용된 개념들은 대부분의 변형문법가들의 그것과 다르기는 하지만, 최
근 연구들에서 몇몇 변형 생성 언어학자들이 그들 고유의 견해들 중
많은 부분이 언어 구조의 엄격한 기술주의적 파악에 의한 음운론의
위상과 관련해서 볼 때, 훠스를 통해서 취해진 것임을 강조했다54).

훠스의 견해에 의하면, 음소 위기의 올바른 해결은 그 때까지 결
합된 것으로 보았던 음소 분석과 음소 표기의 문제를 구별하는 데 있
다. 음운론의 기본적 변별 단위로서 음소의 개념은 스위트 H. Sweet
의 간이 표기 원리의 모색 과정에서 생긴 것이며, 존스 D. Jones는
음소를 그 원리의 과학적 타당성의 증거로 여겼다.

트루베츠코이 N. S. Trubetzkoy는 그 자신의 이론을 발전시키는데
있어서 이미 표기의 요구를 넘어섰음에도 불구하고, 프라그 학자들이
나 미국 구조주의자들은 분석 개념으로서의 음소를 표기에 있어서 문
자 기호의 대응으로서의 음소와 완전히 구분할 수 없었다55).

그러나 훠스는 바로 이러한 구분을 목표로 삼았다. 그는 음소를

---

54) N. Chomsky, Current issues, 70을 F. R. Palmer가 동의하면서 인용,
"Linguistic hierarchy", Lingua 7 (1958), 225-241; 비교. D. T. Langendoen,
The London school of linguistics, Cambridge, Mass., 1968, 59.

55) Z. S. Harris가 그의 논문 "Simultaneous components in phonology", Language
20 (1944), 181-205의 결론에 이른 관찰은 이 시기에 있어서 특징적이며, 동시에
의미가 크다(203): "음소론은 의심할 나위 없이 이러한 발전에 있어서 매우 적합한
최종점이다, 왜냐하면 이것은 알파벳 표기 방식과 일치하기 때문이다; 그러나 우리
는 그 이상의 발전도 가능하다는 사실을 인식해야 한다." 비교. C. F. Hockett,
"Componential analysis of Sierra Populuca", IJAL 13 (1947), 258-267.

간이 표기의 기초로 잡고, 음소 분석을 하나의 유일한 개념이 아닌 두 가지 개념에 의거했다. 운율 음운론은 음소학적(음소적이 아닌) 분절 단위와 운율의 두 가지 기본 요소에서 출발한다. 훠스는 운율이라는 용어를 특수하게 사용함으로써 이 개념의 기술적 적용과 연관시켰다. 이는 이미 디오니시오스 트락스 Dionysios Thrax의 그리스어 *prosodia* 사용에 대한 비잔틴 주석에 나타나 있으며, 린들리 머레이 Lindley Murray(1795)의 문법과 같은 영어 문법들에서 다시금 접하게 되는 데, 여러 가지 이유에서 알파벳의 개별 단위나 문자에 덧붙여 쓰여지지 않고, 포괄적 구소의 자실로서 확실히 파악되는 자질들에 관련된 다. 훠스는 여러 구조의 운율을 생각해 냈다: 즉 음소적(음절 또는 음절군) 운율과 문법적(단어, 구절 또는 문장) 운율. 그렇게 관찰된 음성 자질들 가운데는 트루베츠코이의 경계 신호 또는 "블룸필드"적 음소학자들의 초분절 음소에 포함되는 자질들도 있었다. 그러나 다른 중요한 자질들도 운율 범주에 포함되었는데, 권설음화, 경구개음화, 연구개음화, 비음화, 성음화 그리고 기음성 등이다; 터키어와 헝가리어와 같은 언어들에 있는 여러 가지 모음조화가 운율에 의해 분석되었는데, 모음조화는 이들 언어에서 단어 전체를 특징짓는 모음의 성격을 나타낸다. 이로써 음소와 동일하지 않은 음소학적 단위들에는 언어 분석 시 개별적 분절음에 나타나는 각각의 -자음적 그리고 모음적- 자질을 나타낼 의무가 없게 된다56).

여러 학자들의 수많은 언어 연구에서 조금씩 다른 운율 분석의 세부적인 내용들은 여기서 다루지 않는다. 훠스의 운율 음운론에서 중요한 것은 우리가 여러 언어학적 입장들을 설명하는데 있어서 필요한

---

56) F. R. Palmer(ed.), Prosodic analysis, London, 1970에는 여러 언어의 운율 분석의 이론과 실제에 관한 광범위한 글들이 제시되어 있다. 특히 다음의 논문을 언급할 만 하다: Palmer의 서론(ix-xvi), E. J. A. Henderson, "Prosodies in Siamese: a study in synthesis"(27-53), R. H. Robins, "Aspects of prosodic analysis"(188-200) 또한 J. Carnochan, "Vowel harmony in Igbo"(222-229).

표기 문제와 음소 분석의 제 문제들 사이의 구분이다. 이것은 운율 음운론의 대표자들이 한 언어에 나타나는 음소의 전체 목록과 해당 음운 목록의 작성을 하지 않아도 되게 했다. 그 대신 여러 다른 부류의 요소들이 (즉 구조 내에 여러 위치에서 서로 대조를 이루는 음소학적 단위와 운율) 한 대립 체계의 개별 성분들을 다른 대립 체계의 그것들과 동일시되지 않은 채 인정받게 되었다. 중화 현상의 경우 독일어에서 마지막 파열 자음은 단어 구조의 다른 위치에 있는 유성 또는 무성 파열음과 동일시 될 수 없다. 왜냐하면 두 대립 체계는 비교될 수 없기 때문이다. 마지막 자음 표기 시에 어떤 기호가 선택되어야 하는 가하는 질문은 훠스 학파에게는 별개의, 근본적으로 음운론적이지 않은 질문일 것이다.

훠스의 운율 음운론은 아직 세부적으로 연구되지 못했고, 또한 영국 내에서도 별로 적용되지 못하고 있지만, 그의 몇몇 제안과 기술 언어학에서 음운론과 그 위치와 관련한 그의 입장의 개별적 특성들은 그의 죽음 이후 1960년에 신진 학자들에 의해 받아들여졌다.

제 4 장
블룸필드 이후의 언어학

제 4 장

블룸필드 이후의 언어학

4.1. 1945년 이후 미국과 유럽의 언어학

40년대 후기와 50년대 초 블룸필드 학파의 위상은 19세기 말경 역사 언어학에서의 청년 문법학자의 위상과 다르지 않았다. 두 학파는 오랫동안 일종의 경계가 잘 그어진 자료를 다루는데 모범적인 방법, 즉 확정되고, 성숙되고 용인된 방법으로서 중요시되었다. 이 둘은 이론내의 새로운 발전과 방법에 변화를 이끈 것에 대해서는 똑같이 비판받았고, 문제가 제기되었으며, 후에는 공격도 받았다.

블룸필드 학파의 영향력은 그 시대의 내적 요인 뿐 아니라 외적 요인에 힘입었다. 내적으로 볼 때, 그것은 완벽하게 완성된 이론과 이와 관련된 언어 기술과 분석의 방법을 사용했다. 이는 음소, 형태소 그리고 직접 성분과 같은 중요한 개념들이 있는 비교적 단순하게 구조화된 일련의 기본 개념들에 기초한 것이었다. 블룸필드 학파가 30년대의 "음운론 위기"(참고. 107쪽)에 기여한 해결 방법은 매우 자주 인용되었다. 이론은 고도의 긴밀함을 보였으며, 블룸필드 시대 말경에는 그 이론의 적용 가능성을 증명하는, 상당수의 알려진 언어 또는 알려지지 않은 언어들에 대한 기술주의적 연구들이 발표되었다. 그 외에 이 원리들은 일련의 유명한 논문으로 표준 교재들에 서술되었다 1). 어떤 면에서 블룸필드의 관심은 그가 제시한 모형에 따라 가장 집 중적으로 연구를 하려 했던 사람들의 것보다 훨씬 광범위했다. 그의 책 〈*Language*〉에는 역사 언어학이 몇몇 후기 블룸필드 전통으로 기 술된 교재에 비해 훨씬 더 자세하게 다뤄진 것을 볼 수 있다. 또한 그 는 언어 현상의 연구를 음운 형식과 형태 형식에 국한시키려 하지도 않았다. 그러나 그에게는 과학적 예리함이 깊은 관심사였기 때문에, 언어학의 이 두 핵심 분야들이 그가 구상한대로 하나의 언어학에 의 해 기술될 수 있다고 확신했다. 블룸필드의 중요한 동시대인인 사피 어 E. Sapir의 관심이 훨씬 더 광범위했으며, 그의 발표된 글들이 상 당 부분 언어 기술 영역을 차지했으나, 블룸필드의 개인적 명성과 그 의 주저서인 Language(1933)가 20년간 미국 언어학의 진로를 결정 했다. 여기서는 경험주의의 방법론적 유산이 언어 기술에 확산되고 있던 사회학적, 의미론적 그리고 철학적 관점을 빌어 강조되었다2).

외적으로 볼 때, 전후 10년 동안 미국 언어학의 위상이 그의 일반 적으로 인정된 모델을 전 세계의 언어학과가 제도화된 대학들에 확산 시키는데 유리하게 작용했다. 우리는 이미 미국의 기술 언어학이 대 부분의 다른 나라들에서 보다 한 세대 일찍 인정받았던 것이 얼마나 중요했던 가에 대해 이미 언급한 바 있다. 전후시기에 미국의 여러 재 단과 학자들이 유럽과 그 밖의 지역에 대학 교과과정의 재정 지원과

---

1) 비교. 제 III장의 각주 49에 명시된 Gleason, Hockett, Hill의 책들. M. Joos(ed.), Readings in linguistics, New York, 1958에는 특히 Bloomfield 학 파의 용어로 서술된 일련의 중요한 논문들이 있다.
2) Sapir의 저서와 그의 언어학 내에서의 위치 비교. D. G. Mandelbaum(ed.), Selected writings of Edward Sapir, Berkeley, 1949. Sapir의 언어관은 B. L. Whorf의 언어관과 매우 유사하며, Herder와 von Humboldt와 함께 시작되었다고 할 수 있는 "언어적 상대주의"의 전통에 편입될 수 있다.

신설 그리고 확대에 중요한 역할을 담당했으며, 언어학의 경우 이 작업을 가장 활발하게 추진한 사람들은 블룸필드 학파의 전통에서 양성된 학자들이었다. 미국 언어학자들은 오랜 기간을 외국 대학에서 가르치고 연구했으며, 외국 언어학자들 또한 자신이 교육을 받았던 미국의 대학을 방문했다. 19세기의 독일처럼 이 시기에 미국은 사람들이 자극과 안내를 기대하던 언어학의 중심지였다.

하나의 전형이 아무리 일반적으로 인정되고 있다 하더라도, 결코 모순이 없지는 않다. 이 조건이 모든 학문의 진보를 결정한다. 통용되고 있는 이론들은 타당성에 있어서 의혹이 있는 그 이전의 이론들의 결과인 것이다. 블룸필드의 이론이 주도적이기는 했으나, 언어학 분야에서 한번도 독보적이지는 못했다. 우리가 이미 언급했던 다른 이론과 관점들은 그중 대부분이 어떤 점에서건 블룸필드 학파 이론의 이런 저런 관점에 맞춰진 것이라고 말하는 것이 올바르긴 하지만, 어디까지나 이들도 존재하고 있었던 것이다. 생성변형 문법과 성층 문법의 두 이론의 경우에 있어서, 블룸필드 학파의 구조주의적 언어 기술의 몇몇 핵심적 생각과 명백히 대치된다. 이에 대한 논문 두 편을 언급할 수 있는데, 이들 논문의 저자가 블룸필드적 틀에서 연구하던 구조주의자들이며, 이 논문들에서 후기의 두 가지 발전의 기초가 된 씨앗을 볼 수 있다[3].

유럽에서는 대전 후 언어학의 발전이 스칸디나비아, 프랑스 그리고 영국에서 활발히 진행되었다. 옐름스레우 Hjelmslev의 언리론은 대부분의 다른 모델 보다 훨씬 추상적인데, 그의 〈*Omkring sprog-teoriens grundaeggelse*(1943)〉이 1951년 영어로 번역되었을 때 상당한 관심을 불러일으켰다. 그러나 그 책은 지속적인 영향을 행사

---

3) Z. S. Harris, "Discourse analysis", Language 28 (1952), 1-30 (비교. 그의 논문 "Co-occurrence and transformation in linguistic structure", Language 33 (1957), 283-340); C. F. Hockett, "Linguistic elements and their relations", Language 37 (1961), 29-53.

하지 못했다. 프랑스에서는 트루베츠코이의 음운론과 소쉬르 이론의 전통이 계속되었다. 주목할 만한 것은 트루베츠코이의 *Grundzüge*의 번역판(*Principes de phonologie*, J. Cantineau의 번역)이 1949년에 출판된 것이다. 다른 한편으로 흥미로운 사실은 프랑스의 탁월한 현대 언어학자의 한 사람인 마르티네 A. Martinet가 프랑스로 돌아와서 그의 독자적인 공시 언어 이론을 발전시키기 전에는 뉴욕의 콜럼비아 대학에서 얼마 동안을 지냈다는 것이다.

마르티네의 공시 언어 이론은, 그가 덜 엄격한 형식주의자라 하더라도, 그 시대 미국의 구조주의와 많이 어긋나지는 않았다. 그는 문법 차원에 있어서 *monème*라고 하는 하나의 형식과 하나의 확실한 의미가 결합된 최소 단위를 분리해 내게 되었다. 이 정의는 미국의 여러 구조주의자들(그러나 블룸필드 자신은 정도가 덜한)이 추종하는 순환 (recurrent) 형식(또는 형식류들)으로서의 형태소의 순 분포적 개념에 대한 반동으로서 이해될 수 있으며, 예를 들어 *avalanche*(눈사태), *avaler*(삼키다)에서 분리된 문법 단위인 *aval-* 와 *receive*(받다), *deceive*(속이다) 그리고 *perceive*(인지하다)와 같은 영어 단어에서 *-ceive*를 인정하려는 데서 마르티네의 저항을 알 수 있다. 문법 분석에서 각각의 형태 단위에 인식가능하고 확정가능한 의미가 존재해야 한다는 요구는 혼란스러우며, 어떤 의미에서 심지어 직관에 의존될 수 있다. 그러나 마르티네는 이 요구를 유럽의 관례와 결합시켰는데, 그것은 소쉬르의 언어 기호에 있어서 *signifiant*(표현)과 *signifié*(내용)의 결합과 일치하는 것이었다. 마르티네는 이 최소의 문법적, 의미적 단위에 *monème*라는 용어를 택했는데, *morphème* 라는 개념을 *monème*의 하위 부류로서, 어근에 대해 굴절과 파생 형식의 표현을 할 수 있기 위한 것이었다. 이 용어는 유럽적 전통에 그대로 남아있다. 그것은 방드레이 J. Vendryes의 *sémantème*와 *morphème*(어근과 형식소)의 구분을 상기시킨다4). 음운론에서도 마르티네는 자주 프라그 학파의 개념인 'Aufhebung(소멸, 중화)'을 사용하면서, 유럽적 연구들을 되돌아보았다. 마르티네의 기술 체계는 프랑스에서 대단한 영향력을 행사했다. 그것은 다음의 두 책에 설명되어 있는데, *Eléments de linguistique générale*(일반 언어학의 요소, 1960)와 *A functional view of language*(언어의 기능적 관점, 1962)가 그것이다.

마르티네의 견해와 저서들은 역사 언어학에서 훨씬 더 알려져 있으며, 그 중요성도 도처에서 인정받았다. 그는 야콥슨 R. Jakobson처럼 음성 변화의 연구에서 공시적 구조주의의 중요성을 인정한 사람에 속했다. 그리고 그의 책 *Economie des changements phonétiques*(음성 변화의 경제학, 1955)는 역사 언어학의 이 분야에 고전서가 되었다.

독일에서는 역사 언어학이 모든 분파에도 불구하고 계속 굳건하게 대표되었다. 독일 대학들에 확고했던 역사적 전통이 이 나라에서 기술 언어학으로의 완전한 변환이 비교적 늦게 되었던 요인일 것이다. 단어장 의미론 분야와 연관되며, 또한 최근에 훔볼트의 언어 철학 사상으로 소급되는 연구들이 계속 독일에서 특히 바이스게버 L. Weisgeber의 책에서 주장되었다5). 그러나 주목할 만 한 것은 공시 언어학이 동독에서 뿐 아니라 서독에서도 바로 직전의 블룸필드 구조주의 시대에서 영향을 받은 것이 아니라, 60년대에 생성 변형 문법의 영향 아래 결정적인 비약을 한 것이다.

소련 학자들 가운데는 커다란 영향력이 있는 망명자들의 연구가 있었다. 트루베츠코이 자신은 그의 가장 중요한 언어학 활동 시기에

---

4) J. Vendryes, Le langage, Paris, 1921, 86.

5) 비교. L. Weisgerber, Von den Kräften der deutschen Sprache(독일어의 힘에 대해서), 1 판, 1-4 권, Düsseldorf, 1949-1950(그 사이에 제 2 증보판 출판. 3, 4 권, 1957, 1959, 제 3 신판 제 1,2 권, 1962); Grundzüge der inhaltbezogenen Grammatik(내용 관계 문법의 기초), 1962; Das Menschheitsgesetz der Sprache(언어의 인성법칙), Heidelberg, 19644.

비엔나에 있던 망명자였다. 트루베츠코이 음운론의 형식은 현대 언어학 전체에서 주도적이고 중요한 방향의 일부가 되었으며, 그와 마찬가지로 러시아 태생인 야콥슨에 의해 발전되어 영어권 세계에 전파되었다(5.2.2.). 소련 자체에서는 대학이 관변 과학 이론으로 예속된 것, 즉 언어학의 경우 마르 N. J. Marr의 믿을 수 없는 오류의 예속이 (1934년 그의 죽음 이후 10년 이상 지속된 상태) 소련 학자들로 하여금 스탈린이 1950년 그의 유명한 간섭으로 마리즘적 과장에 실제로 종말을 고하게끔 한 이후에도, 한 동안 유럽과 미국 언어학에 아무런 일조를 하지 못하거나 또는 최소한의 참여도 할 수 없게 했나[6]. 최근에는 소련에서도 생성 변형 문법이 지대한 관심 속에 받아들여졌으며, 몇 가지 이론의 완성은 특별히 러시아에서 나온 것이다(5.4.).

영국에서는 언어학이 1930년에서 1955년 사이에 훠스 J. R. Firth, 존스 D. Jones와 그들의 제자에 의해 주도되었다. 옥스퍼드와 캠브리지에 19세기 이후 인도 게르만어족 연구를 하는 비교-역사 언어학과 ('비교 문예학', *comparative philology*)가 존재했지만, 50년대 후기에 이르기까지는 런던 대학이 일반 언어학과가 있는 유일한 대학이었다. 60년대에 언어학과가 영국의 여러 대학에 설치되었을 때, 대학의 교수 자리는 훠스의 옛 동료들과 그 제자들에 의해 채워졌다.

존스의 음운 이론은 30년대 위기에 대한 가장 보수적 반응으로 꼽혔다. 그는 이론 논쟁을 둘러싼 그의 연구 논문에 의해서 보다는 오히려 그의 실제적인 음성학 강의와 여러 논문들을 통해 이 분야에서 인정받았다. 존스는 영국 표준어의 음성학 기술과 교수에 집중했다 ('*Received Pronunciation*').

영국 표준어는 많은 학식 있는 사람들의 언어를 대표하기는 하지만, 그 자체가 영국이라는 섬에 있는 소수 민족 방언에 불과하다. 그

---

6) E. Simmons(ed.), The Soviet linguistic controversy, New York, 1951; L. C. Thomas, The linguistic theories of N. J. Marr, Berkeley, Los Angeles, 1957.

런데 세계의 매우 여러 곳에 확산된 영어권 지역에서 여전히 영국어의 권위가 있는 것은 어느 정도 존스의 음성학 저서들과 학습 방법이 널리 사용되고 있기 때문일 것이다7).

훠스 언어학의 두 주요 관심 분야는 의미론과 음운론이었다. 이 둘은 이미 앞의 장에서 언급되었다. 이러한 관계 속에서 훠스가 자신의 이론이 블룸필드 전통과 여러 중요한 점들, 즉 살아 있는 언어의 공시적 기술의 집중, 문자 전통이 있거나 없는 세계의 모든 언어들에 대한 관심 그리고 마지막으로 현장 연구의 경험적 방법론과 정보 제공자로서 모국어 사용자의 영입에 기초한 세밀한 관찰에 대한 요구 등에서 일치하기는 했지만, 몇 가지 주도적 특징에서는 어긋난다는 것을 인정하고 또한 분명히 강조했다는 점을 지적해야 한다.

블룸필드는 그의 행동주의적 관점과 방법론의 고집스런 옹호로 인하여 시야가 좁아졌기 때문에, 그 시대 언어학에서 의미론 연구의 가능한 범위에 관한 경계와 관련해서 적절하지 못한 비관론을 보였다. 한편 훠스는 적합한 의미론적 단어와 문장 분석의 수단이어야 할 상황 맥락 이론에 대해 합당치 못한 낙관론을 표명했다. 훠스의 견해로 모든 언어학적 기술은 의미 기술이었는데, 그는 "의미"를 "맥락 내에서의 기능"과 동일시하면서, 음운 체계의 맥락에서 음운 요소들의 기능, 문법 체계의 맥락에서 문법 요소들의 기능("음소적 의미"/phonological meaning와 "문법적 의미"/grammatical meaning), 그리고 어휘 요소들의 의미적 기능(주로 단어들)과 주요 환경과 문화적 맥락 속에 있는 문장 구조들을 비교하려 했다8).

---

7) 금세기 영국의 언어학에 대하여 비교. R. H. Robins, "General linguistics in Great Britain 1930-60", in: C. Mohrmann, F. Norman과 Sommerfelt(ed.), Trends in modern linguistics, Utrecht, 1963, 11-37.
8) 언어학에서 의미 연구에 대한 Firth의 입장이 "The technique of semantics", TPS 1935, 36-72에 설명되어 있다. 그는 이 논문에서 취한 입장을 일생 동안 바꾸지 않았다.

상황 맥락은, 훠스의 의도에 의하면, 한편으로 발화와 그 구성 성분들 사이, 또한 그들이 의미 있게 사용되고 이해되는 사회적, 물리적 상황 사이의 다양한 관계를 추상화하고 기술하는 범위를 설정한다고 한다.

상황 맥락(context of situation)이라는 개념을 훠스는 1927-1942년 런던에서 사회 인류학 교수였던 말리노프스키 B. Malinowski가 사용했던 표현을 그대로 받아들였다. 말리노프스키는 인류학의 현장 연구의 선구자에 속하는데, 연구 대상 민족 집단의 모국어를 매개로 연구했다. 이 연구 방법의 결론은 그가 기술하고 있는 문화에 깊이 고착되어 있는 단어와 문장의 의미를 번역하고 설명하는 문제가 해결되어야 한다는 것이었다. 상황 맥락의 개념은 환경과 문화적 배경의 요인들로부터, 모국어 사용자가 이 단어들과 문장을 사용할 때 작용하는 중요한 특징을 파악해 내는 방법을 찾으려는 필요에서 생겨났다.

이 문제를 다루는 것을 시작으로 해서, 그는 훠스가 지속적으로 영향을 받았던 의미 기술의 일반 이론을 발전시켰다9).

훠스는 자신도 인정했던 바와 같이, 19세기 말 경 제시되었던 베게너 P. Wegener의 상황 이론에서 그의 맥락적 의미론을 간접적으로 취하게 되었다. 베게너의 Untersuchungen über die Grundfragen des Sprachlebens(1885, 언어 생활의 기본 문제에 대한 연구)의 아래 구절은 훠스가 의미 분석에서 상황 맥락을 적용함으로써 파악하려 했던 것을 잘 요약하고 있다.

상황은 하나의 사실 또는 사물이 나타나는 대지, 환경이다. 그러나 그것은 하나의 행위가 나오게 된 시간적으로 앞선 것, 즉 우리가 술어라고 하는 행위이기도 하다. 또한 마찬가지로 전달을 받는 사람의 특징이 상황에 속한다. 상황은 언어 전달에 있어서 단순히 단어에 의해 규정되

---

9) 비교. B. Malinowski, "An ethnographic theory of language", Coral gardens and their magic, London 1935, 2권, 제1장.

는 것이 아니라, 훨씬 일반적이고 광범위하게는 주변의 상태 자체, 즉 바로 앞섰던 사실과 우리가 함께 얘기를 나누는 사람의 현존에 의해 결정되는 것이다. 주변의 상태와 얘기를 나누는 사람의 현존에 의해 주어진 상황은 관조를 통해서 인식하게 되는데, 우리는 이 때문에 이것을 관조의 상황이라고 한다.

훠스는 어휘적 의미는 단어의 정상적 사용과는 관계없는 특성이나 관계 표지가 아니며, 단어들이 발화되고 이해되는 여러 종류의 상황과 마찬가지로 여러 다양한 단어 의미가 있다는 것을 주장했다. 훠스는 언어를 동질의 구성체가 아니라, 오히려 여러 상황, 즉 예로써 구어체, 형식어, 기술 용어, 사적인 언어, 유머 등의 상황들 속에서 측정되는, 다양하지만 상호 연관된 '제한적 언어'(restricted languages)로 보았다. 어린이는 모국어를 그가 접촉하는 여러 '제한된 언어'의 추상화 과정을 통해 획득하며, 문법가와 사전 편찬가들은 그러한 관찰과 추상화를 문법적 표현과 사전기입에 도입하기 위해 최선을 다 할 것이다10).

훠스 J. R. Firth는 물론 그의 상황 맥락 개념을 기초로 언어의 형식적 관점과 여러 어휘 단위들을 특정한 사회적, 개인적 상황과 물질적, 문화적 의미와 관련시킬 수 있게 했다. 우리는 여기서 미첼 T. F. Mitchell에 의해 기술된 시레나이카 시장의 매매언어의 특수한 성격에 대한 탁월한 연구를 들 수 있는데, 이 언어는 훠스적 용어와 방법론의 의미에서 볼 때 완전히 실행되고 있다. 그러나 훠스는 확실히 그렇게 필수적인 방법들이, 최소한 그 때까지 적용된 것과 같은 식으로는 일반적으로 의미라고 하는 것 모두를 적합하게 기술할 수 없으며, 문법가와 사전 연구가가 한번 정도 사용한 지식 전부도 표현할 수 없다는 데 대해서는 충분히 이해하지 못했다11).

---

10) Firth의 "제한된 언어" 이론에 대해서 비교. F. R. Palmer(ed.), Selected papers of J. R. Firth, London, 1968, 206-209.

　그가 언어학의 중심으로서 의미론을 고집하고, 의미론과 또한 우리의 언어사용에 대한 이해에 결정적 요인으로 사회적 사실을 고집하는 것은 연구 대상에 대한 '블룸필드'적 기계론적 입장, 순수 형식 해석에 대한 그의 반대 입장을 나타낸다.

　용어와 개념 형성에 있어서는 다르긴 해도, 훠스의 입장은 다양한 언어적 변이형들이 서로 다른 사회적 상황에서 다양한 사회적 목표설정에 어떻게 이용되는 가에 대한 최근의 사회학적 연구들과 크게 다르지 않다. 훠스는 그의 방식대로 이긴 하지만 20세기의 사고 방식에 특징적으로 언어학을 사회학에 연관시켰다.

　훠스는 그의 일반적 방법론적 출발점과 운율 음운론에서 또 다시 동시대의 발전과 대립되었으나, 분명히 생성 변형 문법의 몇 가지 관점을 취하기도 했다. 훠스는 개발 방법(또는 '발견 방법')과 과학 이론과의 모든 내적 관계를 철저하게 부인했으나, 반면에 블룸필드학파의 구조주의자들은 자주 이론을 방법의 하위에 놓는 것 같았다. 또한 훠스는 오늘날 변형 생성 이론에서 보편 타당한 가설, 즉 음소의 독자적 '양면적 일회성'의 차원은 기껏해야 불필요하거나(간이 표기의 기초로서 외에), 음소 분석에 관한 한 왜곡되었다는 생각에 동의했다. 변형 문법학자들은 생성 문법적 기술의 음운 요소들에 운율적 음운론이 완전히 적합하다고 여기지 않는다 하더라도, 그들 중 몇몇은 음운론에 대한 그들 고유의 견해와 훠스의 관점 사이의 결합의 중요성을 인정했다12).

　흥미 있는 것은 특히 훠스적 생각에 힘입은 할러데이 M. A. K.

---

11) Mitchell, "The language of buying and selling in Cyrenaica", Hésperis 1957, 31-71: J. Lyons, "Firth's theory of meaning" in: C. E. Bazell, J. C. Catford, M. A. K. Halliday와 R. H. Robins(ed.), In memory of J. R. Firth, London, 1966, 288-302.

12) D. T. Langendoen, The London school of linguistics, Cambridge, Mass., 1968: V. Fromkin, "On system-structure phonology", Language 41 (1965), 601-609.

Halliday의 기술 언어학 체계가 그의 운율적 음운론보다는 상황 맥락 개념과 의미의 맥락 이론에 훨씬 더 의거하고 있다는 것이다. 그러나 그 사이에도 여러 언어들의 운율 분석에 관한 논문들이 많이 발표되었다13).

4.2. '블룸필드' 모델에 대한 반작용

4.2.1. 파이크 K. L. Pike의 문법소 tagmemic 이론

미합중국에서 정통 블룸필드 학파가 압도적 절정을 이루던 시기에, 미국 자체에서 영향력 있는 반격이 파이크 K. L. Pike에 의해 가해졌다. 그는 우리가 앞장에서 살펴본 바와 같이 문법적 표시와는 완전히 무관한 음소 차원의 양면적 동일성에의 요구를 받아들였다. 그러나 다른 한편으로 파이크는 블룸필드적 음운론의 음소에 기초한 패러다임과 형태소와 직접 구성 성분에 기초한 문법 패러다임에 동의했다.

파이크는 미국언어학이 대체로 통일되었던 시기에, 모음의 독자성에 대해 문제를 제기했었고, 이런 태도로 인해 공공연하게 이단자로 몰렸으나, 그 외에 그는 전문가들 사이에서 최고의 권위를 인정받았다. 왜냐하면 그는 이론과 실천에 있어서 일류 음성학자였으며, 그 밖에 복음주의에 입각한 언어학적 실천자들의 한 커다란 단체의 장이었기 때문이다. 이들은 먼저 중남미 아메리카와 후의 알려지지 않은 다

---

13) F. R. Palmer(ed.), Prosodic analysis, London, 1970; 여러 언어들에 운율 음운론을 적용한 많은 논문들이 Studies in linguistic analysis, Philological Society의 특별호(Oxford, 1962)에 실려 있다.

른 지역의 언어들에 대한 일련의 탁월한 연구들을 책임감 있게 수행했다. 'Summer Institute of Linguistics'에 중심을 둔 파이크의 연구는 언어학 연구와 기독교 선교 활동의 오랜 결합의 결정이었다.

블룸필드 시대 후기에 파이크는 언어 연구를 'Summer Institute'에서 그의 동료들과 공동으로 꾸준히 완성시키고 수정 보완하여 독자적 이론으로 넓히기 시작했다. 그는 먼저 인간 행동의 일반 이론에 언어학을 포함시키려는 야심찬 시도를 했는데, 여기서 그는 인간의 모든 사회적 행위들은 언어적이든, 비언어적이든 동일한 방법으로 구조화되어 있다고 볼 수 있으며, 따라서 농일한 분석과 기술에 맡겨질 수 있다는 사실에서 출발했다. 이 주제에 대해 그가 쓴 책의 제목이 이것을 그대로 나타내고 있다.

그의 저서 *Language in relation to a unified theory of the human behavior*는 처음에 1954년 '임시판'으로 출판되었고, 일련의 수정을 거쳐 1967년 최종판이 나왔다. 그 안에 제시된 이론은 본질적으로 emic(구조화된, 대조적) 요소들과 etic(관찰되는) 자료의 구별을, 미국 구조주의자들에 의해 이미 음운과 문법 이론에서 설명된 바와 같이, 인간 행위 전체로 확대하는데 있다. 그는 이것을 전형적인 '행동소'인, 예를 들면 서로 구별되면서 일련의 특정 행동을 포함하거나 또는 그들에 의해 명시되는 행위들, 가정에서의 아침 식사, 야구 시합, 예배 등을 나열하며 주장했다.

물론 예배 등 특정 의식의 과정과 특정 경기가 보여주는 바와 같이, 어떤 표현의 순서에 따른 발화와 아주 특수한 비언어적 행동과 관련된 사건들이 파이크적 사고에 유리한 적용 범위를 제공한다는 것은 분명하다. 그러나 인간 행동의 일반 이론으로서 그의 이론은 몇몇 연구가 특정 문화에서의 특별한 언어 활용 방식, 즉 예를 들면 형식적 화술, 전설, 민간 동화 등을 다루긴 했다 하더라도, 그다지 관심을 불러일으키지 못했다14).

　그러나 위에 언급된 특수한 경우를 제외하고는 인간 행동이 그 본질에서 언어의 구성 법칙과 비교될 수 있으리라는 가정은 성립될 이유가 없다는 것이 아주 일반적 의견들이다. 언어가 인간의 사회적 관계에서 수행하는 역할에 있어서 뿐 아니라, 인간의 진화 과정에서 일어나는 발전의 방식에 있어서도 인간 행동의 아주 특수한 형식을 나타낸다는 것은 이미 논란의 여지가 없는 사실이다. 왜냐하면 그것은 1백년 이상 전에 훔볼트 Humboldt에 의해 아주 적절하게 기술된 바 있는 특별한 요구를 만족시키기 때문이다. 즉 "언어는 제한된 수단으로 무한정한 사용을 해야 한다."15)는 것이 그것이다. 인류학자들은 점점 강도 있게 언어학의 개별 문제를 다루었으며, 미국 언어학자와 인류학자들의 한 세대 전부가 특히 미국 인디언 언어와 문화 영역에서 공동으로 연구했는데, 개개의 학자들은 이 두 분야에서 완전히 전문가들이었다. 그러나 이 모두는 문화의 언어학적, 비 언어학적 관점에 대한 총체적 이론과 공동의 연구 방법이 적절한 해결책을 보여준다는 가정에 어떤 보장도 해 주지 못했다.

　그러나 하나의 총체적 이론에 도달하려는 여러 시도에서, 지난 20년간 새로운 언어 관찰과 방법으로 발전된 특수한 언어 이론이 생겨났다. 오늘날 보통 문법소 이론(tagmemik 또는 tagmemic)이 그것이다. 여기에는 광범위한 표기법이 있는데, 바로 문법소 이론이 주로 중남미의 알려지지 않은 대다수의 언어들(물론 한 두개의 유럽어들에도)에 적용되었고, 여러 교재들과 일반 이론적 논문들에 발표되었기 때문이다16).

---

14) Z. B. E. Dorfman, The narreme in medieval Romance epic, Toronto, 1969.

15) W. von Humboldt, Die Verschiedenheit des menschlichen Sprachbaues (인간 언어 구조의 다양함), 1836, 복사판 Darmstadt, 1949, 103.

16) K. L. Pike, "A guide to publications relating to tagmemic theory", in: T. A. Sebeok(ed.), Current trends in linguistics 3, den Haag, 1966, 365-394; V. Pickett, The grammatical hierarchy of Isthmus Zapotec (Language 36. 1, 제2부, 1960); V. Waterhouse, The grammatical structure of Oaxaca

1955년 이후 블룸필드적 기술 모델에 반대해서 쏟아져 나온 여러 언어 이론과 관찰 방식들 가운데 문법소 이론만이 실제로 발견 방법에 중요한 비중을 두었다. 아마도 이것이 파이크와 그 동료들이 'Summer Institute of Linguistics'에서 그들의 연구를 널리 기록이 없는 알려 지지 않은 언어들을 다루는데 까지 확대했었다는 사실을 부분적으로나마 알려주는데, 여기서는 자료 조사 방법과 자료가 있는 현장 연구가 특히 매우 중요하다. 블룸필드는 미국 인디언어들, 특히 중앙 알곤킨 Algonkin 언어에 대한 현장 연구를 열성적으로 그리고 성공적으로 수행했으며, 대부분의 블룸필드 학파의 학자들도 북아메리카의 원주민어에 대단한 관심을 갖고 있었다. 우리는 위에서 언어학 이론에 있어서 이러한 관심이 미국에서 얼마나 영향력이 있는가를 살펴본 바 있다(3.3.3).

블룸필드 이후 시기의 다른 학자들과 학파들은 특히 이론의 기술과 새로운 이론적 개념의 개발과 실험에 있어서 훨씬 강도 있게 영어와 그리고 잘 알려진 유럽 언어들에 집중했다. 이들 주요 언어학파들 가운데 문법소 이론만이 음소와 문법 구조의 제 요소들과 단계적인 연구 방법을 모색하려는 새로운 방법들이 개발되어 있는 책들을 발표하고 있다17).

'문법소 이론 Tagmemik'이란 표현은 이 언어 기술 이론의 중심 개념에 대한 명칭에서 나온 것이다. 문법소 tagmem는 블룸필드 학파의 형식적 분석이 지나치게 구조적이며, 기능을 도외시했다고 지적 당하는 약점을 제거하기 위해 기능과 구조를 결합한 단위이다. 한 유명한

Chontal(IJAL 28. 2, 1962); R. M. Brend, A tagmemic analysis of Mexican Spanish clauses, den Haag, 1968; B. Elson·V. Pickett, Introduction to morphology and syntax, Santa Ana, 1962; W. A. Cook, Introduction to tagmemic analysis, New York, 1969; R. E. Longacre, "String constituent analysis", Language 36 (1960), 63-88; "Some fundamental insights of tagmemics", Language 41 (1965), 65-76.

17) Z. B. R .E. Longacre, Grammar discovery procedures, den Haag, 1964.

문법소 이론 학자는 다음과 같이 기술했다.

　　문법소 이론은 구성체들 간의 관계와 대립에 관심을 갖는 것과 마찬
가지로, 단어, 구절, 부문장과 문장 사이의 내적 구조의 관계에 대해서
도 지대한 관심을 갖는다. 기능과 부류가 문법소에 결합되어 있음으로
해서 곧 기능에 주목하게 되며, 형식적 분석을 가능하게 한다. 전통 문
법은 기능 즉 주어, 목적어, 한정 요소들에 대해 많이 언급하고 있으나,
그러한 기능을 분명히 밝혀 주는 형식은 충분히 고려하지 않았다. 미국
의 초기 구조주의는 유아적 열성으로 기능은 제쳐놓고 형식에 열중했
다. 문법소 이론은 구조주의의 맥락에서 기능의 부흥인 것이다[18].

　　문법소는 위에서 언급된 언어와 인간 행위의 관찰에 있어서 전형
적인 emic 단위이다. 그러나 그것은 언어에만 속하는 emic단위이
다[19]. 모든 emic 단위들은 파이크에 의하면, 세 가지 관점 또는 양
식(modes)을 갖는다. 변별적 특질(Merkmalmodi, 자질 양식), 관찰되는
과정에서의 구체적 실현(Manifestationsmodus, 명시 양식) 그리고 기능
적 언어성분 보다 더 큰 구조 내에서의 관계(Distributionsmodi, 분포
양식)이다. 그러므로 문법소는 하나의 단위 또는 단위류에 의해 채워
지는 기능적(분포적) 위치, 예를 들어, 명사나 명사구에 의해 채워진
주어 위치를 갖는 emic 단위를 포함한다.

　　문법 단위로서 문법소는 ‘문법적 기능이나 틈새(slot)와 이 틈새에
나타날 수 있는 상호 교환이 가능한 단위류’ 사이의 상관 관계로 정의
되었다[20]. 이 틈새 slot와 부류 klasse의 상관 관계는 한 언어의 문법
적 위계 체계 내의 분포이다. 문법소는 언어의 문법 기술 과정에서 나
오게 되는데, 보다 큰 단위는 보다 작은 문법소의 연속체로 나타내진

---

18) R. E. Longacre, Language 41 (1965), 67.
19) 비교. K. L. Pike, "On tagmemes, née gramemes", IJAL 24 (1958), 273-278.
20) B. Elson · V. Pickett, Introduction to morphology and syntax, 57, 약간
　　변화시켜서 W. A. Cook이 인용, Introduction to tagmemic analysis, 15.

다. 이 크기 순서가 위계 체계를 형성하는 것이다.

여기서 몇몇 예를 들겠지만, 이론과 그 방법론에 대한 상세한 설명과 논의는 전문 서적을 소개하기로 한다21). 전형적인 주문장은 명사구에 의해 채워진(또는 '명시된') 주어 위치와 동사로 된 술어, 그리고 타동사인 경우 보통 명사구로 된 목적어로 구성된다. 문법소 이론 공식은 다음과 같이 표현된다.

> 주문장 = + S:NP + P:자동사(뱀이 사라진다.)
>
> 또는
>
> 주문장 = + S:n + P:타동사 + O:NP(토르가 도끼를 흔든다.)

'='표 오른 쪽에 있는 모든 글자들은 문법소 tagmem를 나타낸다. 여기서 콜론(:)은 기능(주어)과 '단어'(예. NP = 명사구, 영어. N(ominal) P(hrase))를 분리시킨다. +는 필수 문법소 tagmem를 명시한다. 하나의 특정한 문법소의 등장이 수의적이면 '±'로 표시된다. 예를 들어 동사 다음에 목적어가 올 수는 있으나 꼭 올 필요는 없을 때 다음과 같이 표시된다:

> 주문장 = + S: NP + P:타동사 ± O:NP
>
>   (농부가 벤다 (풀밭을)).

비슷한 방법으로 명사구가 더 하위 단계로 분석될 수 있다:

---

21) 비교. 특히 각주 20에 언급된 B. Elson · V. Pickett, 그리고 W. A. Cook의 책

> NP = + Art:관사 ± M:형용사 + H:명사(the terrible
>   theory),

여기서 M는 '한정 요소'(영어. M(odifier))이며, H는 '주요소'(영어. H(ead))이다. 단어는 다음과 같이 분석된다.

n = +ns ± num.:num.m (dog-s); ns와 num.m.는 Nominalstamm '명사 어근'과 'Numerus-Marker, 수-표지'를 의미한다. 가장 높은 단계에서 주문장은 특정 억양을 갖는 문장을 형성한다.

> S = + Basis:주문장 ----억양:endkontur (--- 는 동시적 등
>   장, 연결 성분이 없음).

이 밖에 종속, 자유 어순, 구성적 호응관계, 변모음 등의 자질들을 나타낼 수 있다. 이 모든 것은 이미 인용된 책들에 다루어져 있다.

문법소 이론은 어떤 면에서는 그 시대의 다른 언어학 이론보다는 블룸필드의 구조주의에서 덜 벗어나 있다. 구조주의자들에게서와 마찬가지로 문법소 이론 학자들에게서도 그들의 이론의 기초가 되는 공시적 기술이 중요했다. 또한 문법소 이론 학자들도 음운 분석은 음운론의 최소 emic 단위인 음소에, 그들의 문법 분석은 문법의 최소 emic 단위인 형태소에 기반을 두었다. 그들은 블룸필드 학자들과 함께, 언어학자들이 모국어 화자들의 녹음을 통해 얻어내며, 밖으로부터 관찰되는 자료들을 다루는 언어학에 대해 엄격히 경험적인, 관찰에 기초한 입장을 취했는데, 이는 계속 늘어나는 자료의 분석을 통해

언어에 대한 하나의 상을 찾아내기 위해서였다. 문법소 이론 학자들은 대체로 'Bloomfield'적 직접 성분 체계를 거절하고, 일반적으로 문장, 부분 문장, 구, 단어와 형태소 등을 설명하는 문법 구조의 여러 단위의 순서를 인정함으로써 그들과 구별되었는데, 여기서 각 단위는 (최하위 차원의 형태소는 제외하고) 그 다음의 하위 차원에 속하는 문법소의 연속으로 분석된다. 아울러 높은 차원의 단위(예로써, 관계절)가 하위 차원의 단위(예. 명사구)에 종속 또는 삽입되는 것 등이 고찰되며, 예를 들어 해당 억양을 갖는 yes 같은 개별 단어가 문장의 위치를 차지할 수 있는 "차원 건너뛰기"(영이 level skipping)등도 다루어진다.

한 차원 내의 개별 문법소는 선적으로, 소위 '사슬'로 연결되어 있다. 이들은 직접성분 분석에서 나란히 연결되는 성분들처럼 위계적으로 배열되지 않는다22). 눈에 띄는 것은 생성 변형 문법 학자들이 "Bloomfield 학자들"과는 상당히 다르다고 해도, 성분 구조규칙으로 구조수를 만들어 내는데, 이것은 문법소 이론 학자들에 보다는 오히려 직접 성분의 구조주의자들과 비슷한 것이다. 문법소 이론 공식을 구조수와 비교하면 다음과 같다.

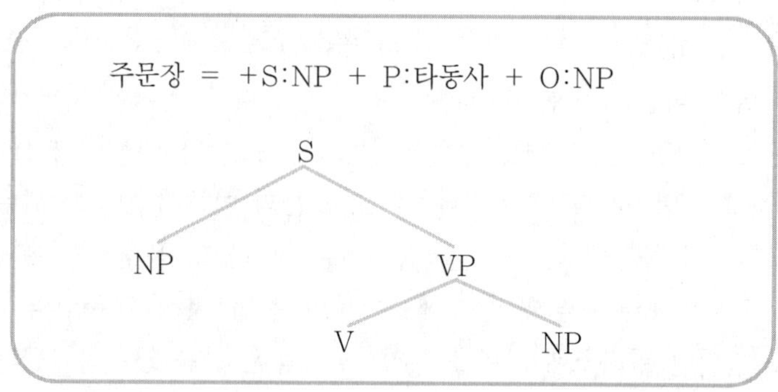

---

22) 이 때문에 Longacre는 문법소 이론과 관련해서 '사슬 성분 분석'(string constituent analysis)라는 표현을 위에서 인용된 논문에서 사용했는데, 거기에는 이러한 대립이 매우 강조되어 있다.

연결된 문법소는 일차적으로 문법적이거나(주어에서와 같이), 의미적으로 규정될 수 있는(시간, 장소의 한정어, 소유어 등) 대립되는 기능들에 의해 구별된다. 몇몇 구조주의자들에게 도그마가 된 문법 분석시의 모든 의미 범주의 극단적 거부는 파이크와 문법소 이론 학자들에게는 허용되지 않았다. 그들은 문법소의 이중 구성을 언어 기술 시, 다의적, 동의적 관계가 있는 문법적 기능과 품사 사이의 관계를 표현하는데 특히 유용하다고 생각했는데, 예를 들면 명사, 대명사, 형용사와 동사의 형태적으로 서로 다른 품사들이 모두 술어로 나타날 수 있을 때, 또한 반대로 명사류만이 주어, 목적어, 한정어와 술어의 기능적 위치를 담당할 경우들이다[23].

문법소 이론은 수많은 이론적 논쟁을 일으켰으며, 1958년 처음으로 정리된 이후 여러 번 수정되었다. 그러나 언어학에 중요하게 기여한 바는, 상당수의 언어학자에게는 전혀 알려지지 않은 언어들에 대한 광범위한 기술들에 있다. 음운론과 의미론에서는 덜 하지만, 특히 문법 분야에서 문법소 이론이 다른 이론들에 비해 두드러졌다. 그 밖에 문법소 이론은 언어학적으로 공부하지 않은 독자들에게도 이해가 가능하다. 문법소 이론의 설명들은 보통 쉽게 파악이 가능한 형태로 언어에 대한 좋은 상을 갖게 해 준다[24]. 사람들은 여기서 문법소 이론의 이론적 깊이가 부족하다고 이의를 제기할지 모른다. 그러나 이만한 결과를 목표로 할 수 이론은 과소 평가 되거나 거부되어서도 안 되며, 특히 언어학자가 혹시 한 세대 동안, 아니면 그 이전이라도 소멸될지 모르는 문자로 고정되지 않은 많은 언어들을 기술하고 기록해

---

23) 구조와 기능 사이의 관계에 대한 이러한 설명이 문법소 공식에 대한 비판에 부분적이나마 답이 된다 in: P. M. Postal, Constituent analysis (IJAL, 30.1, 3부, 1964) 33-43; 그러나 형식적 부류와 문법적 기능 사이에 역으로도 명백한 관계가 있게 되면, 문법소 공식의 이중 구성은 불필요하게 된다. 비교. V. Waterhouse, The grammatical structure of Oaxaca Chontal, 119 에 이 문제가 설명되고 있다.

24) Brend, Pickett, Waterhouse 비교.

야하는 급박한 과제에 직면할 경우에는 더욱 그렇다.

4.2.2. 블룸필드 L. Bloomfield 이후의 이론들

문법소 이론은 '블룸필드적' 구조주의자들의 일반적 견해와 목표를 고수하려는 점에서 같은 시기의 발전된 여러 언어이론과 구별된다. 다른 이론들, 특히 람브 S. M. Lamb의 성층 문법, 할러데이 M. A. Halliday의 체계 문법 그리고 생성 변형 문법은 언어 이론의 본질과 목표를 완전히 다르게 평가한다.

이 세 이론들은 언어학자의 임무에 대한 일반적 시각에서 볼 때 일치하고 있다. 언어 이론은 인간의 자연 언어를 특징지으려는 목표를 지녀야 한다. 즉 주로 모국어 화자가 문법적으로 인정되는 무한히 새로운 많은 문장을 만들어 내고 올바르게 말하며, 또한 어렵지 않게 다른 화자의 무한히 많은, 특히 처음으로 만들어진 문장들을 이해할 수 있는 능력과 관련해서 볼 때 그렇다. 그러므로 이 이론들은 언어에 대한 이해와 언어 기술의 평가를 위한 모델을 추구한다. 이들은 관찰되는 자료로부터 문법적 요소들을 추상화하는 기술을 찾아내는 것에 목표를 두지 않는다.

이런 면에서 이들은 언어를 모국어 화자의 훨씬 더 내적이고 유리한 입장에서 언어를 관찰하며, 자기 모국어의 언어적 자료를 그가 알지 못하는 언어의 정보 제공자에 의해 전달된 자료와 똑같이 연구하려고 하는 관찰자의 위치에서 순 경험적으로 연구하지 않는다. 여기서 주목할 만한 것은, 이 언어학자들은 문장들 간의 문법 관계에 대한 모국어 화자의 직관적 판단에 기꺼이 큰 의미를 부여하는 것이다. 그들 중의 몇 사람은 심지어 문법적 서술이 해당 모국어 화자의 분명한 직관과 일치해야 한다고 주장했다. '블룸필드' 학파의 언어학자들은 모든 종류의 모국어 화자에 의한 직관적 언어 연구를 불신했다. 알렌

W. S. Allen은 이와 관련하여 다음과 같이 설명했다.

제보자가 자기 언어에 대하여 말할 때 모국어가 아닌 외국어로 말하는 것은 틀린 것으로 보아야 한다25).

또한 모든 종류의 정신주의에 대한 끊임없는 반대는 직관이라는 단순한 개념을 학문적 연구에는 완전히 부적합한 것으로 보이게 했다.

같은 방법으로 현대의 이론들은 일반적으로 언어 보편성과 인간이 어린이로서 자료를 접하기 전에도, 태어날 때부터 그의 두뇌 속에서 마음대로 사용하는 언어적 장치에 크게 비중을 두고 있다. 언어 보편성과 그 의미에 대한 현대 언어학자들의 주장은 이상하게도 17, 18세기에 합리주의적 보편 문법 지지자들을 생각나게 한다(1.3.4).

'생득적 관념'에 대한 경험주의적 거부 뿐 아니라 행동주의적 학습 이론에 의해서도 영향을 받은 '블룸필드 학자들'은 유아기 언어 습득 과정의 대부분을 유추 형성과 정돈되지 않은, 뇌에 저장된 자료를 모형에 맞추는 능력으로 기술했다. 블룸필드는 이에 대한 예로써 "Annie is hungry: give Annie the orange: baby is hungry: give baby the orange"를 들고 있다.

최근의 언어 이론가들은 보편 음성학이 목소리가 만들어지는 기관의 구조에 의해 기술되는 것과 마찬가지로, 인간의 두뇌에는 일종의 보편 문법이 존재한다는 데서 출발한다. 음성적 보편성에서 문법적 보편성으로의 이러한 귀결은 1928년 옐름스레우 L. Hjelmslev에 의해 실제 유도된다.

Si le système phonologique est défini partout par les caractères

---

25) On the linguistic study of languages, Cambridge, 1957, 18.

physiologiques de l'homme, le système grammatical dépend également de certains caractères psychologiques qui sont propres au genre humain.(만약에 음운 체계가 인간의 물리적인 특성에 의해서 모두 정의된다면, 문법 체계 또한 인간에게 고유한 어떤 심리적 특성에 속하게 된다)26).

우연히 발견된 제1언어의 자료들이 어느 정도는 어린이의 두뇌에 존재하는 언어 습득 능력에 모여 있으며, 이 능력으로부터 청자에게 가장 적합하고 가장 잘 설명할 수 있는 문법적, 음운적 규칙들이 선택된다는 사실이 기본 출발점이 된다. 사람들은 제1언어의 습득이 읽기와 쓰기 이전에 거의 완전하게 일어나며, 읽기와 쓰기의 학습은 어린이의 구어체 모국어의 지식을 전제로 한다는 것을 생각해야 한다. 이제 선택된 규칙들의 종류는 단순히 유추적 귀결의 결과가 아니라, 문법적 가능성들은 어떤 언어에 먼저 내맡겨지는 가에 상관없이 어린이의 정신 능력을 통해 이미 주어진다는 사실이 강조되어야 한다.

여러 주장들에 의해 제1언어의 습득 과정은 후에 학교에서 또는 성인으로서 제2언어를 습득하는 것과 근본적으로 다르다는 것이 분명해질 수 있게 되었다. 여기서는 생물학적 이유에서 이미 성인 시기에 줄어드는 생득적 능력이 중요하다. 그러므로 제1언어의 습득은 학교에서의 학습과 형식 교육과 같은 지적 과정이 아니다.

이런 관점에서 한 언어의 문법적 기술에 완전히 다른 임무가 주어졌다. 이것은 관찰된 것을 상세히 기록하고, 기술 시 경제적으로 행해지며, 즉 가능한 한 적은 수의 규칙들로 보편 타당성을 찾아내야 할 뿐 아니라, 동시에 특정 개별언어의 기술을 언급된 일반 언어 이론에 연관시켜야 한다. 언어 기술의 구성과 능력은 일반 이론으로 측정되어야 한다. 이와 관련해서 관찰 적합성과 기술 적합성의 미미한 성과

---

26) L. Bloomfield, Language, London, 1935, 275-277; L. Hjelmslev, Principies de grammaire générale, Kopenhagen, 1928, 251.

에 대해 대립적 의미로 자주 설명 적합성(explanatory adequacy)이 언급되는데, 이것은 사변적 스콜라 문법가들이 내세운 주장과 비교할 수 있다. 즉 이에 의하면 개별 언어의 문법은 인간 이성을 총체적으로 포괄하는 하나의 형이상학적, 개념적 체계 속으로 삽입된다는 일반 언어 이론에서 유도될 수 있어야 한다는 것이다(1.3.2).

이미 언급한 바 있는 언어학의 '내적' 그리고 '외적' 입장 사이의 대립과 관련해서 볼 때, 촘스키 Chomsky가 그의 책 Aspects of the Theory of Syntax(1965)에서 기술 적합성과 설명 적합성에 대해 자세히 다루었는데, 문법의 기술 적합성을 '언어적 사실과의 외적(extern) 일치'에, 설명 적합성을 '언어 자체의 형식'과의 내적 관계 그리고 인간의 '특수한 생득적 능력'에 두었던 사실이 흥미롭다27).

'보편 타당성의 획득'은 중요하다. 언어의 기술과 분석은 실제 언어 자료를 기초로 검토되고 정당화되어야 한다. 이로써 언어학의 경험적 특성은 언제나 인정된다. 이 언어학파들이 실제 관찰 가능한 언어 자료를 기초로 하기보다는, 서로 다른 방식으로 인간 정신을 기술하려는 상당히 많은 이론적 장치들에도 불구하고, 또한 극단적 경험주의적 입장에 대한 단호한 거부에도 불구하고 언어 연구의 특성을 경험주의에 두고 있는 데에 유의해야 한다. 예를 들어 래이코프 G. Lakoff는 1969년 촘스키와 그 밖의 생성 변형 문법 학자들이 비-경험주의적 원리에 의해 연구한다는 호케트 Hockett의 비난을 단호하게 물리쳤다28).

아마도 문법소 이론 Tagmemik 학자들은 예외지만 어느 학파도 경험주의적 요구로는 언어학 이론이 발견 방법을 포함하거나, 새로운 언어 자료의 성공적 분석을 위한 기술이 우선적으로 결정될 수 있다

---

27) Aspects, 27
28) C. F. Hockett의 서평, The state of the art, Foundations of language 5
   (1969), 118-127.

는 사실에서 출발할 수 있거나 또는 해야 한다고 요구할 만큼 널리 발전하지 못했다.

언어학에서 유일하게 인정되는 사실로 관찰되는 자료에 대한 지나친 집중은 촘스키에 의해 '편협한 경험주의'29)로 불리었으며, 블룸필드 시대 이후의 거의 모든 언어학자들이 이제는 관찰되는 자료들과 그들의 직접 분류에 기초를 이루며 이를 설명하는데 도움이 되는 언어 구조의 층위 또는 차원의 존재를 인정하고 있다. 또한 이 차원들은 직접적으로 관찰할 수 없다 하더라도, 어디까지나 언어에 속한다는 깃도 일반직으로 인징되었다. 이깃이 대부분의 생성 변형 문법학자들의 심층 구조와 표면 구조의 구분을 설명한다. 그러나 언어에 있어서 심층의 또는 기본을 이루는 구조 층위에 대한 생각은 오늘날 변형생성 이론의 그 밖의 논점들에 동의하지 않는 다른 언어학자들에게서도 발견된다.

관찰되는 자료를 직접 분석해서 얻어진 것과는 구분되는 언어 구조의 인정은, 언어학자가 그의 기술에 포함시키는 요소들과 그들의 관계가 언어 사용시 인간의 뇌 속에서 일어나는 과정과 어느 정도 일치하며, 또 그 과정을 재현할 수 있는가 하는 문제를 낳는다. 그런 질문은 '블룸필드 학자들'에게는 애초부터 제외되었을 것이다. 기술과 분석에 사용된 단위와 개념들은 그것들이 일단 추상화되면, 언어학자의 메타 언어에만 존재하는 작위적인 것으로 여겨졌다.

1936년 트와델 W. F. Twaddell은 분석적 개념으로서 음소를 물리적 또는 심리적 실체도 아닌 '추상적·가상적 단위'로 보는 것이 최선이라면서, 그 당시의 여러 전형적 입장을 나타냈다30). 과학적 요구가 이성과 모든 정신 단위보다 과소평가됨으로써, 이 시기의 언어학자들은 그러한 문제를 제기하지도 못하고, 대답을 회피할 수도 없었던 것

---

29) Current issues in linguistic theory, den Haag, 1964, 113.
30) On defining the phoneme (Language monograph 16).

이다.

오늘의 언어학자들은 이제 더 이상 정신주의에 거역하지 않는다[31]. 이는 꼭 언어학자들이 정신적 실체의 존재를 어떤 물리적 실체와 분리된 독자적인 물체라고 여긴다는 것을 뜻하는 건 아니다. 그러나 그것은 그들로 하여금 특수한 정신적 활동과 현상들을 언어학에 통합하고 심리적 개념들을 물리적 또는 생리학적으로 다시 정의하지 않은 채 언어에 대한 과학적 기술에 사용하게끔 했다.

언어학자들은 그들의 이론적 기술 장치의 구성이 화자의 정신 능력과 어느 정도 일치하는 가와 관련해서 다양한 견해를 주장한다. 생성 변형 문법학자들에 의해 사용된 '생성적'이란 표현이 이런 식으로 오해받았다 하더라도, 아마 아무도 문장 기술과 그 문법 분석이 정신 신경학적 과정의 결과와 일대일 관계에 있다는 사실에 근거를 두지는 않을 것이다(참고. 165쪽). 그러나 람브 Lamb는 성층 문법 틀 안에서 의미 내용이 어휘적, 문법적, 음성적으로 차례로 실현되면서, 반면에 이 단계들을 움직이게 하는, 아주 특정의 경로를 거치며 약화되는 '충격'으로서 여러 층위(strata)에 걸쳐 있는 기술 단계들에 대해 서술했다[32]. 또한 촘스키는 우리가 언어 구조의 연구를 통하여 독특한 방법으로 인간 두뇌의 여러 과정에 대해 경험할 수 있도록 옛날의 사상을 다시 부흥시켰다. 특히 생성 변형 문법의 대표자들은 17, 18세기의 보편 문법 학자들처럼, 언어에서 심층 구조라는 근본적으로 비교 가능한 단위로 여겼던 것을 인간의 두뇌에 내재하는 언어중심의 일부로 여겨지던 언어적 보편성과 연관시켰다. 촘스키의 *Language and mind* (1970) (언어와 정신)의 여러 곳에서 이 견해가 분명해진다. 그는 다음과 같이 기술했다.

---

31) 비교. J. J. Katz. "Mentalism in linguistics", Language 40 (1964), 124-137.
32) S. M. Lamb, Outline of stratificational grammar, Georgetown, 1966. 42.

때론 아주 추상적인 심층 구조가 존재하며, 우리가 문장을 만들어 내고 해석할 때 일어나는 문법적 과정에서 중심 역할을 수행한다. 그러한 사실은 곧 생성 변형 문법에서 주장되는 식의 심층 구조들이 실제의 정신 구조라는 테제를 뒷받침해 준다.

촘스키는 '언어학으로 알려진 인지 심리학의 특수 분야'에 대해 언급하면서, '언어 연구는 인간의 정신 과정 연구에 상당히 유리한 전망을 열어준다'는 것과 또한 '언어학이 일반 심리학에서 중심 위치를 차지해야 할 것'이라고 결론지었다.

결코 촘스키와 생성 변형 문법 학자들에만 국한되지 않는 이 견해들이 1957년 이후시기에는 이 학문 분야에서 일반적으로 주도적인 경향을 규정하는데, 바로 심리학으로의 전환이다.

20세기 초기에는 소쉬르 Saussure와 미국의 사피어 Sapir, 호이어 Hoijer와 같은 인류학자들, 또한 영국의 훠스 Firth가 언어학을 주도했었다. 블룸필드와 '블룸필드 학파'의 학자들도 비슷한 경향이었으나, 형식 문법과 음운론의 이론과 기술 방법에의 집중은 이 학문의 지평을 넓힐 수 있는 시야를 제한했다. 사회 속의 언어에 대한 관심과 사회와 관련된 언어 연구는(오늘날 이는 사회 언어학이라는 개념에 포괄된다) 계속해서 여러 언어학자의 연구에 나타나고 있으며, 증가 추세로 확대되고 있다. 그러나 우리는 하나의 언어학을 향해 동시에 진행되는 두 가지 발전에 주시해야 한다. 즉 일상 생활과 사회 활동과 유리된 채, 인간 정신의 천성과 능력의 일부를 연구하는 것과 부분적으로는 심리 언어학 분야에 속하게 되는 것이 그것이다.

이 두 가지 경향, 즉 한편으로 언어와 사회에 대한 관심과, 다른 한편으로 언어와 개인에 대한 방향 설정은 동시대 언어학자들을 그들의 기술과 분석 체계에 따라 이론적 출발점에 따라 분류한 것과 꼭 일치하지는 않는다. 그러나 성층 문법의 지지자와 촘스키를 포함한 여러 생성 변형 문법 학자들은 우리가 살펴본 바와 같이 분명히 심리학을 언어학의 일부분으로 파악하지는 않는다 하더라도, 심리학과 관련된 언어학을 하고 있다. 이와 다른 것은 할러데이 M. A. K. Halliday의 체계 문법인데, 이것은 훠스의 사회적 맥락 문제도 고려하는 넓은 관계 틀 안에서 성립되며, 사회 안에서의 언어의 여러 기능을 설명하는데 목표를 둔다. 이로써 오늘날 변형 문법의 틀 안에서 연구하는 언어학자들에 의해서도 주장되는 입장을 구체화했다. 촘스키는 이 문제에 대한 그의 입장을 언어 연구의 이상적 목표는 언어 외적 사건이나 사실과는 관계없이 개별 언어 화자의 능력이라는 말을 통해 강조했다. 그는 1965년에 다음과 같이 썼다.

> 언어 이론의 대상은 제일 먼저 이상적 화자·청자로서, 그는 완전히 동질의 언어 공동체에 살고, 그의 언어를 탁월하게 알며, 그의 언어 지식을 실제 발화에 적용함에 있어서 다음과 같은 문법적으로 중요하지 않은 조건들에 의해 영향을 받지 않는다. 그 조건들은 제한된 기억력, 혼란과 혼동, 주의력과 관심의 변동, 실수(우연적이거나 또는 전형적 잘못) 등이다[33]

촘스키는 '언어 능력'과 '언어 수행'의 대립을 근거로, 앞의 인용에서 강조된 바와 같이 전자를 사회학, 인종학에 전문적인 언어학자들의 주 분야로 여길 수 있게 되었다. 일상적 관계가 언어에서 제외되고, 언어 수행의 영역에 속한다는 것이 훠스와 같은 언어학을 사회학에 편입시키기를 주장하는 언어학자들에 의해 비판받았다. 이들 가운데 덕망있는 학자의 한 사람인 하이메 Dell Hymes도 있는데, 이 언어학자들은 그들이 '의사 전달의 인종학'이라고 일컫는 것의 중요성을 강조했다. 그들의 의견은, 언어 이론을 사회 상황과는 관계없는 개인적 화자의 언어 능력에 좁게 제한하는 것은 언어학을 무조건 이 영역에 속하는 언어사용의 여러 현상과 방식에 적용할 수 없게 한다는 것

---

33) Aspects, 3

이다. 이 언어학자들은 이 분야를 포함하기 위해서 '의사 전달 능력'이라는 개념을 만들었으나, 동시에 화자의 항구적 능력인 언어 능력과 화자가 이 능력을 실제 사용하는 언어 수행에 대한 촘스키의 구분을 받아들였다34).

언어학의 심리 언어학적 방향 뿐 아니라 사회 언어학적 방향이 의미론을 언어학의 관심 영역으로 끌어들였다는 것은 의심의 여지가 없다. 블룸필드 자신은 의미론과 의미에 대한 연구를 언어학에서 분리하려는 의도는 없었으나, 의미론적 문제의 처리가 그에 의해 유일하게 과학적이라고 인정된 방법에서 볼 때 수행 가능한지의 문세에 대해서는 비관적이었다. 이러한 생각이 그의 바로 다음 제자들도 의미론의 이론과 방법론에 좀 더 철저하게 주의를 기울이지 못하게 했다. 블로크 B. Bloch 와 트래거 G. L. Trager는 한때 이 학문의 표준 입문서에 속했던 한 책에서 "그(언어학자)는 의미를 언어 기호의 구조와 관계보다는 덜 직접적으로 다루어야 한다."고 말했다.

엄격한 형식 문법의 주장은 문법 범주와 품사가 의미와 관련되어 있는 한, 방법적으로 이들의 정의를 제외하는 것으로 해석된다. 블룸필드는 이것을 "의미는 우리의 과학적 의미에서 볼 때 나타내질 수 없으며, 우리의 정의에 사용될 수 없다"35)라고 표현했다.

언어학에서 의미론에 부과된 이러한 제한들은 50년대 후기 이후

---

34) J. J. Gumperz·Dell Hymes, The ethnography of communication (American anthropologist 66.6, 제2부, 별권, 1964); Hymes, "Sociolinguistics and the ethnography of speaking", in: E. Ardener(ed.), Social anthropology and language, London, 1971, 47-93.

35) C. C. Fries, "The Bloomfieldian 'School'", in: C. Mohrmann·A. Sommerfelt · J. Whatmough(ed.), Trends in European and American linguistics 1930-1960, Utrecht, 1961, 196-224; Bloch·Trager, Outline of linguistic analysis, Baltimore, 1942, 8; Bloomfield zur Bedeutung, Languge 7 (1931), 208. Bloch의 "Set of postulates for phonemic analysis", Language 25 (1948), 1-46, 여기서 그는 음소론에서 심지어 의미차이를 배제하려다 실패했는데, 이는 언어학 영역에서 의미를 배제하려는 한 극단적 예를 만들었다.

완화되었다. 훠스는 그의 생애 동안 언어에 대한 그런 태도를 거부하고, 그 대신 반대 입장을 취했으며, 모든 언어 기술을 의미 기술로 파악했다. 그 견해는 훠스적 사상을 직접 계승한 사람으로 평가될 수 있는 할러데이 M. A. Halliday의 최근 연구의 핵심이다. 우리가 위에서 살펴 본 바와 같이, 문법소 이론 tagmemic 학자들은 오늘날의 대부분의 언어학파들 보다는 의미론에 전체적으로는 덜 관심이 있었다 하더라도, 문법소를 찾아내는 데 있어서 의미적 차이와 형식적 문법적 차이에 근거를 두었다. 성층 문법의 대표자와 변형 문법의 몇몇 추종자들은 의미를 문장의 문법 구조와 문법 구성의 설명에 출발점으로 여긴다. 생성 변형 문법 학자들의 견해가 언어 이론에서 의미론의 위상을 둘러싸고 형성되는 여러 그룹으로 나누어진다 하더라도, 그들은 의미론에 언어 이론이나 모든 언어 분석과 언어 기술에 적합한 자리를 마련하려는 모든 것을 중요하다고 여긴다. 의미를 중심에 두는 의사소통의 언어 개념(여기서 의미란 언어가 취급하는 모든 것으로 이해된다)은 최근에야 비로소 일련의 언어학자들에 의해 주장되고 논의되었다36).

우리는 이 책에서 언급된 세 언어학의 방향을, 즉 성층 문법, 체계 문법과 변형 문법의 순서로 상세히 논하려 한다. 이 세 이론 모두 넓은 의미로, 즉 통사론, 형태론, 음운론을 포함하는 문법 Grammatik 이란 개념을 사용하는데 주목할 필요가 있다.

4.3. 람브 S. M. Lamb의 성층 문법 Stratificational grammar

성층 문법은 그 명칭을 언어가 소위 나뉘어져 있으며, 언어 기술

---

36) 예를 들어 W. L. Chafe, "Language as symbolization", Language 43 (1967), 57-91; Meaning and the structure of language, Chicago, 1970.

이 이 이론에 따라 목표로 하는 여러 차원인 strata '층위, 성층'에서 유도해 냈다. 이론의 자세한 내용에 관한 것은 람브 S. M. Lamb가 발전시킨 이론의 원리를 설명한 *Outline of stratificational grammar* (1966), 그리고 람브와 다른 사람들에 의해 쓰여진 논문을 제외하고서도 성층 문법적 의미로 기술된 영어문법의 개별 문제에 대한 일련의 연구들에서 참조할 수 있다.

성층 문법은 그 전체 구상에 있어서 문법소 이론과 아주 뚜렷이 구별된다. 다른 언어 이론과 마찬가지로 그 이론에는 발견 방법이 문제가 아니며, 또한 여러 언어가 이 이론으로 분석되지도 않았다. 람브 자신은 영어를 다뤘으며, 모나키 Monachi라는 미국 인디언어에서 취한 몇 예를 제외하고는 주로 영어 예문을 사용했다(*Outline*, 12-15).

성층 문법에서는 기술주의적 언어 분석과 언어의 연구 방법이 분명하게 설명될 수 있는 모델의 개발이 중요한 문제이다. 그것은 언어를 의사 전달에 참여하는 넓은 의미에서의 생각이나 경험(=의미)과 음성 사이의 결합 성분으로 본다. 생성 변형 문법의 최근 몇몇 논의에서와 같이(5.3.1), 전달되고자 하는 의미가 출발점으로 파악되며, 이 의미가 여러 층위에서 차례로 실현되는 것은 비-선적 의미를 음성 자질의 선적 연속으로 바꾼다. 문법, 음운론과 음성학 등 전통적 기술 차원들은 어휘와 마찬가지로 여러 층위로 된 체계 내에 받아들여진다37).

기술주의적 분석에 필요한 층위의 수는 이론의 여러 형태에 따라

---

37) 비교. Lamb의 Outline 외에 그의 초기 논문 "The semantic approach to structural semantics", American anthropologist 66.3, 2부(1964), 57-78; D. C. Bennett, English prepositions: a stratificational approach, Journal of linguistics 4 (1968), 153-172; "Some observations concerning the locative-directional distinction", Semiotica 1 (1972), 58-88 (이 논문에는 성층 문법에 관한 좋은 참고 문헌이 있다). D. G. Lockwood, Introduction to stratificational linguistics, New York, 1972, 여기에는 여러 언어의 예들이 있다.

상이하다. 람브는 그의 책 *Outline*에서 여섯 층위를 주장하며, 완전히 임의대로 의미론을 최고 층위로, 음성학을 최하위의 층위로 지정했다. 한 층위에서 다음 층위로 넘어가는 데서 정보 또는 잠재적 발화는 새로이 구조화되는데, 이 때 바로 이전의 (높은) 층위의 형식이 다음의 (낮은) 층위에서 "표현(representation)"되거나 "실현(realization)"된다(이 두 표현이 보통 쓰인다). 내용과 형식의 전통적 구분이 어휘, 형태론, 음운론과 음성학에 의해 선적으로 나열된 것이 아니라, 각 차원에서 그 내용을 지니는 의미를 최우선적으로 생기게 하는 본래적 의미 또는 원래의 사고에 부과된 여러 가지 형식적, 선적 제한들에 나타나 있다.

성층 문법적 의미에서 기술은 여러 층위의 표현들에 있는 동일한 내용의 다양한 선적 나열을 특별히 강조한다. 이런 식으로 분리된 어휘 단위들 bad와 -er(비교급)는 형태 층위에서는 함께 worse로 실현되며, 이 형태적 단위는 하나 이상의 분절체로 표현된 모든 요소들처럼, 직선적 음소 연속체 /wəːs/(영국 영어) 또는 /wərs/(미국 영어)에 의해 음운적으로 표현된다. 마찬가지로 상위 층위들 간의 실현 관계에서는 over the hill 표현법의 최소한 두 가지 서로 다른 의미 요소들이 영어 전치사 over 에 의해 표현된다: the bird hovered over the hill 과 the hiker went over the hill. 성층 문법적 분석은 여기서 over 전치사의 표현이 두 가지 상이한 장소 관계를 표현하는 영어와 이 두 별개의 의미 요소들이 über에 의해 상이하게 격이 지배되는 전치사적 표현으로 실현되는 독일어와의 차이를 보여 준다: der Vogel schwebt über dem Hügel, 그러나 der Spaziergänger geht über den Hügel[38]. 이로써 그러한 현상들이 다른 방식으로 그리고 다른 이론에 의해서 분석될 수 없다거나 분석되지 않았다고

---

38) 성층 문법에 의한 영어 전치사의 의미에 대한 자세한 분석에 대하여는 각주 37에 언급된 D. C. Bennett의 논문들과 비교.

말해서는 안 된다. 그러나 우리의 언어학적 인식의 현 상태에서는 여러 이론들이 가장 간단하고 명백하게 표현하고 분석할 수 있는 사실들에 근거해서만이 가장 적합하게 평가될 수 있을 것이다.

여러 다른 층위에 적용되는 상이한 직선적 제한들은 소위 각 층위의 "배열론", 즉 "배열 규칙"으로 나타난다. 우리는 해당 층위에 따라 기호 배열론 *Semotaktik*, 어휘 배열론 *Lexotaktik*, 형태소 배열론 *Morphotaktik*, 음소 배열론 *Phonotaktik*이라 부른다. 우리가 이 짧은 성층 문법의 개요에서 언급한 전문 용어들은, 람브와 그의 동료들이 기술주의적, 분석적 목적을 위해 새로운 기술상의 용어를 발전시킬 필요가 있다고 생각했음을 보여 준다. 이 주제에 대한 그 밖의 개별적인 것은 해당 전문 서적에 있다.

문법소 이론은 블룸필드적 구조주의에서 직접 유도된 반면, 다른 학파의 영향은 별로 받지 않았다. 성층 문법은 그 이전 세대의 유럽 언어학의 유산을 강하게 받아 들였다. 특히 그의 음운론은 미국 구조주의자들의 음소 개념보다는 프라그 학파의 개념에서 결정적인 자극을 받았다. 상위 층을 하위 층과 결합시키는 실현 Realisation의 전체 체계는 음소와 음성 사이의 프라그 학파적 실현관계를 일반화한 것이다. 옐름스레우의 언리론이 Prolegomena에서 제시된 데 대해 재조명한 논평에서, 람브는 성층 문법의 본질적 자질의 몇 가지, 특히 언어의 구조적 구성에서 일련의 개별적 성층이 있는 것은 이미 언리론의 두 차원에 암시되어 있다는 의견을 주장했다(참고. 92쪽)39).

지금까지 성층 문법적 용어로 된 많은 언어 분석의 예들은 극히 복잡한 도표로 되어 있다. 이것이 이론 자체의 약점인지 아니면 단지 작금의 기술 방식인지는 앞으로 밝혀질 것이다. 문법소 이론의 상황

---

39) 성층 문법과 프라그 언어학의 결합에 대하여. 비교. J. Vachek, The linguistic school of Prague, Bloomington, 1966, 81; Hjelmslev와의 관계에 대하여는 Lamb에 나타나 있다. "Epilegomena to a theory of language", Romance philology 19 (1966), 531-573.

과는 반대로 성층 문법의 방법에 근거한 언어의 전체적 기술은 아직 없다. 다른 한편으로 이 이론을 기초로 하여 얻어진 언어의 개별 영역의 구조에 대한 여러 가치 있는 견해들은 이미 많이 있다. 매우 독특한 것은 변별적 의미 성분들의 어휘적 실현의 성층 문법적 이론이 전치사와 여러 다른 품사의 의미를 경계가 뚜렷한 의미장으로 매우 정확하게 파악하는데 적합하게 보이는 것이다. 물론 사람들은 수적으로 제한되어 있는 품사를 확실히 성층 문법 용어는 아니더라도, 이미 오래 전에 비슷한 방법으로 연구했었다. 성층 문법의 세부적 내용을 잘 아는 사람은 한번쯤 그의 분석을 브륀달 V. Brøndal의 19세기의 옛 선구자들이 제시되어 있는 *Théorie des prépositions*(1950)의 전치사 의미에 관한 연구와 비교해 봄 직하다.

4.4. 할러데이 M. A. K. Halliday에 의한 체계 문법의 발달

과학 이론의 변화는 정밀한 역사적 사건에 관한 것처럼 언제나 정확한 자료에 고정될 수는 없다. 사람들은 가끔 의미심장하게도, 저자가 의심의 여지없이 전에 이미 오래 전부터 해당 문제를 다루어 왔고, 또한 이미 그 이전의 연구들에서 여러 암시를 했음직 한데도 불구하고, 한 이론의 최초의 실제 발표 시기를 그 성립 시점으로 잡는다. 우리가 알다시피 촘스키는 변형 이론과 그와 연관된 개념에 대해 그의 *Syntactic structures*(통사 구조)의 출판 연도인 1957년 이전에 이미 연구했었다.

비슷한 것이 음운론에서 '운율적' 사고 과정이 그렇다. 이것은 보통 훠스 J. R. Firth의 *Sounds and prosodies*(TPS 1948)가 운율 음운론의 기원으로 여겨진다 하더라도, 그의 모범적 출판 이전 몇 년 동안 시험적으로 제시되어 왔다. 할러데이 Halliday의 언어 분석 체계도 그의 언어 이론처럼 휘스의 이론과 실제의 여러 관점에서 나왔고, 50년대의 여러 출판물에 시사되었다. 이것은 1961년 한 논문에서 자세히 표현되었고, 조금 뒤에 상세한 설명이 책의 형태로 나오게 되기 이전이다40).

할러데이의 이론은 휘스로부터 나왔다. 이 때문에 한동안 "신-휘스 언어학"이라고 일컬어졌었다. 그러나 이것은 여러 면에서 휘스의 언어 연구와 구별되며, 최근의 내용에서는 예전의 그리고 현재의 유럽 대륙 학자들, 특히 프라그 학파로부터 많은 자극을 받았다. 무엇보다도 할러데이는 그의 이론의 전체 문법 부분을 스스로 만들었음에 틀림없다. 왜냐하면 휘스는 이 시대 언어학에 전형적이었던 것처럼 그의 연구의 목표를 음운론에 더 강하게 두었으며, 좀 전형적이지 못했던 것은 의미론에 목표를 두었기 때문이다.

할러데이는 그 자신도 언어와 언어 외적 세계를 상황 맥락을 통해 결합한 점에서는 휘스와 근본적으로 일치한다. 언어 기술은 언어적 산물의 자료 또는 발화(언어적 실체로서 언어 형식에 대립되는)에서 형식 요소(즉 언어 형식)들을 추상화한 것이다. 언어 형식의 중심 영역은 문법(좁은 의미로)과 어휘(lexis, vokabular)이다. 또한 발화의 의미에 해당되는 것은 한편으로는 문법과 어휘 구성 그리고 발화가 행해지고 이해되는 상황(일반적 의미로)의 중요한 성분들 사이의 맥락 관계에 의해 주어진다. 다른 한편으로 언어 구조의 형식 요소들은 음운론에 의해, 또는 문자 언어의 경우에는 문자에 의해 실제 발화(음성적 실체)와 결합된다. 음운론에 대한 이러한 해석은 음운론이 문법과 음성학의 결합 성분을 형성한다는 휘스의 견해와 일치한다.

할러데이 Halliday의 언어 기술관을 간단한 도표로 나타내면 다음

---

40) M. A. K. Halliday, "Categories of the theory of grammar", Word 17 (1961), 241-292; M. A. K. Halliday·A. McIntosh·P. Strevens, The linguistic sciences and language teaching, London, 1964.

과 같다41).

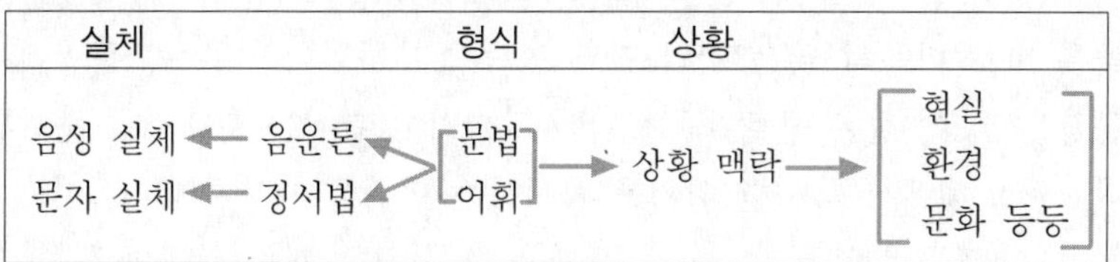

할러데이적 의미의 수많은 기술주의적 연구들은 무엇보다 영어에 대한 것들이 이미 발표되었다. 할러데이와 그 동료들은 의미론과 음운론의 연구를 제시했다. 할러데이는 특히 영국 영어의 억양에 대해 주목할 만한 중요한 논문을 썼다. 그러나 폭넓게 노력을 기울인 부분은 문법(통사론과 형태론)이었다. 이 때문에 그의 이론과 실제의 시험에서 중요한 발견들은 주로 문법 분석에서 이루어졌다42).

1961년 이후 할러데이의 이론에 생긴 변화들은 근본적으로 기존의 기술상의 전체 체계의 보충과 확대에서 생겨났다. 이 전체 체계는 1961년 처음 제시되었던 대로 유지되었다. 음운론과 문법은 서로 다른 차원인데, 이 둘은 비슷한 방법으로 분석되었다. 구조(Strukturen)들은 층-단계(rang-skala)와의 포함 관계를 통해 연결된다. 이것이 문

---

41) 원래의 도표, 비교. Halliday, "Categories", 244와 Linguistic sciences, 18.
42) 다음의 논문들이 참고할 만 하다:
A. Bambose, A grammar of Yoruba, Cambridge, 1966;
M. A. K. Halliday, "Notes on transitivity and theme in English", Journal of linguistics 3 (1967), 37-81; 199-244; 4 (1968), 179-215; Intonation and grammar in British English, den Haag, 1967; "Functional diversity in language", in: Foundations of language 9 (1970), 322-361; "Language structure and language function", in: J. Lyons (ed.) New horizons in linguistics, London, 1970, 140-165. R. Huddleston · O. Uren, "Declarative, interrogative and imperative in French", Lingua 22 (1969), 1-26.
R. A. Hudson, English complex sentences: an introduction to systemic grammar, Amsterdam, 1971.

법에서는 문장에서 형태소로, 음운론에서는 억양 그룹에서 분절음까지 이어진다(할러데이의 층은 대강 파이크의 문법소 차원과 일치한다). 구조들은 바로 다음의 낮은 층의 단위 연속체로 나뉘어진다. 즉 문법에서 문장은 절로, 절은 구로, 구는 단어로 그리고 단어는 형태소로 분리된다. 구조 내에서 특수한 위치를 차지하는 단위들이 부류 klasse 를 이루며, 단위들의 부류 klasse는 체계를 형성한다. 계열 관계와 통합 관계를 가리키는 체계 system 와 구조 struktur 라는 용어의 사용은 할러데이 Halliday가 확산시키기는 했어도 훠스로부터 유래한다.

할러네이는 그의 첫 번째 이론 제시에서 네 개의 '범주 kategorie' 와 세 개의 '단계 skala'로 된 일곱 개의 구성요소로 구분했다. 위에서 정의된 대로 네 개의 범주는 단위, 구조, 부류 그리고 체계이며, 세 개의 단계는 상대적 단위와 연관된 층 단계(rank scale), 지수 단계 (scale of exponence) 그리고 정밀 단계 (scale of delicacy)를 말한다. 여기서 지수 단계는 '이론의 범주와 자료를 결합시킨다'43).

모든 기술적, 분석적 설명은 자료와 관련된다. 이의 학문적 진술 가치는 그 설명들이 원래 설명한 것과 다른 자료에도 충분한가 하는 데에 달려 있다.

훠스와 할러데이적 의미로, 문법과 어휘의 기술 범주와 요소들은 자료의 추상화이며, 중요한 자료들은 범주와 요소의 지수이다. 실제 자료에 점차 가깝게 다가가는 기술은 지수 단계에서 움직인다. 주어 에서 명사구로, 명사구에서 고유명사로의 진행에서 사람들은 실제 자료에 더 가까이 가게 되는데(여기서 추상정도는 각 단계에서 낮아진다), 마지막에는 음운론이나 정서법을 넘어 '한스' 또는 '로버트'와 같은 발화 형태나 문자 형태에 이르게 된다. 정밀 단계는 각 차원에서 정밀하게 구분을 하면서, 하위 부류와 결합을 하게 한다.

어휘적으로는 유럽인, 영국인, 런던인, 문법적으로는 부문장, 종

---

43) M. A. K. Halliday, "Categories", 270.

속문, 인용문 등이 정밀 단계에 있게 된다. 할러데이 Halliday가 그의 이론에서 네 개의 범주와 세 개의 단계에 부여한 의미는, 사람들이 한동안 '단계-범주 언어학'(scale and category linguistics) 이라고 일컫게 했다.

우리는 이 경우에도 그 이후의 발달, 다른 이론과의 관계 그리고 역사적 관계를 이해할 수 있는 이론의 주요 부분들만을 시사하려 한다. 세부적인 내용에 관한 것은 전문 서적, 특히 각주 41에 언급된 논문들을 참조하면 될 것이다.

할러데이의 원래 기술 장치는 어떤 면에서 문법소 이론 학자들의 그것과 비슷하며, 단지 용어만 다르다. 그러나 문법소 이론 학자들과 대립되고, 훠스와 대부분의 다른 현대 학파들과 일치하면서도, 할러데이에게는 발견 방법 자체가 아니라 기술주의적 설명과 그 배후에 있는 이론이 중요했다.

할러데이의 이론은 그의 최근 발전 단계에서 독특한 고유의 특성을 형성했다. 할러데이와 촘스키의 연구에서 개별적인 부분에서는 거의 공통점이 없음에도 불구하고, 흥미롭게도 다음과 같은 것을 관찰할 수 있다. 즉 두 학자는 거의 같은 시기에, 말하자면 60년대 중반 심층 문법 또는 심층 구조라는 개념, 문장의 문법 구조를 나타내지만 관찰 자료에서 직접 추상화될 수 없는 일련의 명백히 분리된 형식 관계들로써 그들의 이론을 넓혀야할 필요성을 느꼈다. 실제 발화와 직접 관련된 구조는 촘스키에 의해서 표면 구조라고 불리어졌다. 그리고 사람들은 생성 변형 문법 학자들의 견해로 직접적인 관찰은 가능하지 않더라도 상당히 실제적인 다른 구조적 표현들은 인정하지 않은 채, 전체 문법 분석을 표면 구조에 기초를 두려 한 블룸필드 학파의 구조주의자들을 비난했다. 할러데이는 심층 구조의 개념을 언급하지는 않았으나, 그의 논문 "Some notes on 'deep' grammar"(1966)에서 그의 이론을 상당히 확대했다. 이것은 그의 후기 논문들에 개별적으로는 상당히 강하게 나타나는데, 거기서는 주로 영어에서 예가 제시되었다44).

할러데이가 확대시킨 옛 이론 형태의 출발점은 체계의 범주와 정밀 단계였다. 체계의 하위체계로의 세분이 여러 개의 의미상 구별되는 문장들을 문법 기술에 포함될 수 있게 하면서 분석의 정밀성을 크게 했다. 그러나 이제 체계 개념은 더욱 추상적으로 파악되고 심층 문법의 영역으로 옮겨졌다. 그것은 표층 문법과 마지막으로 음성(또는 문자) 형식과 지수 단계에서 결합된다. '체계'라는 범주의 중심적 역할에서 할러데이의 언어 연구에 대해 오늘날 보통 '체계 문법'이라 부르는 명칭이 생겼다.

이 분야에서 지금까지 영어에 대해 행해진 연구에서는 문장(절)이 가장 자세하게 들어갈 수 있는 문법 단위이다. 할러데이의 견해는 문장의 층에서 문법적 의미(어휘적 의미와는 반대로)의 몇몇 중요한 관점들, 예를 들면, 타동성(동사에 보다는 부문장과 관련된), 서법과 주제화 현상 등이 표현된다는 것이다. 이 현상들은 적당한 상황 맥락을 통해 의미적으로 분석될 수 있다.

몇 가지 예가 이 분석 방법을 분명하게 해 줄 것이다. 자세한 사실은 논문 총서 "Transitivity and theme in English"에 있다. 타동성에서는 문장의 인지적 내용이 여러 가지 방법으로 배열된다. 그 인지적 내용은 행위자, 사건, 목표에 관한 (Mary was cooking the meat 또는 the meat was being cooked by Mary) 것이거나, 단지 행위자와 사건 (Mary was cooking) 또는 목표와 사건(the meat was cooking 또는 the meat was being cooked)에 관한 것. 서법에 의해 화자는 설명을 하거나, 질문을 하거나 명령을 내리면서, 암시, 권유, 다급한 요청 등의 섬세한 뉘앙스와 함께 청자와의 특수한 관계를 선택한다. 주제화

---

44) Journal of linguistics 2 (1966), 57-67. 이 이론의 발전에 대한 후기의 평가. 비교. M. A. K. Halliday, "Notes on transitivity and theme in English".

를 통해서 문장은 이야기되고 있는 것, 주제, 그리고 주제에 대해 이야기되는 것으로 구분된다. 이것은 영어에서는 단어 또는 단어군의 위치에 의해 표현되는데, 주제는 문장의 첫째 자리에 온다. I gave the book to John yesterday, the book I gave to John yesterday, yesterday I gave the book to John 그리고 to John I gave the book yesterday 에서 단어 I, the book, yesterday, to John이 주제, 즉 문장에 포함된 정보가 설명하고 있는 대상이다.

체계들은 나열된 선택 가능성의 그물망으로 기술된다. 이를 기초로 문장은 모든 선택에 있어서, 계속적인 선택의 길이 열리거나 막히게 되는 정밀 단계에서 점점 더 특수성에 이른다. 영어에서 한 불완전한 예를 선택해 보면, 주문장에서는 처음에 감탄문, 의문문, 명령문 가운데 선택이 있다. 하나를 선택하면, 긍정문과 부정문의 선택이 이어진다. 의문문에서는 선택 의문문과 비-선택 의문문(Are you going out?, 대답: Yes, 또는 No; 이에 반해: Who gave the lecture) 중에서 선택하게 된다. 영어에서 명령문은 동사의 시제 선택을 제외한다(이 점에서 영어는 고전 그리스어와 구별된다), 의문문 뿐 아니라 평서문의 선택이 특정 시제의 선택을 요구한다. 이와 평행한 그물망에서 문장의 수동태와 능동태의 선택이 있으며, 수동태의 선택에서는 표현된 행위자와 표현되지 않은 행위자 사이에 선택을 하게 된다(the meat was cooked; the meat was cooked by Mary). 이러한 그물망의 좁힘은 모든 문법적 가능성이 다 없어질 때까지 계속된다.

모든 선택은 발화된 문장에서 어순, 단어 형태 또는 억양 등의 몇몇 자질을 통해 지수 단계의 끝에서 명시된다. 예를 들어 명령문의 서법에서는 특수한 억양에 의해서 그리고 주어가 언급되지 않음으로써 보통 표시된다(Go away!, don't move!). 평서문에서는 주어가 보통 첫째 자리, 주제 위치에 있게 된다(He has gone home, he has not gone home). 선택 의문문은 특정한 어순과 특별한 억양에 의해 나타내진다(Is he going home?). 비-선택 의문문은 특별한 의문사(who?, how?, when? 등)와 특별한 어순에 의해 표현된다(When shall we see him again?).

어떤 면에서 몇몇 생성 변형 문법에서 심층 구조와 표면 구조의 교차점은 음운 성분의 규칙을 보충하기만 한다면, 할러데이의 지수 단계의 그물망 같은 배치에서의 연속적 선택의 명시와 일치한다.

이 이론의 최근 내용에서 할러데이와 그의 동료들은 체계 문법을 휘스의 의미의 맥락 이론으로 거슬러 올라갈 뿐 아니라, 람브의 성층 문법의 어떤 관점들과 언어의 기능에 관한 프라그 학파 최근 이론으로도 거슬러 올라간다. 타동성, 서법 그리고 주제의 세 통사 체계들은 할러데이에 의해 '기능적 문장 조망' 또는 '기능적 문장 분석'이란 개념과 연결되었는데, 이것은 최근에 프라그 학파 학자들에 의해 이해된 바와 같다45). 그런데 30년대에 비해 현재의 언어학에 있어서 전형적인 것은, 프라그 학파가 트루베츠코이 시대에서 보다 훨씬 더 큰 비중을 통사 문제에 두고 있다는 점이다.

타동성, 서법, 주제 등의 주요 문장 자질에 의해 표현되는 일반적 의미 범주에 관해서 볼 때, 이들의 정확한 분석은 이론의 중심 의미 성분을 이루는 휘스-말리노프스키의 상황 맥락과 연관된 한편, 할러데이는 몇 가지 매우 일반적 언어기능을 구별했다. 그것은 발화 언어가 수행해야하는 기능이며, 또한 주로 문장의 층에서 분석되는 형식 수단들에 의해 가능한 기능이다.

이미 살펴본 바와 같이, 문장의 타동성이 실제로 개별 화자의 생각과 경험의 언어 조직과 관련되며, 이로써 언어의 심리학적 관점에 속하는 반면, 서법과 주제화의 체계는 주로 언어사용의 사회적 관점

---

45) M. A. K. Halliday, "Options and functions in the English clause", Brno studies in English 8 (1969); "기능적 문장 조망"에 대한 참고 사항 J. Vachek, The linguistic school of Prague, Bloomington, 1966.

과 연관되어, 말리노프스키와 휘스에 의해 강조되었던 관심인, 체계 문법 대표자들이 갖는 사회 내에서 언어의 역할에 대한 광범위한 사회학적 관심에 속한다. 할러데이가 체계 문법 이론을 발전시킬 때의 분명한 목표는 오로지 언어를 구성하고(촘스키의 용어로 모국어 화자의 언어 능력), 모든 발화 행위 시 화자의 개별적 언어 수행의 부분으로 사용되는, 문장 구성에 이용되는 여러 가지 수단들을 사회 내에서 화자의 개인적, 사회적 그리고 문화적 사정과 연관시키는 데에 있다.

왜 언어는 이렇게 되어 있는가? 언어의 본성은 우리가 언어에 설정한 요구와 그것이 수행해야 하는 기능과 밀접하게 연관되어 있다46).

---

46) M. A. K. Halliday, "Language structure and language function", 141.

제 5 장
생성 변형 문법

제 5 장

생성 변형 문법

5.1. 일반 원리들

생성 변형 문법이 다른 학파와 공유하고 있는 몇 가지 일반 원리들이 앞의 장에서 언급되기는 했지만, 우리는 아직 변형 생성 이론을 실제 다루지는 않았다. 이것은 완전히 의도적으로 그렇게 한 것이다.

생성 변형 문법 이론은 의심할 바 없이 50년대 중반 이후의 언어학 발전에 아주 중요하고도 근본적인 국면을 나타냈다. 이것은 생성 변형 문법 이론의 범위 안에서 연구하고 교수하는 언어학자의 수에 있어서 뿐 아니라, 언어 분석시에 요구되는 창조성과 과학적 날카로움에 있어서도 미국과 그 밖의 지역에서 특별한 인정을 받았다. 이론에 관한 문헌 뿐 아니라 개별 언어 분석의 적용에 대한 책이 막대하게 늘어났으며, 이론, 정확히 말해서, 여러 견해들이 설명된 많은 교재가 출판되었다. 주목할 만한 것은 서독과 동독에서는 생성 변형 문법이 공시적 언어 이론에 광범위하게 커다란 영향을 끼친 것이다. 이 분야에서 독일어로 된 비어비쉬 M. Bierwisch의 주요 논문들에 대해서는 이미 언급한 바 있다(1.1).

그러나 생성 변형 문법이 블룸필드 L. Bloomfield 이후의 언어학에서 가장 선호되고 유명하며 또 중요한 발전 단계를 보여주었다 하더라도, 이것이 오늘날 언어학계를 대표하고, 적용되는 유일한 이론은 아니라는 것을 주지해야 한다. 앞장의 목적은 독자들로 하여금 몇몇 다른 이론들에 주목하도록 하는 것이었다. 이들은 그 자체가 언어의 과학적 연구를 위한 여러 가지 출발점으로서 중요할 뿐 아니라, 생성 변형 문법의 최근 활발한 여러 이론적 관점들과의 공통점, 유사성 그리고 대립과 관련헤 볼 때도 중요하나. 우리가 이들 다른 이론들에 당연히 관심을 기울인다면, 변형 생성 영역 이외의 언어학에서 행해지고 있는 것 뿐 아니라, 언어학 연구 내에서의 생성 변형 문법 자체의 위치를 분명하게 볼 수 있고, 또한 이의 목표와 성과 등을 이해하고 평가할 수 있을 것이다.

생성 변형 문법을 제외하고는 블룸필드 이후 언어학의 발달 상황이 일반적으로 잘 알려져 있지 않기 때문에, 우리는 이들이 운용되는 개념들과 언어의 기술과 분석에 사용되는 방법들에 대한 간략한 소개를 하는 것이 의미 있다고 생각한다. 생성 변형 문법 이론을 위해 같은 것을 반복하는 것은 실제 하지도 못하거니와, 또 바람직하지 못 할 것이다. 이론의 개요는 주요 견해들이 순전히 그 목적을 위해 쓰여진 기본서들에 설명되어 있으며, 좀 더 총괄적인 설명들은 대부분 쉽게 접할 수 있는 개론서들에 있다[1].

---

1) 변형-생성 언어학에 대한 특히 종합적인 내용의 저서들 가운데 다음의 책들이 언급될 만 하다.

K. D. Bünting, Einführung in die Linguistik(언어학 입문), Frankfurt, 1971, 129-159.

J. Lyons, Introduction to theoretical linguistics, Cambridge, 1968 (독일어판 : Einführung in die moderne Linguistik'(현대 언어학 입문), München, 2 1972).

J. Lyons, Chomsky, London, 1970 (독일어판: Noam Chomsky, München,

　　상당수의 언어학자들이 처음에는 미합중국 그리고 오늘날에는 전 세계적으로 그 이론과 적용 가능성의 적극적 추종자들이라는 사실에서, 이제는 더 이상 생성 변형 문법을 유일한 통일된 이론적 산물이라고 말할 수 없다는 결론이 나온다. 분명히 그들이 처음에(1957년을 촘스키의 통사 구조 Syntactic Structures의 출판 연도로 정할 수 있다) 묘사했던 이론의 몇몇 중요한 특성들은 무리 없이 주장되었다. 그러나 그것을 제외하면 이론의 주요 구성 성분들의 역할과 관계들이 서로 매우 달랐으며, 이론의 여러 가지 표현 방식들은 심지어 아주 상이한 성분들을 지니고 있었다. 이 장의 목표는 일반 이론을 이전 언어학의 사상사적 배경에서 조명하고 현재 존재하고 있는 생성 변형 문법의 여러 학파들 사이의 연관 관계를 살펴보는 데 있다.

　　기대한 바대로 '생성 변형 문법'이라는 이름은 이론의 두 가지 중요한 특성을 강조한다. '변형'이라는 개념은 문법적 구성체의 관계들을 서로 기술하고 분석하는 방법에 관계된다. '생성적'이라는 단어는 자연 언어의 구조에 대한 이해와 정확한 기술을 위한 수단으로 사용되려는 이론의 목표를 나타낸다.

　　생성 언어학자들은 화자가 사용하는 전체 모국어 지식을 이상적으로 언어 기술에 영향을 미치게 하려는 명확한 목표를 추구한다. 우리가 이미 지적했던 이 목표는 '정확한 파악 가능성'(exact accountability)이라고 표현될 수 있다. 어떠한 것도 문법적으로 잘 형성된 문장을 만들고 이해하는 화자의 지식에 맡겨서는 안 된다. 이 지식의 내용이 무엇이든 간에 규칙에 의해 표현되며, 그렇게 해서 기술에 포함되어야 한다. '정확한 파악 가능성'이란 개념은 호케트 C. F. Hockett에게로 거슬러 올라간다. 그가 후에 언어 기술에서 생성 변형 문법의 전체 출

1971).
D. A. Reibel · S. A. Schane(ed.), Modern studies in English: readings in transformational grammar, Englewood Cliffs, 1969.

발점에 대한 강한 비평가가 되었음에도 불구하고, 1964년 그가 회장이었던 Linguistic Society of America(미국 언어 학회) 회의의 개회 연설에서 1957년을 언어학사에서 가장 중요한 돌파구의 하나로 규정했다. 다른 셋은 '존스 Sir William Jones의 계통적 가설'과 18세기말 음성 변화의 규칙성에 대한 청년 문법 학파의 가설 그리고 음운 이론의 '양자 Quantelung' 가설이다2).

호케트는 '정확한 파악 가능성'이라는 범주를 이전의 언어학적 분석 이론에서 하나의 기술이 건전한 인간 이성이나 독자의 사회 의식에 의해 채워질 수 있는 여백을 지닐 수 있었던 철저하지 못한 요구들에 반대해서 만들었다. 이전의 모든 언어학적 기술은 호케트처럼 이 모형에 따라 작성된 것이었다.

생성 문법학자들은 그들 목표가 달성되는 데는 이론이 수학적으로 철저하게 적용될 수 있어야함을 전제로 한다고 강조했다. 우리는 위에서 블룸필드 시대의 언어학자들이 분석 방법의 정확함을 얼마나 강조했던가를 보았으며, 생성 언어학자들은 이 방법에 갈채를 보냈었다.

　분류학적 taxonomic 음소론은 이론적 적합성의 문제가 진지하게 제기될 수 있도록, 언어 이론을 충분히 명확하고 자세하게 서술하려는 첫 시도를 했다. 분류학적 음소론의 발전은 이전의 언어 기술에서는 드물게 성취한 명백함과 정밀성의 수준으로 끌어 올렸으며, 음성 구조의 여러 새로운 통찰을 가능하게 했다."3)

생성 변형 문법가들은 다른 어느 학파들보다도 더 많은 수학적 개념과 수학 용어를 그들의 기술용어에 받아들였다. '생성적'이라는 개

---

2) "Sound change", Language 41 (1965), 185-204.
3) N. Chomsky, Current issues in linguistic theory, den Haag, 1964, 75. 분류학 taxonomic이라는 표현에 대해서. 비교. 121 쪽.

넘이 이러한 사실을 보여주는데, 그것은 때때로 잘못 받아들여진 것처럼, 문장이 화자에 의해 만들어지는 수단인 실제의 정신적, 생리적 과정에 관한 것이 아니라(언어학적 기술과 언어 생성 사이의 몇 가지 유추가 있다 하더라도), 어떤 수학적 규칙에 근거한 무한한 수를 생성해내는 수학 공식의 의미로 이해될 수 있다(예를 들어 X^2는 1,4,9,16,...를[4] 만들어 내는데, 여기서 각각의 수는 공식과 연결된다). 하나의 문법은 문장 생성자로서, 문장 자체 뿐 아니라 문장의 심층에 있는 구조 기술을 만들어 내는 인정된 규칙 연속체로 이해될 수 있다[5]. 문장의 문법적 용인성과 관련된 모든 문제들은 문법 규칙 장치의 어디에선가 개별적으로 발견될 수 있어야 한다. 이러한 이상적 상태는 지금까지 아직 도달하지 못했다. 이 외에도 문법적 용인성과 언어 외적 상황과 관련된 용인성의 경계선을 긋기가 항상 쉬운 것은 아니다. 논의의 폭넓은 공간은 영어 통사론의 통사 규칙들 어느 것에도 위배되지 않는 유명한 문장 Colourless green ideas sleep furiously (무색의 초록 생각이 섬뜩하게 잠잔다.)의 비-용인성이 어떤 특성을 갖는가하는 문제까지 수용한다. 의심의 여지없이 문장의 용인성 또는 비-용인성을 규정하는 것 대부분은 실제 언어 수행의 상황을 고려하지 않고도 그 언어의 문법과 관련되어 설명될 수 있다(많은 학자들은 해당 언어의 의미론의 핵심 영역을 여기에서 볼 것이다). 그러나 동질적으로 간주되는 방언 화자의 문법적 언어 능력과 언어사용의 실제 상황에서 항상 새로이 제기되는 요구들 간의 경계는 여러 생성 변형 문법 학자들이 믿고 싶어하는 것보다는 뚜렷하지 않을 것이다.

촘스키는 여러 편의 글에서 자신의 관점을 블룸필드 학파의 것과 분명히 분리하려고 했다. 그의 입장은 '안으로부터'의 언어 관찰이다 (제 1 장에서 내린 구분의 뜻에서). 그는 화자의 자기 언어의 문장을 만들

---

4) J. Lyons, Introduction to theoretical linguistics, 155-157
5) N. Chomsky, Aspects of the theory of syntax, Cambridge Mass., 1965, 60.

어 내고 이해할 수 있도록 하는 언어 능력을 설명하려 했다. 이와 반대로 블룸필드 학파의 구조주의자들은 '밖으로부터'의 기술을 했다. 그들은 텍스트나 녹음으로 된 유한의 '말뭉치 corpus'에 의해 생긴, 때때로 연구자의 모국어가 아닌 자료를 분석한다. 우리가 이미 본 바처럼, 이 두 언어학적 관찰 방식은 근본적으로 다르며, 이들의 다름은 언어학사에서 되풀이해서 분명해진 것이다. 그러나 우리는 구조주의자들이 언제나 구체적 자료에 의지했다 하더라도, 언제나 '대표적 선택'을 한다는 가정에서 출발했으며, 그들의 분석과 기술의 확실함과 가치는 같은 언어의 그 외의 자료(즉 실제 살아있는 언어의 경우에 무한한 corpus)에 대한 적용 가능성 여부에 달려 있었음을 잊어서는 안 된다. 휘스와 그의 제자들도 언어학적 분석의 측면에서는 이 입장을 취했다. 휘스는 일정 분량의 자료를 기초로 생긴 발화체가 그 밖의 자료에도 적용됨으로써 검토되고 검증된 경우에, '재결합'이라 했다. 블룸필드의 제자로서 호케트도 이 점에 대해 비슷하게 기술했다.

언어가 그렇게 강력한 의사 소통 수단이 되는 것은, 사람들이 전에 한번도 얘기된 적이 없는 것을 말할 수 있으며, 또한 화자 또는 청자가 발화의 새로움을 의식하지 않고도 완전히 이해한다는 사실이다. 새로운 발화체는 이미 알려진 원료로 만들어지는데, 이 때 원료들이 결합되는 데는 이미 알려져 있는 모형이 사용된다. 발화가 이전에 있었던 다른 모든 발화와 다르기 위해서, 원료나 모형이 새로울 필요는 없다.6)

언어학 안에서 여러 가지 전문적 견해들이 주장되고 상이한 출발점들이 선택된다는 것은 사실이며 또한 어디까지나 정당하다. 그러나 다른 한편으로 모든 언어학자와 모든 언어 이론은 모든 살아있는 자

---

6) J. R. Firth, "Synopsis of linguistic theory", Studies in linguistic analysis (Philological Society의 별책), Oxford, 1957, 1-32;
C. F. Hockett, A Course in modern linguistics, New York, 1958, 157.

연어의 무한한 생산성을 참작해야 한다.

이 단원의 제목에 있는 두 번째 개념은 생성 변형 문법의 주요 성분인 변형 규칙에 관한 것이다. 생성 변형 문법의 서로 밀접하게 결합된 두 개념인 변형과 생성은 논리적으로 서로 독립되어 있다. 기술주의적 장치의 한 부분으로서 변형 관계는 이미 촘스키의 스승인 헤리스 Z. S. Harris에 의해 구조주의 이론의 확대와 연관되는데, 이는 긴 발화체 분석의 일부로서 상이한 구조의 문장들을 형식적으로 서로 관련시키기 위한 수단을 마련하기 위해서였다. 또한 변형이 전혀 사용되지 않는 생성적 기술 모델이 제안되었으며 주장되었다. 그러나 그러한 모델은 생성 변형 문법가들의 목적에는 맞지 않았다[7].

미합중국과 다른 지역의 생성 변형 문법과 구조주의 사이의 중요하고도 유일한 차이점은 문장들 사이의 변형 규칙 T(ransmations)-rules 으로 형식화된 변형 관계에 있었다. 그런 개념은 문장 단위들의 배열을 순 분포적으로 기술하는데는 낯선 것이었으며, 문법 기술에 있어서 과정에 대한 설명을 허용할 수 있다고 보는 사람들 자신도 구조 전체의 다른 구조로의 변형을 기술에 포함시키는데 까지는 나아가지 않았다[8].

두 번째 통사 성분인, 성분 규칙으로 표현되는 구성성분 구조는, 주어진 문장을 직접 성분의 여러 층으로 분석하는 대신, S(문장) 교점에서부터 시작되어 형성되기 때문에 직접 성분 분석의 연구 방법과 대립되며, 성분 규칙이 예를 들어 불연속 성분의 형성과 구조수 내에서의 교차되는 분지 현상 등을 방지하려는 어떤 제한을 부과하기는

---

7) Z. S. Harris, "Discourse analysis", Language 28 (1952), 1-30, "Cooccurrence and transformation in linguistic structure", Language 33 (1957), 283-340; S. C. Dik, Coordination, Amsterdam, 1968; G. H. Harman, "Generative grammars without transformational rules", Language 39 (1963), 597-616.
8) 비교. C. F. Hockett, "Two models of grammatical description", Word 10 (1954), 210-234.

하지만, 두 가지 제한을 제외하면, 본래의 설명에서는 구조 문법의 직접 성분 분석과 크게 다르지 않았다. 직접 성분으로의 분석 또는 비-확대 성분 문법에 대한 주된 비난은 그것이 틀려서라기보다는 부적합하다는 데에 있다. 그러한 문법은 한 언어의 문장을 만들어내는데 필요한 모든 규칙을 만족스럽게 설명할 수 없다. 그것은 더 나아가서 문장 안에 내재해 있는 모든 규칙성을 고려할 수 없으며, 능동태, 수동태와 긍정문, 부정문 등과 같은 구성체 쌍들 사이의 명백한 문법 관계들을 표현할 수 없다. 또한 그것은 결국 동일한 구성 성분 구조를 갖는 문장들에 생길 수 있는 통사적 다의성을 설명할 수 없다9).

특별히 직접 성분 분석으로 구성된 통사론의 블룸필드 학파의 구조주의는 오로지 '분류학적 taxomonic'으로 여겨지는데, 즉 그것은 한 언어가 기술주의적 분석에 의해 마지막에 소급되는 통사적, 형태적 그리고 음운적 단위들의 목록과 분류에 힘쓴다. '분류학적 언어학' 이라는 개념은 오늘날 자주 헐뜯는 의미에서 미국의 구조주의 시기를 나타내는 데 사용된다. 이에 대한 원인은 분류학적 성분 조사 자체가 바람직하지 못하다는 데 있는 것이 아니라, 그것이 개별 언어의 분석과 언어에 대한 이해에서 분명히 드러나는, 추구할 만한 성취 가능한 목표의 뒷전으로 멀리 밀려나는데 있다.

물론 변형 규칙이 유럽의 전통적 언어 교육에 전혀 새로운 것은 아니다. 그런 관계들은 외국어 교육이든, 모국어 교육이든 간에 이미

---

9) 유명한 예문들 :

1. John is easy to please 와 John is eager to please; 직접 성분 분석은 같은 결과에 이르지만, 문장의 구조적 의미는 다르다. 이들은 변형적으로 상이한 심층의 문장들에서 유도된다, 즉 someone please John 과 John please someone. 독일어 문장 Hans ist leicht zu tauschen 과 Hans ist bereit zu tauschen 에서 비견할만한 구조적 중의성이 발견된다.

2. Flying planes can be dangerous 는 동음 문장이 어떤 변형적 파생을 하느냐에 따라 두 가지 완전히 다른 의미를 갖는다. 날으는 비행기는 위험할 수 있다. 그리고 비행기를 날리는 것은 위험할 수 있다.

항상 비형식적으로 사용되어 왔다. 평서문을 의문문으로 바꾸거나(예를 들어 라틴어에서), 직접 화법(oratio recta)을 간접 화법(oratio obliqua)으로 변화시키는 규칙을 가르친다면, 바로 생성 변형 문법에서 형식화되고 언어학 이론에 포함된 같은 관계 묶음들이 사용된 것이다.

언어학의 발전에 대해 완전한 역사적 모습을 구하려는 사람은 여러 다양한 표현 방식을 갖는 생성 변형 문법의 연결 계통의 총체를 절대적으로 유럽의 언어학 전통에까지 거슬러 올라가야 한다. 촘스키의 *Syntactic Sturctures*의 1957년 출판은 지난 몇 십년의 블룸필드 학파의 주도적 관점에 결정적인 단절을 하게 했다. 이 단절이 있게된 데에 대해서는 촘스키와 그 밖의 사람들에 의해 후기의 글들에 되풀이해서 언급되었다.

촘스키 저서에 대한 최초의 서평에서 미국의 언어학자 리스 R. B. Lees는 그의 책을 혁명적 사건으로 극찬하고 그 때 까지 용인되던 독트린에 대한 과격한 거부를 강조했다.

촘스키의 통사 구조에 대한 책은, 화학 또는 생물 이론이 보통 이 학문 분야의 전문가들에 의해 해석된 것과 같은 의미로 이해될 수 있는, 과학적 이론 형성의 전통적 범주 내에서 하나의 포괄적 이론을 만들려는 언어학자로서의 최초의 진지한 시도를 보여 준다10).

그러나 같은 시기에 유럽에서는 이 책이 완전히 다르게 해석되었는데, 촘스키의 입장은 그의 바로 전 미국 언어학자들과 비교해서 혁명적이라고 평가했으나, 실제로는 일련의 전통적 유럽의 사상과 방법론을 되돌아 본 것이라고 지적했다11) '문법 규칙'이란 개념은 분포적 기술에는 거의 나타나지 않았다. 그러나 그것은 당연히 전통 문법 교육에는 친숙한 것이었다.

---

10) R. B. Lees in: Language 33 (1957), 375-408 (인용 377쪽).
11) W. Haas in: Archivum linguisticum 10 (1957), 50-54.

촘스키는 두 가지 시각을 수용했던 것 같다. 그는 1964년부터 그의 언어 기술과 언어학 이론과 합리주의 사상에서 배태된 17, 18세기 유럽 학자들의 보편사상과의 본질적 관계를 강조했다. 한 비판적 서평에서 변형 생성 이론이 기계적 번역과 컴퓨터 처리의 필요에서 생겼다는 의견이 나왔는데, 이것이 그로 하여금 언어학을 필연적으로 수없이 많은 보기의 수집과 분류에 몰두하는 일종의 다윈 이전의 분류학적 taxonomic 이론으로 보려는 "이상하고도 상당히 극단적인 견해"에 자극받아 책을 쓰게 했다. 반면에 기저에 있는 원리를 설명하고, 이들을 밝혀주는 자료에 집중하려는 시도는 새로운 종류의 "조작 (engineering)"으로 간주되었다. 아마도 이러한 생각은 생성 문법의 근원이 전통적 언어학에 확고히 뿌리를 내린 것이 실제로 분명함에도 불구하고, 생성 문법 분야의 오늘날의 연구가 어느 정도는 이런 저런 목적을 위해 전자 계산기를 도입하려는 시도의 결과라는 마찬가지로 이상하고 사실상 완전히 잘못된 견해와 연관되었다12).

그 때 이후 촘스키는 반복해서 그의 언어 이론의 역사적 선행자들을 언급했는데, 그는 언어 연구와 문법학자들에게 제기된 과제 설명에서 초기의 생성적 출발점들 뿐 아니라, 변형 개념의 도입도 복합 문장의 통사론을 설명하기 위할 것임을 강조했다. 어떤 면에서 18세기 언어학의 마지막 대표자였던 훔볼트는 촘스키에게 19세기의 역사 언어학자들과 '소쉬르적' 또는 '블룸필드적' 구조주의자들의 대다수 보다 훨씬 깊은 언어의 본질에 대한 통찰력을 갖게 했다13). 촘스키의 역사적 해석이 논쟁의 여지가 없는 것은 아니었지만, 그의 입장과 생성 변

---

12) Current issues 25. 이론과 언어 교육의 관계들 비교. O. Thomas, Transformational grammar and the teacher of English, New York, 1966.

13) Aspects, 8. Cartesian linguistics, New York, 1966(독일어 번역: Cartesianistische Linguistik: Ein Kapitel in der Geschichte des Rationalismus, Tübingen, 1971). Language and mind, New York, 1968 (독일어 번역: Sprache und Geist, Frankfurt a.M. 1970), 제1장.

형 문법가들이 일반적으로 17세기의 여러 합리주의 사상가들, 18세기의 언어 철학자들, 여기에 덧붙일 수 있다면, 스콜라 시대의 사변 문법가들의 사상과 일치한다는 것은 분명히 옳다14).

5.2. Syntactic Structure 와 Aspects 시대

5.2.1. 생성 변형 문법의 구조

생성 변형 문법의 구조는 처음에 *Syntactic Structures*에서는 상당히 간단했다. 그것은 여러 개의 구성 성분 구조 규칙들과(일부는 후기의 기저 구조들에 해당되었다) 이 규칙의 출력을 수행하는 일부 필수적, 일부 수의적 규칙들 그리고 구성 성분 규칙과 변형 규칙의 출력을 이루는 연결체들이 음소 연속체와 마지막에 음성 연속체들로 옮겨가게 되는 형태 음운 규칙들을 포함한다. 촘스키 Chomsky는 그의 분석에서 음운 부분을 통사적, 형태적 기술의 결과에 바탕을 두면서, 기술 언어학내에서 음운론의 자리를 분포적 구조주의에서 물려받은 그 위치와 반대되게 지정했다. 생성 변형 문법의 이 모델은 다음과 같은 도표로 표시될 수 있다:

---

14) 비교. Wilhelm von Conch(1080-1154)의 Priscian에 대한 비평은 매우 현대적으로 들린다: "etsi Priscianus inde de grammatica satis dicat, tamen obscuras dat definitiones nec exponit, causas vero inventionis diversarum partium et diversorum accidentium in unaquaque praetermittit"(비록 프리스키안이 문법의 기원에 대하여 충분히 언급했을지라도, 정의나 설명에 모호함을 남겼다. 그 이유는 다양한 부분과 다양한 어조의 창안을 일률적으로 생략했기 때문이다), H. Roos, "Die Modi Significandi des Martinus de Dacia", Beiträge zur Geschichte der Philosophie und Theologie des Mittelalters 37.2 (1952), 93.

구성 성분 구조 ↓ 변형 규칙	통사 성분
↓ 형태 음운 규칙	음운 성분
↓ 음성 표현	

　1957년 이후 처음 몇 년 동안에는 비교적 수정이 적었다. 리스 R. B. Lees는 그의 *Grammar of English Nominalizations*(1960)에서 영어의 부정 첨사 not을 구성성분 규칙에(수의적 부정 변형 (T-neg) 규칙을 도입하는 대신) 포함시켰다. 거기서부터 not는 he not go를 he doesn't go (그가 가지 않는다)로 변형시키는 독자적 변형이 생긴다. 이 규칙은 그 당시에 이미 60년대 중반의 생성 변형 문법의 일반적 발달에 흥미있는 예감을 하게 한다.

　두 번째 국면에서는 의문, 명령, 부정의 요소와 같은 문법적 의미에 영향을 주는 통사적 범주들이 기저 성분 규칙들로부터 생기는 단위들에 의해 전체적으로 표현된다. 추가로 삽입문들이 기저 성분 규칙과 함께 똑같이 도입된다. 이러한 개혁은 이전의 구별되던 수의적, 필수적 변형 규칙들이 대부분 필수적 변형들로만 대치되었다. '선택'은 이제 이미 중요 요소를 기저 성분으로 도입하거나 또는 도입하지 않음으로써 이루어진다. 단지 몇몇 어순에 의해 좌우되는 문체상의 변이형들은 여전히 수의적 변형에 의해 기술된다.

　이러한 변화들은 이론 내부에서 잠시 안정되어 보이는 상태로 만들었다. 문법은 이제 심층 구조의 유도를 마련하는 여러 통사적, 사전적 기저 규칙들로(초기의 구성 성분 규칙을 대치하는) 구성되었다. 심층 구조는 변형 작용을 통해 표면 구조로 넘어간다. 심층 구조는 의미 해석을 포함하며, 문장 의미의 기초를 이룬다. 표면 구조는 문장의 음성 해석을 하게 하는 음운 규칙에 의해 유도된다.

이론의 이 내용은 다음의 도표로 표현된다.

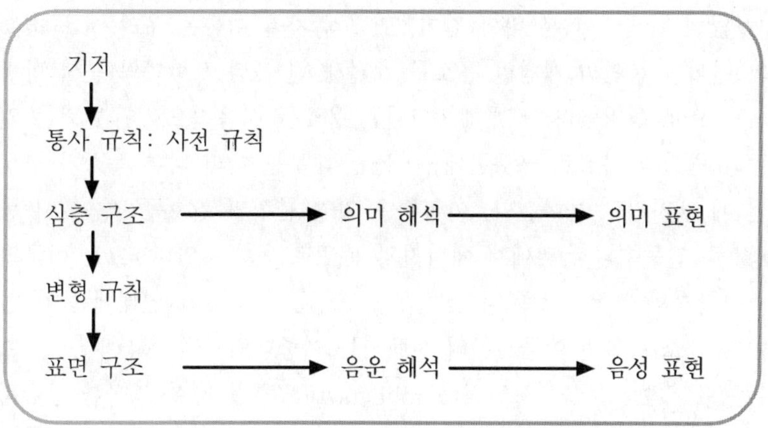

인지적 의미는 오로지 심층 구조에만 있게 되는데, 이것은 변형이 의미를 지니고, 어떤 고유의 의미 내용을 나타내지 않도록 하기 위해서였다(*Syntactic Sturucture*에 의해 표현된 초기의 부정, 의문 변형과는 다르다). 이 이론의 두 번째 국면은 촘스키의 통사 이론의 제양상 Aspects of the Theory of Syntax(1965)에 나타나 있는데, 이 책은 오늘날 생성 변형 문법의 역사에서 중요한 시금석으로 여겨지고 있다.

우리는 이제 통틀어서 다음의 문법 형식을 제안했다: 문법은 통사적, 의미적 그리고 음운적 성분을 지닌다. 뒤의 두 성분은 순수 해석적이다... 통사적 성분은 기저와 변형 성분으로 되어 있다... 기저는 심층 구조를 만든다. 심층 구조는 의미 성분으로 암시되며, 의미 해석을 지닌다; 그것은 변형 규칙에 의해 음운 성분으로 음성 해석을 포함하는 표면 구조에 나타나게 된다15).

5.2.2. 생성 변형 문법의 음운론에 있어서 변별적 자질들

그 당시 생성 변형 문법은 미국 구조주의와의 연결에서 더욱 급진적으로 떨어져 나왔다. 중요한 변화 중의 하나가 문법의 여러 곳에서 변별적 자질로의 분석 방법이 광범위하게 사용되는 데서 나타났다.

앞의 단원에서 본 바와 같이, 변별적 자질 이론은 우리 시대 최초의 언어학 본연의 개념인 음소를 개발해 낸 프라그 학파의 분석 방법의 덕으로 생겨났다. 트루베츠코이는 음소를 조음적으로 구별되는 일련의 변별적 자질로 쪼갰는데, 이들은 대부분 여러 다른 음소가 합성될 때 제자리로 돌아간다. 야콥슨은 자질 분석의 기초를 조음에서 음향, 즉 진동수와 음파에서 에너지의 분포로 옮겨 놓았다. 그는 미국의 언어학자와 실험 음성학자들과 공동 연구를 한 후, 50년대에는 각 언어의 음소 목록이 이들로부터 선택되는 이중대립관계(특정 자질의 + 또는 -)에 있는 일련의 보편적(paralinguistic) 변별 자질에 대한 상당히 명확한 개념에 이르게 되었다16).

생성 변형 문법의 발전에 있어서 이미 초기에, 그리고 특히 통사론의 우의가 증명된 것으로 여겨진 후에(또한 후에는 표면 구조의 우위), 음소 개념은 구조화된 독자적 음운론에서 개발되고, 생성 변형 문법

---

15) Aspects, 141, 비교. 16. G. Nickel, "Entstehung und Entwicklung der generativen Transformationsgrammatik(생성 변형 문법의 성립과 발달), Die Sprache 16 (1970), 1-20, 이 논문은 Syntactic Structures에서 Aspects로의 이론 전개 과정에 대한 좋은 개요를 보여 준다. 변형이 문장의 인지적 의미에는 아무 관여도 하지 않는다는 것이 J. J. Katz와 P. M. Postal의 An integrated theory of linguistic descriptions, Cambridge, Mass., 1964 에서 주장되었다. 비교. 특히 제3장과 제4장.

16) R. Jakobson·C. G. Fant·M. Halle, Preliminaries to speech analysis, Cambridge, Mass., 1952; R. Jakobson·M. Halle, Fundamentals of language, den Haag, 1956. Jakobson은 1938년 행한 강연에서 음운론의 변별적 자질의 조음적 정의 대신에 음향적 정의를 역설했다(Selected writings 1, den Haag, 1962, 272-279).

의 첫 번째 국면에서 적용되던 의미로는 중요치 않으며, 또한 자주 경제적인 기술에 장애로 간주되었다. 이제 두 가지 중요한 음운 차원으로서, 단위들이 초기 구조주의 시대의 형태소와 더욱 일치하는 '체계 음소론'(systematic phonemics)과 음성학이 고려되었다17). 체계 음소론과 마지막에는 음성 연속체로 넘어가게 하는 음소 표기로 분절음들의 합성을 기술하기 위해서, 야콥슨의 변별자질이 일반적으로 인정되는 메타어의 위상을 차지하게 되었다. 변별적 자질 이론은 최근에 수많은 수정이 가해지긴 했어도 생성 변형 음운론의 기초이다18).

생성 변형 문법이 통사론과 음운론의 관계를 연구하기 시작했을 때, 음소 성분이 분명한 윤곽을 드러내었다. 이것은 기저와 변형규칙처럼, 주어진 순서로 적용되는 일련의 규칙을 지닌다. 어휘는 어휘 단위와 문법적 형식(복수, 과거 등)의 기저를 이루는 음소적 표현을 하며, 이 음소적 표현들은 표면 구조 차원에서 (이상적) 발화체로 생각되는 음성적 내용으로 바뀌게 된다. 분절상의 변화, 강세 이동 또는 억양 흐름 규칙들을 포함한 상당수의 규칙들이 기저를 이루는 표현들을 독립된 단어나 발화 맥락의 여러 단위들의 결합을 나타내는 형식으로 바꾸기 위해서 도출 과정에 관여되었다. 음성학에서는 그러한 현상들이 물론 이미 오래 전부터 연구되었다. 영어에서는 존스 Daniel Jones가 사용한 "약 형식"(weak forms)의 개념이 to, the, a 와 같은 문법적 기능어와 인칭 대명사의 음성적 내용의 차이를, 이들이 독자적으

---

17) Chomsky, Current issues, 75-95. 이 주장에 대한 유명한 예들은 원래 M. Halle의 Sound pattern of Russian, den Haag, 1959, 22쪽에서 유래한다. 러시아어에 통용되는 규칙은 비음과 유음을 제외한 모든 자음을 유성 자음 앞에서는 유성음화 하며, 엄격히 음소적 표현이 되어야 하는 경우에는 두 가지의 다른 형식으로 나타내질 수 있는데, 이 규칙은 무성음을 당해 유성 음소로 대치하거나, 무성 변이음을 유성 변이음으로 대치하는 데 통용되기 때문이다.

18) Contra F. Householder, "On some recent claims in phonology", Journal of linguistics 1 (1965), 13-34. Chomsky는 최근 "체계 음소론" 대신에 "음소적 표현"이란 용어를 사용하면서 특수한 음소 차원을 인정하지 않음을 시사했다.

로 강세를 가졌는지, 아니면 보통 연결된 발화체에서 사용되었는가에 따라 나타냈다. 그러나 이 음운 규칙의 놀랄 만한 선취는 변형 생성 문법의 다른 부분에서와 같이, 산스크리트어의 산디 *sandhi* 현상에 대한 꼼꼼한 기술과, 2천년 전에 고대 인도어 문법학자들에 의해 연구된 파다 *pada* 텍스트(독립된 단어 발화체)와 사미타 *saṃhitā* 텍스트 사이의 관계에 나타나 있다. 생성 변형 문법가들은 심지어 그들 문법의 나열된 규칙들과 파니니 *Pānini*와 그 밖의 사람들이 산스크리트어 문법을 기술하는데 사용했던 일련의 *sūtras*(규칙들) 사이의 유사성에 대해 언급하기도 했다19).

야콥슨이 해석하고 발전시켰던 프라하 학파의 음운 이론은 생성 음운론의 일반적으로 용인된 기초가 되었다. 이것이 물론 더 이상의 어떤 수정도 가해질 수 없음을 말하는 것은 아니다. 두 새로운 발전노선이 특이하며 또한 역사적으로 중요한데, 먼저 촘스키와 할레 Halle 는 야콥슨이 음향 자질이 더욱 적합하다는 견해를 고집한 것과는 반대로, 변별 자질의 규정의 기초를 조음적으로 회귀시켰다. 그러나 단순히 트루베츠코이의 자질로 다시 돌아간 것은 아니다. 촘스키와 할레 Halle는 그의 책 *The Sound Pattern of English*(1968)에서 음파의 에너지 분포에 관련해서가 아니라, 조음 기관의 형태와 움직임과 관련해서 정의된 고유의 자질들을 제안했다. 자질 정의의 기초가 옮겨진데 대한 이유로 그들은 자연스러움의 원칙을 도입했는데, 예를

---

19) 비교. 약형식(weak forms)에 대하여는 D. Jones, Outline of English phonetics, Cambridge, 1947, 16장. Pānini와의 유사성에 대해서는, 비교. J. F. Staal, "Context-sensitive rules in Pānini", Foundations of language 1 (1965), 65-72. 생성 변형 문법 음운론의 개요는 Chomsky, Language and mind, New York, 2 1972, 127-136; 자세한 내용, Chomsky·M. Halle, The sound pattern of English, New York, 1968, 15-245, 293-399. 생성 변형 문법 안에서의 억양은 R. P. Stockwell이 다루었다. "The place of intonation in a generative grammar of English", Language 36 (1960), 360-367, 또한 M. Bierwisch, "Regeln für die Intonation deutscher Sätze(독일어 문장의 억양 규칙)", Studia grammatica 7 (1966), 99-201.

들면 구개음화(슬라브어 등에서)인, 경구개 자음과 전설 모음이 자연스
럽게 체계 내에서 상위 개념 〔+높음〕으로 파악될 수 있으며 긴밀함/
산란함, 어두움/밝음의 대립쌍으로 나뉘어질 필요가 없다20).

실제로 음향적 정의는 청자의 입장에 기초하고 있는 반면에, 조음
적 정의는 언어 분석에서 일차적으로 화자의 입장에서 출발한다. 우
리 모두는 청자이며 동시에 화자이기 때문에, 아마도 이 두 가지 정의
는 기술 언어학과 역사 언어학에서의 음운 변화의 분석에 유익할 것
이다.

현재 연구가 진행되고 있는 그 밖의 새로운 방향이 생성 변형 문
법에서 새롭게 해석된 표지성(markiertheit) 개념을 기초로 하고 있
다. 표지성을 트루베츠코이는 음소적 개념으로 사용했다. 그것은 변
별적 자질의 +, - 표시에 이미 포함되어 있었다. 음소는 그의 분석이
그와 대응되는 음소가 지니지 않은 자질을 나타낸다는 사실을 알려줄
때에 표지된 것으로 간주된다(예로써 영어와 독일어에서 /b/, /d/, /g/는
유성성에 의해 /p/, /t/, /k/에 대해 표지된 것이다). '중화'란 특정 위치나
환경에서 특정의 표지된 자질의 변별적 성질이 없어지는 것을 말한
다. 야콥슨과 그 밖의 다른 사람들은 표지와 비표지의 대립을 예를 들
어 격체계의 기술과 같은 문법 분석에 도입했다. 그러나 이 생각은 구
조주의 시대 동안 일반적으로 받아들여지지 못했다21).

촘스키와 할레는 생성 변형 문법의 음소 성분에 대해 보다 나은
경제성과 설명적합성에 도달하기 위해서, 표지와 비표지 대립을 새로
이 적용할 것을 제안했다. 그러나 이 두 개념을 연결하는 분명히 존재
하던 연결 끈에도 불구하고 트루베츠코이적 의미에서 개념의 적용과
촘스키-할레의 적용 사이에는 중요한 차이가 있다. 트루베츠코이적

---

20) Sound pattern of English, 306-308.
21) N. S. Trubetzkoy, Grundzüge der Phonologie(음운론 기초), TCLP 7 (1939)
로서 첫 출판, 복사판 Göttingen, 1958, 67; Jakobson, "Beitrag zur allgemeinen
Kasuslehre", TCLP 6 (1936), 240-288.

의미에서 표지성은 모든 언어에 개별적으로 적용되는 음소적 개념이었다. 음소가 표지 되었는지 아닌지는, 어떤 방법으로 변별적 특성을 파악하려는 자질들이 언어의 전체 음소 목록에 나열되느냐에 달려 있다. 촘스키와 할레는 표지성을 일반 음성 이론의 일부로 여겼다. 자질들은 보편적 음성 이론의 범주에 맞추어 표지되거나 표지되지 않은 것으로 분류되었다. 우리는 여기에 작금의 대부분 생성 변형 이론에 기저를 이루는 보편주의적 사상의 또 다른 예를 보게 된다. "+" 또는 "-"의 두 가지로 표시되는 자질이 일반적으로 하나의 분절음으로 함께 나타날 경우, 이 자질 중의 하나가 더욱 자주 나타나는 경우에 비-표지로, 드물게 나타나는 경우에 표지된 것으로 다루어진다. 예를 들어 모음과 유음은 일반적으로 유성음이기 때문에, 〔+ 유성성〕은 〔+ 모음〕과 연결되면서 비-표지가 된다. 연구개 고모음은 〔+ 원순성〕 자질로는 비-표지이며, 경구개 고모음은 〔-원순성〕으로는 비표지인데, 이 자주 나타나는 〔u〕와 〔i〕 두 개의 분절음은 언급된 두 자질에 관해서는 덜 빈번한 〔y〕와 〔i〕 분절음과 대립해서 표시되지 않는다. 보편적인 여러 표지 방법들이 만들어졌으며, 두서너 자질의 도입이 보편적 내포 규칙에 의해 결정된다. 이로써 음소적 표현의 복합성이 특정 언어의 어휘에서는 상당히 감소될 수 있다는 주장이 연관된다. 촘스키와 할레는 공시 언어학의 기저 형식에서 표면적 표현으로의 도출과 역사 언어학에서 음운 변화의 유도는 보편적 표지 방법이 사용될 수 있다면, 더욱 경제적으로 기술될 수 있다는 사실을 계속 주장했다22).

---

22) Sound pattern of English, 제9장; 비교. G. E. Cairns, "Universal redundancy rules", Language 45 (1969), 863-885.

5.2.3. 통사론의 변별적 자질

자질 분석이 생성 문법의 음소 성분으로 완전히 편입됨과 동시에 통사론과 의미론 분야에도 유사한 시도들이 있었다. 성분 구조 또는 기저 성분의 본래 형식이 품사에 따라 분류된 어휘 단위가 최종 연속체로 대치되게 된다. 최종 연속체는 T(관사), N(명사), V(동사), A(형용사) 등의 품사를 포함하며, 규칙은 "N→boy, ball, sincerity,…" 와 "V → hit, go, see, elapse,…"의 형식을 취한다. 그러나 이로써 명사나 동사와 같은 어떤 언어에도 모두 통사적으로 동일하지 않은 그런 품사들에 적합한 하위 범주화가 보장되지는 못했다.

특히 촘스키와 그 밖의 사람들은 boy the frighten may sincerity 형식의 명백히 '틀린' 문장들을 문법의 출력으로 제외시키는 문제 뿐 아니라, the boy elapsed와 the boy frightened sincerity 와 같은 그 변칙성이 매우 어렵게나 설명될 수 있는 문장들이 배제될 수 있는가 하는 문제에 직면했다. 그런 문제들을 처리하기 위해서, 명사, 동사, 형용사와 같은 심층 구조 요소들이 품사 내에서도 통사적 차이를 형식적으로 표현할 수 있는 수단으로 [+N](명사)와 [+V](동사)의 품사표시자질들도 지니는 자질 묶음으로 간주되었다. 한 언어의 어휘에 제시되는 단위들에 대해 유사한 설명 방식이 마련되었다.

명사에서 [+N], [+인성], [+ 셈 가능성], [+추상성], 동사에서 [+V], [+___NP](타동/자동), [+[+추상성] ___] (주어는 추상적 또는 비-추상적이다)과 같은 자질들이 선택 제약의 기술로 이어졌는데, 이 선택 제약의 파악이 성분 구조 규칙의 초기 내용에서는 어려운 것으로 증명되었다. 심층 구조 규칙은 이제 예전의 몇 항목에서 성분 구조 규칙들과 달랐다. 이들에 의해 만들어진 연속체(여기에 변형 규칙이 작용한다)는 *Syntactic Structures*에서 예시된 형의 성분 구조 규칙에 의해 보통 생성된 연속체의 경우 보다 실제 문장과 덜 비슷했다.

그러나 심층 구조와 표면 구조의 주요 자질의 하나는 선적 순서를 유지한 것이며, 주어, 직접 목적어 같은 특정 기능 범주는 심층 구조의 선적 순서와 관련해서 정의되었다23).

통사 자질은 촘스키에 의해 정확히 음운론의 변별 자질과 결합되었다. 이 둘은 한편으로 보편 음성학이, 다른 한편으로는 보편 문법이 이루어지는 자질의 최종 일반적 목록의 구성 요소로 간주될 수 있었다.

그러므로 음소 단위를 일련의 자질로 파악하고, 모든 규칙들이 특정 자질이나 자질의 결합을 지니는 모든 분절음에 적용될 수 있도록 음소 성분을 만드는 것이 중요하다. 이와 동일한 해결 방법이 당면한 통사 문제에 적용된다...24).

단어의 각 단위에 있어서 어휘 기입은 음운 자질과, 이들이 일반 규칙으로 언어에 확정되지 않은 경우에는 이들 자질의 순서, 그리고 통사적, 의미적 자질을 제시해야 한다.

5.2.4. 의미론의 변별적 자질

변형 생성 이론의 초기 내용들은 의미 문제에 거의 주의를 기울이지 않았다. 이런 면에서 그것들은 미국 구조주의의 주도적 해석을 따랐던 것이다. 독자는 172쪽의 도표에 어떤 의미 성분도 등장하지 않은 것을 이미 파악했을 것이다. 그러나 특정 의미 이론을 생성 이론에 전체로서 심으려는 노력들이 곧 이어졌다. 카츠 J. J. Katz와 포스탈 P. M. Postal의 책 *An integrated Theory of Linguistic Descriptions*

---

23) 변형 문법 이론의 이 대목에 대해서는 촘스키에게서 가장 탁월한 설명을 찾아볼 수 있다. Aspects, 64-106.
24) Aspects, 80; 비교. 65쪽, 87.

(1964)이 의미론에 대한 카츠 Katz와 포더 Fodor의 논문을 바탕으로 하고 있는데, 바로 이 책은 이 목적을 위해 쓰여졌다. 이 책은 통사론과 의미론 단원을 같은 분량으로 담고 있다. 의미 부분은 근본적으로 어휘의 역할을 다루고 있는데, 즉 테제에 의하면 단어의 의미적 기능을 특정 구성체 내의 상호 관계 속에서 예견해낼 수 있는 개별 단어의 의미 분석을 다루었다. 근본적으로 카츠 Katz와 포스탈 Postal은 각각의 어휘 단위를 여러 자질로 분해했다. 몇 개는 위에서 언급된 식의 통사 자질들([+N], [+추상성] 등)이었으나, 다른 것들은 단어의 전체 의미 또는 의미들을 나타내는 의미 성분을 나타냈다. 예를 들면 "male"(남성), "adult"(성인), "never married"(미혼)이 bachelor(여기서는: 청년)의 여러 의미 중의 하나를 나타낸다25). 이 자질들은 "원자 개념 요소"(atomic conceptual elements)로 일컬어졌다. 이 가운데 몇몇은 분명히 계속적 분해가 필요했다는(예로써 "never married") 의미에서, 한 눈에도 분명히 비-원자적 성격을 띠는 것 같았다. 그러므로 카츠와 포스탈은 이 점에서 비판받을 만 하다. 그러나 얼마나 격렬하게 계속적으로 비판이 이어졌는지 또한 어떤 해결 방안의 제시로 이런 식의 의미 분석이 나타내는 것을 계속 찾으려 했는가는 설명했다26). 일련의 범-언어적, 개별 언어와는 독립된 의미 자질들이 각 언어에서 단어와 그 밖의 어휘 단위들의 어휘적 의미의 기초를 이룬다. 또한 여러 다양한 언어들은 한 단위에 여러 가지 자질들을 결합시킨

---

25) J. J. Katz · J. A. Fodor, "The sturcture of a semantic theory", Language 39 1963), 170-210(독일어 번역: Die Struktur einer semantischen Theorie, in: H. Steger(ed.), Vorschläge für eine strukturale Grammatik des Deutschen. Darmstadt, 1970, 202-268; 발췌 번역 in: F. Kiefer(ed.), Semantik und generative Grammatik II, Frankfurt a.M., 1972, 262-273, 또한 in: L. Antal(ed.), Aspekte der Semantik, Frankfurt a.M., 1972, 223-237; J. J. Katz · P. M. Postal, Integrated Theory, 14.

26) U. Weinreich, "Explorations in semantic theory", in.: A. Sebeok(ed.), Current trends in linguistics 3, den Haag, 1966, 395-477. Katz, "Recent issues in semantic theory", Foundations of language 3 (1967), 124-194.

다. 자질들의 수는 물론 음소과 통사 자질의 수를 훨씬 능가하는데, 심지어는 그들을 포괄적으로 기술하려는 시도는 무모할 정도이다. 그러나 원칙은 그대로 이다. 촘스키는 이 이론을 *Aspects*에서 계속 연구하지는 않았지만, "이 순수 의미적 어휘 자질"을 "잘 정의된 것"으로 정의했다(Aspects, 88; 28).

변별적 자질 이론을 의미론에 적용하려는 초기의 시도들은 특히 인류 언어학자들에 의해 행해졌는데, 이들은 어휘의 일부 영역이 대조를 이루는 자질의 여러 요소들의 결합과 연관된 개념장을 다루었다. 음운론의 변별적 자질과의 유추가 이런 관계에서 강조되었다. 가장 선호되고 집중적으로 연구된 장(field)으로, 남성/여성(male/female), 혈족/먼 친족(consanguineal/affinal), 같은 세대에 속하지 않는/방계 친족인(generation-removed/collateral) 등의 자질들이 각 친족 명칭의 분명한 의미의 기초를 이룬다. 이런 종류의 연구를 담고 있는 책이 1965년 출판되었다[27]. 그러나 연구된 의미장들은 특이하게도 친족 명칭 분야나 소유법과 같은 영역에서 취해졌는데, 여기서는 연구되는 단어들의 기저에 있는 비교적 구별이 잘 되는 반대 개념들이 증명될 수 있었다. 이런 식의 변별적 자질 분석은 원칙적으로 의미론의 전체 영역으로 넘겨질 수 있으리라는 견해가 때때로 표명되었으며, 최근에 출판된 두 책에서는 의미 성분 분석이 넓은 의미 영역에 적용되어 있다. 그러나 오늘날까지는 보통 의미라는 말과 연결되는 것의 대부분이, 한 언어의 대다수 어휘에 관한 한, 이 방법에 의해 파악되지 않고 있다[28].

보편적 의미이론의 형식에서 변별적 자질 분석을 생성 변형 문법

---

27) E. A. Hammel(ed.), "Formal semantic analysis", American anthropologist 67.5 2부.
28) E. H. Bendix, Componential analysis of general vocabulary, Bloomington, 1966; G. N. Leech, Towards a semantic description of English, London, 1969.

의 의미 성분으로 편입시키는 것이, 그것과 촘스키가 자주 언급했던 17, 18세기에 주도적이던 언어 이론 사이의 또 하나의 연결요소를 이룬다. 학문 세계의 "lingua franca(교통어)"로 라틴어를 대치할 수 있는 보편적인 말과 문자로 고정된 언어를 고안하려던 17세기 문법가들의 시도는(가장 잘 알려진 예는 윌킨스 John Wilkins 주교의 *Essay towards a real character and a philosophical language* (1668)) 특히 관계, 특징 그리고 과정으로 된 세계의 개념적 파악이 궁극적이며, 개별 언어와 독립되어 있다는 바로 그 가정에 기인하고 있다29).

5.3. 생성 변형 문법의 최근 발달

5.3.1. 해석 의미론, 생성 의미론

생성 변형 문법은 촘스키의 *Aspects*에서 이룩된 바와 같은 그 가상의 안정성과 질서가 실제로는 여러 그룹의 생성 변형 문법가들의 입장에서 이론을 해석하는데 있어서 매우 변화무쌍한 시대의 시작을 나타내주었다. 발전의 아이러니는 전체적으로 *Aspects*에 서술된 이론의 내용이 '표준 이론'(Standard Theory)으로 표시된 것이다. 그러나 어쨌든 이 책은 당연히 유일한 변형 생성 이론이라고 불리어질 수 있던 마지막 단계를 보증하고 있다. 또한 이 단계는 이런 형태로 몇몇 다른 데 관심을 가진, 예를 들면 킹 R. D. King과 같은 언어학자들에 의해 역사 언어학에 대한 연구로 넘어가게 되었다30).

---

29) 비교. D. L. Bolinger, "The atomization of meaning", Language 41 (1965), 555-573 (독일어 번역: "Die Atomisierung der Bedeutung"(의미의 원자화), in: László Antal (ed.), Aspekte der Semantik(의미론의 제 관점). Zu ihrer Theorie und Geschichte 1662-1969(그 이론과 역사에 대하여). Frankfurt a.M., 1972, 241-269).

이론 내에서 의미론의 위치에 대한 문제가 생성 변형론자들간의 결정적인 분열을 초래했다. '표준 이론'에 의하면, 의미론은 음운 규칙이 표면 구조에 작용하는 것과 비슷한 방법으로 심층 구조에 작용하는 의미 규칙을 갖는 해석 성분이다. 이러한 풀이는 대칭의 이유에서 상당히 현혹할 만한 것이었으나, 몇 학자들은 의미 해석(혹은 좀 소박하게 표현하자면, 의미)이 그들에게 소개되기 전에도 여전히, 명백한 독립적 통사 구조의 생성을 매우 부자연스럽고 납득할 만하지 못한 것으로 생각했다. 이 방법은 직관적으로 더욱 만족할 만한 이론에 의해 대치되지 않는다면, 한 언어 문법의 설명 적합성에 대한 본질적 조건으로서 정당화되어야 했다. 언어는 의미를 표현하거나 누구에게(또한 후에는 자기 자신에게도) 무엇인가를 전달하는 수단이며, 그러므로 문장의 의미와 언어 이론의 의미 성분은 통사 구조의 기초와 마지막에는 음운 표현의 기초를 제공해야 한다고 주장될 수 있다. 이 견해를 람브와 성층 문법가들이 주장했는데, 물론 이들의 이론이 그 밖의 면에서는 다르게 나타나긴 했다. 샤페 W. L. Chafe도 이 의견을 따랐다. 그는 여러 관점에서 생성 변형 문법과 차이가 있는 일반 문법 이론을 제시했다31).

생성 문법가들 가운데 이론의 틀 안에서 의미론의 위치를 둘러싼 논쟁의 결과로서 '해석 의미론자'와 '생성 의미론자'의 경쟁적 그룹이 형성되었다. 촘스키와 몇몇 다른 사람들이 첫 번째 그룹에 속한다. 이들의 견해는 '표준 이론' 또는 후기 수정 이론에 기초한다.

로스 J. R. Ross, 래이코프 G. P. Lakoff 그리고 맥컬리 J. D.

---

30) Chomsky, 1971, 185; R. D. Steinberg·L. A. Jakobovits(ed.), Semantics, Cambridge, 1971, 185; R. D. King, Historical linguistics and generative grammar, Englewood Cliffs, 1969 (독일어 번역: Historische Linguistik und generative Grammatik, Frankfurt a. M., 1971).

31) W. L. Chafe, A semantically based sketch of Onondaga (IJAL 36.2, 증보판 1970), Meaning and the structure of language, Chicago, 1970.

McCawley가 후자 그룹의 대표자들에 속한다. 래이코프 Lakoff는 그들의 일반적 입장을 다음과 같이 요약했다.

생성 의미론은 본질적으로 통사론과 의미론이 분리될 수 없으며, 변형 규칙과 일반 도출 제약들의 역할이 의미 표현과 표면 구조를 연결하는데 있다는 입장을 취한다[32].

생성 의미론자들에 의하면 통사론과 의미론 사이의 경계를 짓기가 불가능하다. 또한 모든 통사적 변별성을 문장의 문법 구조에서 올바르게 파악하는 심층 구조는 당해 문장의 의미적 표현과 동일하다는 것이다. 생성 의미론자들은 자율적(의미적으로 중요하지 않은) 통사 규칙의 존재도 반박했으며, 심층 구조가 실제로는 의미 표현이며 변형은 표면 구조를 생성하기 위하여(음운 성분과 관련해서는 이 두 그룹 사이에 큰 차이가 없다) 차례로 이 의미 표현에 작용한다는 견해를 옹호했다.

생성 의미론에서는 어휘가 다른 위치를 차지한다. 어휘 단위들은 절대로 변형 규칙의 적용을 위해 심층 구조에 놓이는 것이 아니라, 대부분의 경우 이들의 형성이 일부 이 변형 규칙의 결과로서 파악될 수 있다. 영어 단어 kill(죽이다)은 그 형태적 단순함에도 불구하고 의미적 복합체 "cause to become not alive"(살아 있지 못하도록 작용한다)를 나타낸다. 이 여러 요소들은 본원적 의미 서술로 나타나며, 차례로 적용되는 변형들에 의해 유일한 어휘 형식으로 요약된다. 언어들은 관여되는 규칙들에 따라 구별된다. 영어는 독일어에 상응하는 동사 형식 anfeinden(적대시하다)을 대치할 수 없다. 또한 독일어에서

---

32) Lakoff in: Steinberg와 Jakobovits, Semantics, 232. G. Lakoff의 전 논문을 비교, "On generative semantics", 위의 인용한 책 232-296(독일어 번역: "Über generative Semantik" in: F. Kiefer(ed.), Semantik und generative Grammatik II, Frankfurt a.M., 1972, 305-359), J. D. McCawley, "The role of semantics in a grammar", E. Bach · R. T. Harms(ed.), Universals in linguistic theory, New York, 1968, 124-169.

anfeinden을 만들어 내는 규칙들은 타동사나 사역 동사를 모든 동사 어근에서 유도해낼 수 있는 일본어에서 타동사를 만들어 내는 규칙들과는 다르다33).

언어학 이론에서 의미론의 위치를 둘러싼 논쟁과 함께, 문장의 의미를 이해하는 데 포함되어 있는 요인들에 대한 매우 깊이 있는 분석들이 행해지고 있는데, 이것은 전의 대부분의 생성 변형 문법가들과 그 밖의 사람들에 있어서 보다 훨씬 철저한 것이다. 지난 몇 년 동안 사람들에게는, 실제 인지적 의미는 제외하고, 고대이래 수사학자들의 도구에 속하는 것과 같은 특정 단어, 관용구들의 감성적, 문체적 함축 의미 뿐 아니라, 단어의 언어 수행적 기능과 특정 단어와 통사 구성체의 사용과 연관된 전제 presupposition 도 파악되어야 한다는 사실이 인식되었다. 이미 1946년34) 철학자 어스틴 J. L. Austin은 영어의 know(알다)와 promise(약속하다)와 같은 단어의 특수 기능에 대해 언급했는데, 이 단어들에서는 삽입문에 표현된 주장에 대한 화자의 권위가 보장되어 있다. I promise to do it, but I won't do it(나는 약속은 하지만 행하지는 않겠다)는 말할 수 없다, 그러나 He promised to do it, but he didn't do it(그는 약속은 했지만, 행하지는 않았다)는 가능하다. 또한 I know that he will get well, but he may not(나는 그가 다시 건강해질 것을 알지만, 그는 아마 다시 건강해지지 않을지도 모른다)는 불가능하다. 그러나 I strongly believe he will get well, but he may not(나는 그가 다시 건강해지리라고 굳게 믿지만, 건강해지지 않을지 모른다)는 가능하다. 이러한 언어 수행적 사용은 어스틴 Austin에 의해 그의 이

---

33) 영어에서 cause to die와 kill이 통사적으로 동일하지 않다는 것은 이미 언급되었다; He caused John to die on Sunday by poisoning his beer on Saturday는 가능하지만, * He killed John on Sunday by poisoning his beer on Saturday는 불가능하다.

34) "Other minds", Proceedings of the Aristotelian Society, 증보판 20 (1946), 148-196.

른 죽음 직전에 *How to Do Things with Words*(1962)(독일어 번역: *Zur Theorie der Sprechakte*(언어 행위 이론), Stuttgart, 1972)에서 그리고 시얼 J. R. Searle에 의해 *Speech Acts*(1969)(독일어 번역: *Sprechakte-ein sprachphilosophischer Essay*(언어 행위 – 언어 철학적 에세이), Frankfurt a.M., 1971) 에 상세히 연구되었다.

전제 presupposition의 예로서는 영어 동사 assassinate와 murder의 상이한 사용을 제시했는데, 이들 가운데 전자는 희생자가 공적 생활에서 높은 위치를 차지하고 있음을(예로써 왕실의 일원이나 정치적 인물) 내포하고 있다. 영어에서 가장 빈번하게 사용되는 접속사들 중의 몇몇이 보통 사용될 때 특정 전제 presupposition와 연결되어 있다. 문장 John is a politician, but he is trustworthy(John은 정치가이지만, 신뢰할 만하다)는 화자에게 있어서 신뢰는 정치가들의 보통 속성에 속하지 않음이 전제되어 있다. John is a politician, but he is untrustworthy (John은 정치가이지만, 신뢰할 만 하지 못하다)도 마찬가지로 가능한 문장이다. 그것은 정치가가 신뢰할 만 하거나 또는 그래야 한다는 전제에 기인하고 있다. John is a politician, but he has red hair(John은 정치가이지만, 붉은 머리이다)는 정상적 환경에서는 말하지 않는 문장이다. 왜냐하면 정치적 위치와 머리색을 연결하는 전제는 없기 때문이다.

통사 영역에서 영어의 have + 분사 구문은 단순 과거 시제 past tense가 없다는 특정 함의와 연결된다. Einstein taught me physics (아인슈타인이 나에게 물리학을 가르쳤다)에서, 아인슈타인은 지금 죽고 없지만, 이는 잘된 문장이다; 그러나 Einstein has taught me physics (아인슈타인이 나에게 물리학을 가르쳤다)는 그가 아직 살아 있다는 것을 내포한다(이 규칙은 문학의 '죽지 않는' 인물의 경우에 해당되지 않는다. 더 좋은 문장은 Shakespeare has shown the awful effects of ingratitude in King Lear (셰익스피어는 리어왕에서 배은의 무서운 작용을 보여 주었다)일 것이다.

이 전제 관점의 중요성은 수동태 변형과 접속 변형이 전제에 특정한 작용을 한다는 사실에 기인한다. I have been taught physics by Einstein (나는 아인슈타인에 의해 물리학에 대한 교육을 받았다)은 아인슈타인은 죽었지만, 좋은 문장이다. Einstein and Oppenheimer have taught me physics (아인슈타인과 오펜하이머가 나에게 물리학을 가르쳤다)가 똑같이 해당되는데, 언급된 사람 중의 하나는(Oppenheimer) 아직 살아있음이 전제되어 있다. 변형은 몇몇 부정 첨사 영역에도 영향을 미친다. Not many arrows hit the target(많지 않은 화살이 목표물을 맞추었다)와 Many arrows didn't hit the target(많은 화살들이 목표물을 맞추지 못했다)는 이들이 동일한 심층 구조에서 도출될 수 있었다 하더라도 그 의미에 있어서 구별된다[35].

변형상 동류 문장인 These clothes are comfortable to ride a bicycle in 과 It is comfortable to ride a bicycle in theses clothes (두 문장 모두: 이 옷은 자전거 타기가 편하다)는 거의 비슷하지만, 첫째 문장에서 these clothes가 문장의 나머지 부분이 무엇인가를 설명하는 테마(topic)인 점에서 의미적 차이가 있다. 여기에 할러데이 M. A. K. Halliday가 문제를 다르게 취급하긴 했지만, 그가 언어 구조와 기능에 대한 그의 이론에서 위에서 언급된 의미 관점을 다룬 것과 비교할 수 있다.

이런 식의 연구 성과들은 촘스키로 하여금, 의미 해석을 오직 심층 구조에 기초했던 테제를 그런 쪽으로 수정하고, 전제와 문장의 주제화와 같은 의미 관점들을 표면 구조의 해석으로 허용하게 했다. '표준 이론'의 수정된 내용은 다음의 도표로 나타낼 수 있다:

---

35) R. Lakoff, "If's, and's, and but's about conjunction", In: C. J. Fillmore/ D. T. Langendoen, Studies in linguistic semantics, New York, 1971, 114-149; N. Chomsky, in: Steinberg und Jakobovits, Semantics, 207쪽. 그리고 in Language and mind, 107-109.

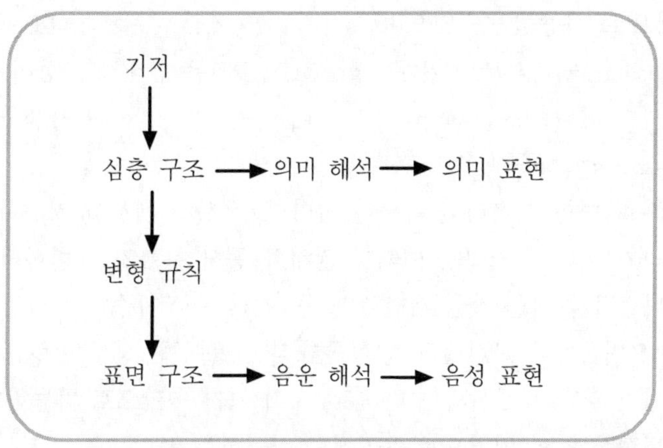

의미 분석의 이 관점은 30년대에 이미 훠스 J. R. Firth에 의해 최소한 인정받았다. 상황 맥락 구성 성분의 하나가 발화 맥락에 관여된 이전의(실제적 또는 가상의) 동사적, 비동사적 행위들이었다. 바로 전에 언급된 내포 유형과 전제 유형이 이에 속할 것이다. 그러나 훠스는 한 번도 이 맥락에 대한 상세한 분석을 하지 않았다.

언급된 통사적 생각들 외에, 다양한 통사 부류에 속하는 어휘 요소의 설정도 문제를 야기했는데, 변형의 의미적 기능을 가능한 한 제한하며, 문장의 기본 인지적 의미를 단지 심층 구조에만 속하게 하려 할 때였다. 동사와 형태적으로 같은 부류의 명사들은 그 의미에서 그것들이 형식적으로 유도되어 나온 동사와 비교적 심한 차이를 보인다: 영어의 명사 deed(행위)는 동사 do(하다) 보다 더 유력하고 중요한 행위를 내포한다. John's first deed in the morning is to shave(John의 아침의 첫 행동은 면도하는 것이다) 라고 말할 수 있다. 다른 한편으로 The first thing John does in the morning is to shave(John이 아침에 행하는 첫 번째 일은 면도하는 것이다). 이와 별도로 동사에서 파생된 다른 명사들은 그것들의 기저에 있는 동사는 나타내지 않는 통사적 제약을 보여준다. grow(자라다, 경작하다)는 타동적,

자동적으로 사용될 수 있으며(John grows grass '존이 잔디를 키운다', the grass grows '잔디는 자란다'), growth(성장)은 반대로 자동적으로만 사용될 수 있다(the growth of the grass '잔디의 성장', *John's growth of the grass 'John의 잔디 경작').

명사화 변형에 이러한 특수한 의미적, 통사적 제한을 지정하는 것을 피하기 위해 촘스키는 어휘를 명사와 동사 부류가 개별화되는 그런 단위들로 확대할 것을 제안했다. 이 견해는 '어휘주의적 가설'로 일컬어졌으며, 이와 관련해서 '변형론자'라는 용어가 '생성 변형 문법가'라는 훨씬 일반적 표현과는 반대로, 여러 가지 수단으로 가능한 한 조어를 변형 규칙의 영역으로 유지하고 싶어하는 사람들을 일컫는데 사용된다. 여기서 '어휘주의자'와 '변형 주의자'의 논쟁이 '해석 의미론 또는 생성 의미론' 문제와는 상관이 없다는 것을 언급하는 것이 옳을 것이다. 그러나 어휘 지정에서 일어나는 문제가 해석 의미론에서 더 큰데, 왜냐하면 이 이론의 내용에 따르면 전체 단위로서 여러 어휘 요소들이 변형 규칙을 적용하기 전에 심층 구조에 지정되기 때문이다. 촘스키는 해석 의미론자에 속하면서, 계속 어휘주의적 가설의 추총자이다.

현 시점에서는 이 이론의 변이형의 하나가 다른 하나에 비해 '더 옳거나', '더 좋은'것이라고 일반적으로 인정할 수는 없다. 여기서 판단은 이론적 설명이 화자의 정신적 심리적 장치의 여러 사실과 일치한다던가 또는 인간 언어의 기능을 위한 작업 모델(working model)에 근거를 두지 않는다. 해석 의미론과 생성 의미론에서 토론은 여러 언어학자들이 통사론의 기초로서 의미론을 직관적으로 선호하는 것과는 상관없이 계속 이 두 이론이 인간 언어의 이미 알려진 통사적 의미적 사실들을 어느 정도 성공적으로 고려하느냐 하는 문제를 맴돌고 있다. 이 분야에 있어서 대부분의 연구들은 영어 영역에서 이루어졌다. 때때로 중요한 증명 자료를 비교적 특수한 문장 유형에서 찾았다. 예를 들어 논증력은 이 이론 중의 하나가 다음의 두 문장 John and Harry love Mary and Alice respectively(John과 Harry는 각각 Mary 또는 Alice를 사랑한다)와 those two love their respective wives(이 두 남자는 각각 그들의 아내를 사랑한다)에서 respectively(또는)와 respective(각각)와 같은 개념들을 만족할 만하게 취급할 수 있는가 하는데 달려 있다. 때때로 John's uncle (John의 아저씨)과 the brother of John's mother or father(John의 어머니 또는 아버지의 남자 형제)와 같은 표현이 어떤 방법으로 가장 잘 기술될 수 있는가 하는 것이 논증에 결정적이다. 이 표현들은 분명히 동일한 친척으로 연관되지만, 이들이 문장 관계 속에서 사용될 때, 언제나 서로 바꿔쓸 수 있는 파라프레이즈는 아닌 것이다[36].

---

36) N. Chomsky, "Remarks on nominalization", in: R. A. Jacobs · P. S. Rosenbaum (ed.), Readings in English transformational grammar, Waltham, 1970, 184-221 (또한 in N. Chomsky, Studies on Semantics in Generative Grammar, den Haag/Paris 1972, 11-61).

생성 의미론과 해석 의미론 지지자들 간의 논쟁은 어느 정도까지는 변형의 의미적 기능에 대한 토론과 관련된다. 상세한 사항은 전문 서적들에 있는데, 이 가운데 다음의 책들이 특히 중요하다 할 수 있다.

J. D. McCawley, "The role of semantics in grammar", in: Bach · Harms, Universals in linguistic theory, 124-169

B. H. Partee, "Negation, conjunction, and quantifiers: syntax vs. semantics", Foundations of language 6 (1970), 153-165:

J. J. Katz, "Interpretative semantics vs. generative semantics", ibid., 220-259;

J. D. McCawley, "Interpretative semantics meets Frankenstein", Foundations of language 7 (1971), 285-296;

P. H. Partee, "On the requirement that transformations preserve meaning", in: C. J. Fillmore · D. T. Langendoen(ed.), Studies in linguistic semantics, New York, 1971, 1-22 (독일어 번역: "Zu der Forderung, dass Transformationen bedeutungserhaltend sind", in: F. Kiefer(ed.), Semantik und generative Grammatik II, Frankfurt, 1972, 389-414).

N. Chomsky, "Deep structure, surface structure, and semantic interpretation", in: Steinberg · Jakobovits, Semantics, 183-216 (또한 in: N. Chomsky, Studies on Semantics in Generative Grammar, den

토론은 아직 완결되지 않았지만, 일반 언어 현상들과 개별 언어, 특히 영어에 있어서 진보적인 몇 가지 통찰을 가능하게 했는데, 이러한 이론적 논쟁이 강도있게 진행되지 않았더라면, 이전에는 알려지지 않았고 또한 영원히 알려지지 않았을 지도 모르는 내용들이다. 이 새로운 지식의 가치는 변형 생성 이론을 통틀어 부정하는 사람들 자신에 의해서도 인정되었다.

5.3.2. 보편적 기초 이론

음성 차원의 보편성에 유추한 의미적 그리고 통사적 보편성의 내포는 언어학 이론에 있어서 가장 철저하게 '보편적 기초 이론'이라는 이름 하에 알려진 내용으로 깊이 연구되었다. 여기서는 모든 언어의 기초가 수많은 실체적, 순형식적 보편성을 지니며, 언어학의 탁월한 과제는 바로 이들을 발견해서 언어 이론의 고유한 기초로 삼는데 있다고 가정한다.

언어학 이론의 목표가 모든 언어에 공통된 것, '자연어'개념의 본질

Haag/Paris, 1972, 62-119; 독일어 번역: Studies 61-87 "Tiefenstruktur, Oberflächenstruktur und semantische Interpretation" in: L. Antal(ed.), Aspekte der Semantik, Frankfurt, 1972, 319-345, Studies 87-116 "Tiefenstruktur, Oberflächenstruktur und semantische Interpretation" in: F. Kiefer(ed.), Semantik und generative Grammatik I, Frankfurt, 1972, 101-124.
G. P. Lakoff, "On generative semantics", in: Steinberg·Jakobovits, Semantics, 232-296 .
 P. A. M. Seuren, "Autonomous versus semantic syntax", Foundations of Language 8 (1972), 237-265.
 특히 유용하게 주장들을 요약한 것은 Partee("On the requirement"/"Zu der Forderung")과 Chomsky의 논문에 있는 자세한 참고 문헌에 있다. Chomsky (Semantics, 191-193)는 이미 McCwaley의 "The role of semantics"에 제시된 몇몇 보기를 반대 입장에서 설명했다.

적 내용을 이루는 것, 어떤 범위 내에서 언어들이 변화할 수 있으며, 어떤 (보편적!)개념이 이 변이체들의 기술에 쓰일 수 있는가를 보이려는 시도에 있지 않다면, 어디에 있겠는가37).

이런 식의 의미적 보편주의는 언어학 안에서 항상 반복되는 테제와 직접 대립되는 것이었는데, 이 테제는 대개 워프 B. L. Whorf의 이름과 연결되지만, 실제로는 사피어 E. Sapir에서 훔볼트 W. von Humboldt와 헤르더 G. Herder 까지 거슬러 올라간다. 언어적 상대주의의 테제는 이런 종류의 언어 연구를 일컫는 유명한 이름인데, 분명히 모든 인간이 매우 동일한 정신적 육체적 능력을 보이며, 모두 공통된 세계에 살고 있다 하더라도, 세계의 여러 언어들은 그들 화자의 인지행위와 분류 행위에 능동적인 역할을 수행한다는 것이다. 언어는 어느 정도 그들 화자가 경험하는 세계를 만든다. 사피어 E. Sapir가 말한 바에 의하면, "실제로 그것은 대부분 무의식적으로 집단의 언어 습관을 기반으로 만들어진 '실재 세계'이다. 어떤 언어도 동일한 사회 현실의 표현으로 여겨질 수 있을 만큼 충분히 비슷하지 않다. 여러 공동체가 사는 세계는 서로 다른 레테르가 붙여진 하나의 동일한 세계로 된 것이 아니라, 다양한 세계들로 구성된 것이다"38)

언어적 상대주의 가설은 생성 변형 문법과 모순되지 않는다. 그것은 아마 각 언어의 사실 진술이 결국에는 모든 다른 언어로 번역이 가능하다는 것이 보장된다면, 의미적 보편주의와도 모순되지 않을 것이다. 그러나 언어들이 특정한 세계관을 갖도록 강요하는 것이 아니라, 단지 "쉽게 해 주고", 이로써 선택적 세계관을 갖기 어렵게 한다는 워프 Whorf 가설의 약화된 견해에서 출발한다면, 워프의 가설 자체는 언어의 의미 기능 면에서 볼 때 여러 생성 변형 문법가들의 입장과 반

---

37) Bach · Harms, Universals, vi.
38) E. Sapir, "The status of linguistics as a science", Language 5 (1929), 207-214 (인용 209 쪽).

대된다는 사실에도 주목해야 한다. 이러한 대립에 대한 또 다른 예를 예전의 보편적 스콜라 학파적 합리주의적 이론에 대립되는 낭만주의자 헤르더와 훔볼트의 언어 이론이 보여 준다39).

의미론이 문장 생성의 기초로 평가된다면, 사람들은 그 결과로서 다음의 문제에 직면하게 된다. 의미 서술은 모든 통사 규칙 또는 어휘 규칙이 적용되기 전에는 어떻게 나타나는가? 촘스키와 그 밖의 해석 의미론자들에게는 문제가 이런 형식으로 제기되지 않았다. 왜냐하면 그들의 시각으로는 언어의 형식적 통사 구조의 일부가 이미 출발 단계를 형성하기 때문이다. 기저 성분의 규칙들이 바로 통사 규칙이다.

이 문제에 대해서는 여러 가지 답이 제시되었다. 래이코프와 맥컬리는 전제 또는 의미의 동일함과 같은 그런 의미 관계를 포함하기 위해서 적절히 확대하는 일종의 보편적 '자연 논리'가 답을 제시할 수 있다는 견해를 주장했다40). 이러한 해석은 아리스토텔레스의 논리학이

---

39) 변형 생성 범위 내에서의 언어적 상대주의에 대하여, 비교. J. Lyons, Introduction to theoretical linguistics, 432-434. 보편적 기초 이론이 워프 Whorf의 언어적 상대주의의 엄격한 유형과 모순된다는 것이 특히 Bach(Bach/Harms, Universals, 121.)에 의해 강조되었다. "그런 체계(보편적 기초 규칙의)는 이용 가능한 어휘 단위들이 개별적으로 언어마다 서로 다른데도 불구하고, 모든 사고 내용을 모든 언어로 전달할 수 있다는 생각을 직접 표현하는 것이며, 또한 그것의 강력한 표현으로 Humboldt-Sapir-Whorf 가설로부터의 직접적 전향인 것이다." 비교. H. Gipper의 언어적 상대주의의 전체적 문제에 대한 최근 연구, Gibt es ein sprachliches Relativitätsprinzip?: Untersuchungen zur Sapir-Whorf-Hypothese(언어적 상대주의란 존재하는가? - Sapir-Whorf 가설에 대한 연구), Frankfurt a.M., 1972.
  Humboldt의 "내적 언어 형식"을 변형 생성의 심층 구조와 동일시하는 것 (Chomsky, Aspects, 198 ; Aspekte, 248)은 Form의 개념을 Humboldt가 때로 연관 시켰던 일반적 의미로 사용한다 하더라도, 확실치 않은 것으로 여겨진다(여러 언어의 형식들은 훨씬 일반적 형식으로서 일치될 수 있으며, 사람들이 어디서나 단순히 가장 일반적인 것에서 출발하는 한, 모든 형식들은 사실상 그렇게 된다", Über die Verschiedenheit des menschlichen Sprachbaus, 1836, 복사판, Darmstadt, 1949, 50. 훔볼트 Humboldt와 촘스키 Chomsky의 언어학 이론은 촘스키가 개별 문제에 있어서 훔볼트에게서 따왔음에도 불구하고 매우 다르다(비교. E. Coseriu, "Semantik, innere Sprachform und Tiefenstruktur" (의미론, 내적 언어 형식과 심층 구조), Folia linguistica 4 (1970), 53-63.

통사론의 기초를 이루었던 스콜라 언어 이론과 비교될 수 있다; 생성 의미론자들은 아리스토텔레스의 형이상학과 삼단 논법을 그들의 논리에 포함시켰는데, 그들은 논증에서 찾아 볼 수 있는 약점에도 불구하고 정상적인 언어사용의 대부분을 간과하고 있다는 경험주의적 비판을 스콜라적 보편 문법가들 보다 덜 받기 위해서였다.

필모어 C. F. Fillmore는 격 개념의 재해석이 생성 변형 문법의 기저 성분으로 쓰일 수 있다는 것을 제안했다. 이 이론에서 문장은 하나의 과정이나 상태를 표현하는 술어와 다양한 추상적 관계를 맺는 논항들의 배치로 파악된다[41]. 논항에는 행위자격 Agens, 도구격 Instrumentalis, 여격 Dativ(affiziert), 작위격 Faktitiv(resultativ), 처격 Lokativ 그리고 목적격 Objektiv 와 같은 개념들이 있다("각각의 단위는 동사에 의해 표현되는 동작이나 상태에서 동사 자체의 의미 해석을 통해 확인되는 역할을 하는 명사에 의해 서술될 수 있다"). 술어는 그들이 요구하거나 허용하는 논항의 수에 따라 분류된다. 기초가 되는 격 관계의 수는 이론의 후기 유형들에서 달라진다.

필모어 격이론의 논리적 일관성은 주어가 촘스키에서처럼, 기초가 되는 (심층 구조의) 통사 관계가 아니며, 대부분 행위자인 기저에 있는 격의 표면 구조적 표현이라는 데 있다. 변형 규칙은 기저에 있는 격관계 복합체를 표면 구조로 옮기는데, 여기서 대부분의 격성분들은 명사에 의해서, 대부분의 술어들은 동사에 의해 나타내진다.

역사적으로 볼 때, 필모어가 격개념을 심층 구조의 기초로 사용한 점이 매우 흥미롭다. 고대 서양에서 최초로 정착된 문법 범주가 격이

---

40) G. P. Lakoff, "On generative semantics", in: Steinberg·Jakobovits, Semantics, 232-296, 특히 277-282; Linguistics and natural logic, Ann Arbor, 1970 (독일어 번역: Lingistik und natürliche Logik, Frankfurt a.M., 1971; J. D. McCawley, "The role of semantics in a grammar", in: Bach·Harms, Universals, 124-169.

41) C. J. Fillmore, "The case for case", in: Bach·Harms, Universals 1-88; W. Abraham (ed.), Kasustheorie(격 이론), Frankfurt a.M., 1971.

었다. 스토아 학자들은 그것을 명사와 대명사를 동사와 구별하는 범주로 사용했다. 그러나 그것은 언제나 현대적 의미에서 '표면 범주'였으며, 서양에서 문법의 전 역사를 통해 유지되었다. 필모어의 격개념에는 산스크리트-표현인 kāraka가 더 가깝다. 그것은 파니니 Pānini 와 그 밖의 인도 문법가들에 의해 사용되었다. 필모어에서와 같이, 그들에게는 kāraka가 라틴어, 그리스어 또는 현대 산스크리트어 논문들에서의 격개념에 해당되는 것이 아니었다. 그것은 동사가 가리키는 과정에 대한 명사가 표시하는 것의 통사적-의미적 관계를 나타낸다. kāraka 관계는 둘 또는 그 이상의 표면적 격어미에 의해 표현될 수 있었다. 예를 들어, 목적어-관계는 각 구성체에 따라서 목적격 Akkusativ 또는 주격 Nominativ으로 표현될 수 있었다. 하나의 격어미가 여러 구성체들에서 예를 들어 행위자 Agens 관계나 목적어 관계를 나타내는 명사처럼 두 개의 kāraka를 표시할 수 있었다. 그 외에 소유격 Genitiv은 대부분 전혀 kāraka를 표현하지 못했는데, 그것은 명사들을 상호 연결하는 것이지(라틴어와 그리스어에서처럼), 기저에 있는 동사가 관계된 격들을 제외하는 경우에는, 명사를 동사와 연결하지 않았기 때문이다. 필모어의 격이론 의미에서 산스크리트 문법을 다루는 것이 기저를 이루는 심층격과 표면의 명사적, 대명사적 격어미 사이의 상당히 유사한 관계를 밝혀낼 수 있을 것이다.

5.4. 동유럽에서의 생성 변형 문법

생성 변형 문법의 상승세는 동유럽 언어학의 편에서 서구 이념을 크게 수용하려는 준비 기간과 일치한다. 동베를린에 있는 독일 학술원(Deutsche Akademie der Wissenschaften)의 '구조주의 문법분과'에서는 비어비쉬 Bierwisch와 여러 다른 사람들이 생성 변형 문법을 독일어에 적용하는데 몇 가지 중요한 공헌을 했다. 소련에서는 일련의 언어학자들이 "응용 생성 모델"(Applikativnaja poroždajuščaja model)이라는 제목으로 독자적 이론을 발전시켰다. 이 모델은 생성 의미론에 속하기보다는 해석 의미론에 속했다. 응용 언어학에서는 심층 구조에 해당되는 문법 부분이 촘스키에서 보다 훨씬 더 추상적이다; 그것은 비-직선적이다(즉 연속체가 아닌 무질서한 복합체로 되어 있다); 어순은 표면의 현상으로 여겨진다. 동사가 문장 복합체를 지배하는데, 이 점에서 응용 이론의 결과는 동사가 문장 내의 나머지 성분들을 지배하는 테니에 L.Tesnière의 통사 구조(noeuds(교점))와 비교될 수 있다. 변형이 응용 이론에서 중요한 위치를 차지하긴 하지만, 서구 이론에서보다는 덜 중요한 역할을 한다; 변형은 문장의 생성보다는 그들 사이의 관계를 기술한다. 응용 이론은 소련에서 지속적인 갈채를 받았으나, 동유럽 밖에서는 비교적 주목받지 못했다42).

이 장의 변형 생성 이론과 제 4장의 여러 다른 이론의 현 상태에 대한 서술은 독자에게 19세기에 비해서 작금의 언어학이 다양하고 불안정하다는 인상을 남겼을 것이다. 이것은 실제 부분적으로 오늘날 이 분야에서 적극적으로 활동하는 언어학자의 수가 증가한 데 기인하는 일시적 상태이지만, 부분적으로는 1957년 이후 블룸필드 학파의 구조주의적 모범에 대한 일반적 거부와 지금까지 새로운 통일된 패러다임을 용인하는데 일치하지 못한 결과인 것이다43). 이론이 앞으로 어떤 방향으로 발전될 것인가를 예견하려는 것은 성급하지만, 그럼에

---

42) K. K. Šaumjan, "Outline of the applicational generative model for the description of language", Foundations of language 1 (1965), 189-222; Šaumjan · P. A. Sobeleva, "Transformational calculus as a tool of semantic study of natural language", Foundations of Language 1 (1965), 290-336; 비교. B. Hall의 서평 in: Language 40 (1964), 397-410; L. Tesnière, Eléments de syntaxe structurale, Paris, 1959.

43) "패러다임"이라는 표현은 여기서 T. S. Kuhn, The structure of scientific revolutions, Chicago, 1962 에 사용된 "paradigm"과 같은 의미이다.

도 불구하고 현재 논의되고 있는 문제, 그리고 언어학자들이 문제 해결을 위한 시도에서 나아가야 할 방향의 한 모형을 그려보는 것은 바람직하다. 통일된 지속적인 패러다임이 그려진다면, 그 기초는 이 포괄적 모형에서 찾아질 수 있을 것이다.

제 6 장
새로운 시각의 역사 언어학

제 6 장

새로운 시각의 역사 언어학

6.1. 언어 변화 이론

최근 언어 연구의 특별히 주목할 만한 특징은 다시 일어나고 있는 역사 언어학에 대한 관심이다. 그것이 대학의 분과학문으로서 강의가 없던 적은 없었으나, 의심의 여지없는 사실은 19세기의 주도적 역할에 대한 반동으로 소쉬르 F. de Saussure와 블룸필드 L. Bloomfield 시대의 구조주의에 대한 관심이 공시적·기술주의적 언어학의 문제와 방법론에 훨씬 더 많이 기울어져 있었다는 것이다. 이는 특히 영국과 미합중국에 해당된다. 유럽 대륙에서는 트루베츠코이 N. S. Trubetzkoy 와 야콥슨 R. Jakobson 그리고 후에 마르티네 A. Martinet가 음운 이론과 구조주의 언어 연구에서 역사 언어학을 재해석했다(3.3.2). 미국에서는 그 자신이 역사 언어학의 견고한 언어학적 교육을 받았던 블룸필드가 주 저서인 *Language*(언어)의 상당 부분을 이 분야에 할애했다. 그러나 그의 바로 다음 사람들인 '블룸필드 학자들'과 분포주의자들은 대부분의 역사 언어학 개설서들이 여전히 어느 정도 주의를 기울였음에도 불구하고 이 주제에 대해서는 별로 언급하지 않았다. 이 시기에 아마도 가장 중요한 저서는 회닉스월드 H. M. Hoenigswald 의 *Language change and linguistic reconstruction* (1960)(언어변화와 언어학적 재구성)으로서, 언어 변화의 기술 체계가 분포주의 이론의 의미에서 제시되어 있다.

그밖에 청년 문법 학파는 역사 언어학의 구조주의 이전 상태에 대해 그들의 연구를 '원자론적'이라고 비난하고, 그것을 언어학 이론을 살펴보면 기술 언어학의 새로운 발전 보다 훨씬 덜 흥미롭다고 주장하면서 반대하려는 경향이 지배적이었다. 이는 얼마 전 한 학자에 의해 정확하게 해설된 바 있다.

30, 40년대 그리고 50년대 초기의 기술주의자들의 역사 연구, 특히 '비교 언어학'에 대한 태도가 냉담에서 경멸에 이르렀다[1].

사람들은 소쉬르의 공시 언어학과 통시 언어학의 엄격한 구분을 매우 깊이 받아들였는데, 예를 들어 호케트 C. F Hockett가 50년대 중반 기술주의적 분석에 그 당시 인기 있던 분포주의적 모델과는 반대로 사용된 과정이란 용어에 대한 항변이야말로 역사적 언어 변화 과정과 혼동한 것이라고 심각하게 주장할 정도였다[2].

블룸필드 이후의 학파들 가운데 문법소 이론과 람브 Lamb의 성층 문법, 할러데이 Halliday의 체계 문법도 통시적 언어 연구에 대해서는 별로 언급한 것이 없다.

무엇보다 두 가지 요인이 역사 언어학을 다시금 관심의 대상이 되게끔 했다. 변형 생성 문법의 가치와 사회학적 문제 제기, 특히 여러 사회 계층으로 된 사회의 방언적 변이형의 확산에서 생겨난 관심이

---

1) N. E. Collinge, Collectanea linguistica, den Haag, 1970, 157.
2) C. F. Hockett, "Two models of grammatical description", Word 10 (1954), 210쪽.

그것이다.

변형 생성 문법은 구조주의자의 목록 문법에 비하면 규칙 문법으로 이해된다3). 문법 규칙은 유럽에서 오랜 전통을 갖고 있다. 그것은 촘스키와 여러 변형 생성 언어학자들에 의해 되풀이해서 강조되었는데, 단지 그들은 전통적 사용에 대해 규칙 개념을 강력하게 확산시켰던 것이다. 변형 생성 문법의 변형 규칙과 음운 규칙은 본질적으로 한 연속체가 다른 연속체로 변하게 하는 과정들로 되어 있다. 원래 이 문법들에 있어서 모든 규칙은 문장이 순서대로 여러 표현 단계를 두루 거칠 때, 기저 성분의 규칙과 변형 규칙 그리고 마지막으로 음운 규칙에 따라 대치 또는 어떤 종류의 변화를 포함하고 있다.

그러나 모든 차이점에도 불구하고 기술적 과정과 역사적 과정 사이, 공시적, 기술적 변화와 실제 변화 사이에는 일련의 비교할 만한 것들이 나타나 있다. 블룸필드는 이미 1939년 그가 과정의 개념을 메노미니어 Menomini(미국 인디안어)의 음운론에 과감하게 적용했을 때, 그의 내적 산디 Sandhi 규칙과 오늘날 형식의 역사적 발전의 일치 가능성에 대해 표명한 바 있다.

우리의 기저 형식은 옛 형식에 관한 것이 아니다... 그러나 우리의 기저 형식은 원시-알곤킨어의 기술에서 만들어졌음직한 형식과 어떤 유사함을 보여 준다.4)

변형 생성 언어학자들에게서 기술 연구는 우월한 것으로 여겨졌으며, 언제나 중요한 역할을 담당했으나, 이미 1962년 할레 M. Halle는 음운 규칙의 서술에서 역사적 해석으로 주의를 기울였다. 또한 촘스키와 할레는 그들의 최근 명저서인, *The sound pattern of English* (1968)에서, 실제 단어 형식의 설명에 필요한 기저의 단어 형식들과,

---

3) Z. S. Harris, Methods in structural linguistics, Chicago, 1951, 376.
4) "Menomini morphophonemics", TCLP 8 (1939), 105-115 (인용 106 쪽).

동일 단어의 이미 증명된 옛 발음 형식들 사이의 비교에 전력을 기울였다. 여기서 언어 변화의 기술 규칙과 역사적 규칙은 상당한 일치를 보였다. 영어에서 보통 '대 모음 추이'로 알려져 있는 몇 가지 모음 교체에 대해서, 그들은 기저에 있는 음운 표현이 실제 음성 형식으로 변화할 때 공시적으로 일어난다고 주장한다. 예를 들어 divine〔diˊvain〕과 divinity〔diˊviniti〕 사이의 공시 관계를 설명하기 위해서는 divine의 기저 형식은 〔diˊviːn〕 으로 나타내지는데, 즉 그것의 중세 형식에서와 같이 동일한 두 번째 모음을 지닌 형식이다5).

역사 언어학의 변형 생성 이론과의 관계에 대한 논문들이 60년대에 나왔다. 그러나 생성 변형 문법의 입장에서 역사 언어학에 대한 최초의 포괄적이고도 유력한 연구는 킹 R. D. King의 1969년에 출판된 책 *Historical linguistics and generative grammar*(독일어 번역: *Historische Linguistik und generative Grammatik*, 1971) 이다. 그 책은 이론의 내용과 해석에 대한 특정 설명에 반대하는 비판이 있음에도 불구하고, 이 언어학 분야의 서술에 시금석으로 여겨지고 있다6).

킹의 생성 변형 문법적 의미의 설명에 의하면, 한 언어에 있어서 역사적 변화는 문법에 있어서 변화이며(문법이라는 개념이 오늘날 생성변형문법의 추종자들에 의해 사용되는 것보다는 넓은 의미로 이해해서), 문법의 변화는 음성 변화를 포함해서 문법을 이루는 하나 또는 여러 규칙들의 변화와 같다. 언어 변화에 대한 이러한 연구에서는 언어 습득이 완전히 끝난 후에 성인에 의해 문법에 유입되는 변화와 실제 유아기의 언어 습득 과정에서 다음 세대 어린이의 문법에 변화가 포함되는 것

---

5) 비교. M. Halle, ʻPhonology in generative grammarʼ, Word 18 (1962), 54-72, N. Chomsky · M. Halle, The Sound pattern of English, New York, 1968, 178쪽, 여기에 여러 예가 제시되어 있다.

6) 비교. L. Campbell의 서평, Language 47 (1971), 191-209, N. E. Collinge, Journal of linguistics 7 (1971), 253-259. R. D. King은 초기의, 부분적으로는 발표되지 않은 연구들을 P. Kiparsky의 자극과 통찰의 덕임을 분명히 강조했다.

사이가 구별된다. 성인은 현존하는 규칙들을 계속 첨가하는데, 반면에 어린이는 제 1 언어의 습득 시에 그들이 접하는 자료를 모든 사실을 해결하는 가장 간단한 문법에 예속하게 하는 데(즉 가장 간단한 수의 규칙), 흔히 주장하듯이 성인들에 의해 첨가된 규칙이 새로 만들어진 더욱 포괄적이고도 간단한 규칙에 의해 새로 해석된다는 것이다. 이런 의미에서 언어 변화는 이전의 성인 세대에 의해 새로 첨가된 규칙들에 그 다음 세대의 계속적 적응을 포함한다[7].

할레 M. Halle, 키파르스키 P. Kiparsky, 촘스키 N. Chomsky 그리고 킹 R. D. King 등에 의해 주장된 언어 변화에 대한 이러한 시각은 너무 심하게 단순화된 것으로 비판되었다. 라보브 W. Labov와 여러 사람들은 어린이는 그의 제 1 언어를 그들 부모로부터 배우는 것이 아니라, 유아기와 초기 사춘기에 다른 젊은 사람들의 언어에 의해 상당한 영향을 받는다고 주장했다. 그들이 이들 언어 집단의 언어 자료에 내맡겨진다는 사실이 언어 변화 이론의 작성에 있어서 고려되어야 한다는 것이다[8].

역사 언어학에 대한 작금의 연구들은 두 가지 분리된, 하지만 서로 연관된 문제를 둘러싸고 맴돌고 있다. 즉 첫째는 언어 변화와 관련

---

7) R. D. King, Historical linguistics, 제4장. 아마도 이런 식으로 현대 영어의 특정 관계절에서 관계 대명사가 필수적이 되는 규칙성이 설명될 수 있을 것이다(비교. G. O. Curme, "A history of English relative constructions", JEGP 11 (1912), 10-29, 180-204, 355-380). 비교. T. G. Bever · D. T. Langendoen, "The interaction of speech perception and grammatical structure in the evolution of language", in: R. P. Stockwell · R. K. S. Macaulay(ed.), Linguistic change and generative theory, Bloomington, 1972, 32-95.

8) M. Halle, "Phonology in generative grammar", 64; P. Kiparsky, "Linguistic unversals and linguistic change", in: E. Bach · R. T. Harms(ed.), Universals in linguistic theory, New York, 1968, 170-202; Chomsky · Halle, Sound pattern of English, 249-252; King, Historical Linguistics; U. Weinreich, W. Labov · M. I. Herzog, "Empirical foundations for a theory of language change", in: W. P. Lehmann · Y. Malkiel(ed.), Directions for historical linguistics, Austin, 1968, 95-188.

된 사실들이 어떻게 서술되고 해석될 수 있는가 하는 것과, 둘째는 그런 변화의 인과성을 언어 공동체 내에서 어떻게 설명할 수 있는 가 하는 것이다.

사실의 서술과 해석은 동일한 사실을 다른 용어로 재 서술한 것과, 좀더 경제적이고 효과적인 설명을 할 수 있는 개념들에 기초한 설득력 있는 서술, 그리고 이제까지 용인된 사실을 새로운 이론에 비추어 검토하는 것 등으로 구별될 수 있다. 역사 언어학자들은 그들의 연구 결과를 당대의 연구 상황에 비추어 서술했다. 청년 문법학자들은 음성 변화에 대한 설명을 조음 음성학의 범위에서 했는데, 역사 언어학은 19세기에 음성학의 발달에 하나의 자극이었다. 마르티네와 야콥슨은 반대로 음운 변화를 단순히 음성 변화로 기술하지 않고, 이러한 언어 현상의 설명에 상당히 기여하는 음소 체계의 재조정이라고 했다. 회닉스월드 Hoenigswald는 언어 변화를 분포주의 언어학의 관점에서 새로운 해석을 했다.

여러 규칙을 사용한 새로운 서술 방식의 예로서 라틴어 〔u:〕의 고대 불어 〔ü:〕로의 변화가 있다:

$$
\begin{bmatrix} V \\ +\ \text{높음} \\ +\ \text{긴} \end{bmatrix} \rightarrow \quad 〔-\ \text{뒤}〕
$$

여기서는 동일한 현상이 새로운 정보와 결합되지 않고도 다른 용어로 표시된다[9].

사람들은 예전의 이론에 비해 훨씬 급진적으로 나아갔는데, 청년

---

9) R. D. King, Historical linguistics, 39-40.

문법 학자들이 음성 변화에 대해 요구한 엄격한 법칙성을, 변화를 조건짓는 음성적 환경에 통사적, 형태적 요인들을 포함시키는데까지 수정을 가했다(이것은 공시 언어학에서 문장의 표면 구조인, 통사 성분의 출력이 음운 규칙의 출발점이라는 변형 생성적 견해와 일치한다). 사실에 대한 몇 가지 첨가되는 설명들은 아직 논란이 되고 있지만, 잘 알려져 있는 언어에서 나온 자료인 경우에, 논증은 자주 예전에 유추가 음성 법칙의 효력을 제한하면서 발휘했던 역할과 같은 것이 된다. 고대 그리스어의 부정 과거(aorist) 시제 형식에서 모음 사이의 [s]음의 유지는 sigma가 있는 과거 형식으로 나타나는 경우에는 이 [s] 의 탈락이 제외된다는 규칙에 의해 설명된다. 모음 사이의 음 [s]의 규칙적 탈락과 대립되는 이 분명한 예외는, [s]가 항상 있으며, 자음으로 끝나는 어간 동사의 부정 시제(아오리스트) 형식으로부터의 단순한 유추이다(예를 들어, *égrapsa* '나는 썼다'에 유추해서 *ephílēsa*와 같은 형식들이 [s]를 포함하게 된다)10).

실제의 현상과 관련한 킹의 의견은, 규칙 변경은 덜 보편적인 데서 보편적인 데로 일어나는데, 예를 들면 상당히 막강한 방언의 특정 규칙이 지속적으로 단순화하는 다른 방언의 화자로부터 받아들여질 때라는 것이다. 예를 들어 종성 마찰음을 무성음으로 만드는 규칙은 다음과 같이 일반화된다.

$$\begin{bmatrix} + \ 장애음 \\ + \ 장음 \end{bmatrix} \longrightarrow [\ - \ 유성성\ ] \ / \ \underline{\qquad} \ \#$$

또한 모든 마지막 자음을 무성음으로 만드는 규칙으로 단순화된

---

10) R. D. King, Historical linguistics, 125쪽. 비교. P. M. Postal, Aspects of phonological theory, New York, 1969, 231-267.

다:

$$[+ \text{장애음}] \longrightarrow [-\text{유성성}] \; / \; \underline{\hspace{3cm}} \; \#$$

이것이 그로 하여금 전통적 견해를 의심하게 했는데, 전통적 견해에 의하면 고지 독일어와 저지 독일어 사이의 주된 차이를 낳는 자음의 변화는 남쪽에서 생겨서, 북쪽으로 확산되었다는 것이다. 이에 대해 그는 고지 독일어의 자음 추이가 저지 독일어와 고지 독일어(대강 라인강 삼각 지역) 사이의 경계 지역에서 시작되어, 점차 일반화되면서 남쪽으로 퍼졌다는 의견을 주장했다[11].

음성 변화에 대한 이 새로운 해석들이 일반적으로 받아들여지는지 여부는 먼저 학문적 토론과 지속적인 연구에 맡겨져야 할 것이다. 통사 구조와 형태 구조의 중요성이 인정된다면, 그것은 의심할 바 없이 1878년 청년 문법 학자에 의해 주장된 입장과의 단절을 의미하는 것이다. 그러나 그 때 이후 청년 문법 학자의 가설은 이미 다양하게 수정되었고, 사실들에 대한 단순한 서술이기보다는 오히려 방법론적 요구가 되어 왔다[12]. 물론 제안된 수정안에서는 겉보기에 불규칙하거나 우연적인 변화를 하는 어떤 어원학도 설명 없이는 받아들일 수 없다는 방법적 요구를 고수했다. 현대의 역사 언어학 이론과 완전히 일

---

11) R. D. King, Historical linguistics, 87-92.
12) 1870년 쿠르티우스 Curtius는 청년 문법학자의 당시 견해에 대해 공격을 하면서, 음성이 나타나는 형태적 범주가 음성 변화에 중요할 수 있다고 주장했다. "Bemerkungen über die Tragweite der Lautgesetze(음성 법칙의 활용범위에 대한 소견), in: Verhandelungen der königlich-sachsischen Gesellschaft der Wissenschaften zu Leipzig, phil.-hist. KI.22 (1870), 1-39. 24쪽에서 그는 그리스어 부정과거(시그마 아오리스트) 형식의 모음 사이 s 의 유지에 대해 킹 King과 비슷한 설명을 했다.

치된 견해를 갖고 있는 라보브 Labov는 다음과 같이 썼다. "방법적 원리로서 청년 문법 학자의 가설은 크게 성공했다"고 말했다. 그것은 규칙성 추구에 결정적 자극을 주고 기저에 있는 음성 변화를 조건 짓는 요인들을 알려 주었으며, 또한 표면상의 변화를 간과하지 않고 받아들였다13).

언어 연구가는 언제나 언어 변화의 원인을 다루었다. 고대에서와 같이 오늘날에도 언어 문제를 잘 알지 못하는 사람들 중에는 언어 변화를 도덕적, 정치적 그리고 사회적 타락에서 그 원인을 찾는 붕괴 또는 쇠퇴로 여긴다14). 사람들은 오래 전부터 언어들 간의 접촉, 방언 교차, 어휘와 문법적 차용, 이중 언어, 크레올 등에 대해 알고 있다.

지난 20년 동안에는 여러 상세한 개별 연구들이 발표되었다15). 음성 변화에 관해서, 사람들은 기후나 지역과 같은 물리적 요인과 함께, 민족 집단의 독립 선언과 같은 심리적 요인도 연관시켰다. 이런 설명의 무의미함을 지적했던 것이 청년 문법학자들의 공이었다. 청년 문법 학파 원리의 계몽적 추종자의 한 사람인 블룸필드는 "음성 변화의 원인은 알지 못한다"라고 선언했다16). 공시 이론을 통시적 문제에 적용한 구조주의자들은 음운 체계 내에서 구조 압박의 중요성을 보이려 했다. 한편으로 음성 단위의 변별적 특성의 필수성과 다른 한편으

---

13) W. Labov, "Some principles of linguistic methodology", Language and society 1 (1972), 97-120 (100).

14) 언어적 변동에 대하여는 F. Lot, La fin du monde antique et le début du moyen age, Paris, 1951 435, 서로마 제국의 몰락 이후 라틴어의 변화에 관해서: "Dans le vocabulaire, les pertes sont énormes(어휘에 있어서 손실은 막대한 것이다)", "La morphologie est en ruines(형태론이 파괴된다)", "La syntaxe est profondément affectée par la ruine de la déclinaison non moins que de la conjugaison"(통사론은 동사변화의 파괴보다는 어미변화의 파괴로 인해 깊은 영향을 받았다), "Enfin, ce qui est peut-etre pire que tout, la phonétique est atteinte(모든 것 가운데 가장 뒤떨어졌던 음성학이 드디어 완성되었다)", "Le vocalisme est bouleversé (모음체계가 붕괴되었다)".

15) U. Weinreich, Languages in contact, New York, 1953.

16) Language, London, 1935, 385.

로 음운 체계의 대칭성, 즉 변별적 자질의 최대 활용이 음성 변화의 성립과 방향 조정에 있어서 중요한 요인으로 밝혀졌다. 이 원리들은 보편적 최소 원리에 대한 포괄적 요구로서 개별 언어에서 더욱 중요했다.

몇몇 생성 변형 문법가들은 언어 변화가 일어나서 전파되는 것을 새로이 연구했다. 유추에 의해 설명되지 않는 음성 법칙의 모든 예외 현상은 방언의 혼합이나 방언 차용이라는 청년 문법학자들의 입장에 비추어 볼 때, 여러 문제점으로 나타났다17). 하나의 커다란 문제가 소쉬르 뿐 아니라 촘스키에 의해 그들의 상이한 언어관으로 불필요하게 생겨났는데, 그들은 동질성을 구조화의 전제 조건이라고 주장했다. 지역적 그리고 사회적 방언의 존재는 항상 각 개별 인간의 언어를 특징짓는 개인적 차이와 동일하게 인정되었다. 그러나 최근에야 비로소 방언 연구의 관심이 지방의, 때론 고풍의 방언 연구에서 대도시의 방언들로 옮겨졌는데, 특히 현재 상태에서 볼 때 상이한 지역적, 사회적 출신의 다양한 언어 집단들이 뒤섞여서 살고 있다. 이 분야의 연구에서 주의를 기울이는 부분은, 화자의 언어 능력에는 여러 언어 체계에 대한 지식과, 또한 한 체계에서 다른 체계로 바꾸는 능력, 그리고 사회적 그리고 개인적인 면에서 경쟁적인 체계의 평가가 포함된다는 것이다. 통시적 변화는 한 언어 내의 공시적 변이로 시작한다. 그러한 변이와 개별 화자의 언어 내에 동질성이 없는 것이 정상적 상태이다.

언어 구조 내의 모든 가변성과 동질성이 변화를 내포하는 것은 아니다; 그러나 모든 변화는 가변성과 동질성을 내포하고 있다18).

---

17) 비교. H. Paul, Prinzipien der Sprachgeschichte(언어사의 원리), Halle, 51920, 71.

18) F. de Saussure, Cours de linguistique générale, Paris, 41949, 32: "La langue … est de nature homogène"; Weinreich, Labov 와 Herzog, "Empirical foundations for a theory of language change", 188.

적어도 도시 환경에서는 아이들의 다른 아이들에 대한 영향 그리
고 위력 있는 문체 또는 방언으로 말하는 집단에 의한 영향이 분명히
부모 영향 보다 더 지속적이다. 여러 세대간의 변화로 인해 생긴 언어
변화의 연쇄성에 대한 생각은, 그것이 관찰된 언어 자료를 참고해야
할 때에는 계속적 보완이 필요하다는 것이 밝혀졌다. 사회 집단 간의
사회적 관계가 언어 변화가 생기는 동안에, 언어 체계 내에 변이형들
이 발전해 나가는 방향의 중요한 결정 요인이다. 특별히 개별 언어 공
동체 내의 다양한 사회 계층과 연령층의 언어에 있는 공시적 차이와
언어 변화의 통시적 과정들 사이의 적지 않은 상호 관계가 밝혀질 수
있다. 명망 있어 보이는 방언 쪽으로의 언어 변화는 젊은이들에게서
가장 두드러진다. 젊은이는 시간이 흐르면서 언어가 집단적으로 확산
되는 원천으로 나타난다. 여러 지역의 방언과 언어 변화의 연구가 한
언어 문법 규칙의 변화로서 언어 변화를 해석하는 것과 연관될 수 있
다는 것도 밝혀졌다. 최근의 방언 연구는 서로 다른 것으로 구별짓는
어떤 내재해 있는 규칙들을 지적함으로써 한 언어의 방언들 간의 관
계를 나타내려 시도했다[19].

6.2. 사회 언어학에 대한 새로운 관심

현재 수행되고 있는 언어 변화, 특히 도시 지역에서의 언어 변화
에 대한 연구는 사회 언어학적 문제에 대한 작금의 언어학의 관심을
반영하고 있다. 언어는 절대로 사회로부터 분리될 수 없는데, 이 두
영역은 서로를 전제로 하기 때문이다. 언어학의 초창기 이후부터 사

---

19) Weinreich, Labov와 Herzog, 위의 인용한 책; R. D. King, Historical
    linguistics, 32-39; W. Labov, "Contraction, deletion, and inherent
    variability of the English copula", Language 45 (1969), 715-762.

회적 요인은 여러 서로 다른 화자의 언어를 연구하는데 중요했다. 개별 화자에 있어서 언어와 사고 사이의 관계도 언제나 연구의 초점이 되었다. 아주 일반적으로는 과학으로서의 언어학 상태가 시간이 지나면서 늘 반복해서 언급되었다. 여러 상이한 역사적 시기에는 상이한 견해들이 주도적이었다. 우리는 이 책에서 지난 두 세기 동안에 언어학의 중심이 정신 과학, 자연 과학 그리고 사회학으로 옮겨가는 것을 확인했다. 심리학적, 사회학적 문제가 언어 연구에 언제나 어떤 역할을 하는 것은 아니라고 말한다면 어리석을 지 모른다. 그러나 심리 언어학과 사회 언어학이라는 개념들이 경계가 뚜렷한 대학의 학문 분야로서 50년대 이후에 비로소 널리 인정을 받게 되었다는 것은 주목할 만 하다[20]. 이는 부분적으로 좁은 의미에서의 언어학 뿐 아니라 심리학과 사회학도 포함하는 이 두 학문 분야를 체계화하려는 노력에 기인할 수 있다. 심리 언어학은 그 다양한 관점에서 화자의 자기 인식 내에서의 언어 연구에서 생겨났는데, 여기서 생각과 느낌은 개인의 경험에서 언어적 표현과 언어적 의사 전달과 떨어질 수 없이 밀접하게 결합되어 있다.

사회 언어학은 그 관심이 이미 오래 전부터 언어의 기능에 향해 있었다 하더라도, 최근에 여러 학자들의 사회적 문제와 난점들에 대한 전세계적 관심을 기초로 특별한 도약을 하게 되었다.

사회학이 19세기에 이미 학문으로 인정받았고, 스펜서 Herbert Spencer와 뒤르껭 Emile Durkheim과 같은 탁월한 사상가를 보였음에

---

20) 이와 연관해서는 다음의 책들을 참고하라:

C. E. Osgood(ed.), Psycholinguistics: a survey of theory and research problems, IJAL 20.4 (1954), 증보판; J. A. Fishman, Sociolinguistics: a brief introduction, Rowley Mass., 1970; W. Klein·D. Wunderlich(ed.), Aspekte der Soziolinguistik(사회 언어학의 제 문제), Frankfurt a. M., 1971.

E. P. Hamp의 Glossary of American technical linguistic usage 1925-1950, Utrecht, 1957. 이 책에 심리 언어학이나 사회 언어학이 표제어로 나타나지 않는 것이 주목할 만 하다.

도 불구하고, 대학에서는 여전히 오늘날과 같이 인기가 없었다. 사회 언어학에 의해 파악되는 여러 연구 분야는 부분적으로 여러 학생들과 일부 대학 교수들이 대학 학과에 대항해서 급박한 사회 문제의 즉각적 대처의 '중대성'을 요구한 것과 일치한다. 언어학에서는 이러한 요구가 이미 역사 언어학과 현재의 입장과 연관지어 언급된 바 있듯이, 동시대의 도시 공동체에 대한 언어 연구에서 나타난다. 라보브 Labov 의 미합중국 '흑인 영어'에 대한 연구와 번스타인 B. Bernstein의 학교와 사회 관계의 언어학적 문제에 대한 연구들이 오늘날 사회 참여적인 학자들의 가장 열띤 주제를 언어학에 속하게 했다21).

언어학의 정치적, 사회적 참여는 미국 대학의 생성 변형 문법학자들 가운데서 특히 두드러졌다. 촘스키는 언어학계와 대학 사회의 밖에서도 그의 여러 국내·국외 정치 문제에 반대하는 정치적 입장 때문에 가장 많이 알려져 있다. 최근의 변형 생성 연구에서 인용하는 예문의 종류를 일견하기만 해도 금방 완전히 좌파적 입장이 명확히 나타난다. 아마도 이러한 보기들은 시대에 따라 18세기 말경 잘 교육받은 숙녀들이 사용하던 머레이 Lindley Murray의 가장 인기 있던 영어 문법에 있는 고상하고 경건한 문법적 예문들과 똑같이 시대에 뒤진 낡은 표시가 될 것이다22).

---

21) W. Labov, "Die Logik des Nonstandard-Englisch"(비-표준 영어의 논리) 와 "Das Studium der Sprache im sozialen Kontext"(사회 맥락에서의 언어 연구), in: Klein·Wunderlich(ed.), Aspekte der Soziolinguistik(사회 언어학의 제 문제), 80-97. 또는 여러 증거 제시와 함께 111-194; B. Bernstein, "Elaborated and restricted codes: an outline", IJAL 33.4, 2부(1967), 126-133; 같은 저자, "Language and socialization", in: N. Minnis(ed.), Linguistics at large, London, 1971, 11장.
비교. Klein·Wunderlich의 위에 인용된 책에 있는 그 밖의 논문, 그리고 F. Williams(ed.), Language and poverty, Chicago, 1970.
이러한 발전 과정에서 언어학자들은 오늘날 사회 영역에서 J. R. Firth가 언어 연구에 있어서 절대 중심적인 것으로 여겼으며, 또한 그의 '상황 맥락' 이론을 통해 언어학 이론에 포함시키고자 했던 것과 같은 주제로 돌아간다(참고. 86-88 쪽).

22) 생소한 정치 참여 선언이 R. A. Jacobs와 P. S. Rosenbaum이 발행한 책 Readings

학문의 사회적 그리고 정치 현실 문제에 대한 직접 참여가 바람직한지 아닌지에 대한 의견은 분분하다. 어쨌든 유럽과 미국 그리고 세계 여러 곳에서 참여는 대학 생활에 있어 하나의 사실이 되었으며, 또한 그 자체로 인정될 수 있다. 그것은 아마도 스콜라 문법가들이 아리스토텔레스 철학을 다룬 것이나 낭만주의 언어학자들이 민족적 동질성에 열중했던 것과 똑같이 오늘날의 언어학 연구에도 중요할 것이다.

---

in English transformational grammar(1970)의 Widmung "an die Kinder von Vietnam 1945-19??" (1945-19??년의 베트남 어린이에게 바침)에 나타나 있다. Chomsky의 두 가지 주요 관심사는 1971년 캠브리지에서 행한 두 번의 러셀 강의에서 분명해졌는데, 이는 Problems of knowledge and freedom(London, 1972)라는 제목으로 출판되었다 (독어 번역: Über Erkenntnis und Freiheit-Vorlesungen zu Ehren von Bertrand Russell, Frankfurt a. M., 1973): 첫 번째 강의에서는 주로 영어 통사론의 특정 문제 설명과 그 일반적 내포관계에 관한 내용인데 반해, 두 번째 강의는 미국의 인도네시아 침공에 대한 공격을 가했다.

참고문헌 ▌▌▌

Aarsleff, H.(1967), The Study of Language in England 1780-1860, Princeton.

Abraham, W.(ed. 1971), Kasustheorie, Frankfurt a.M.

Albright, R. W.(1958), The International Phonetic Alphabet: Its Backgrounds and Development, in: IJAL 24.1(1958), 제3부.

Allen, W. S.(1953), Phonetics in Ancient India, Oxford.

Ardener, E.(ed. 1971), Social Anthropology and Language, London.

Arens, H.(^{2}1969), Die Sprachwissenschaft: Der Gang ihrer Entwicklung von der Antike bis zur Gegenwart, Freiburg/München.

Austin, J. L.(1962), How to do Things with Words, Oxford.

Bach, E./Harms, R. T.(ed. 1968), Universals in Linguistic Theory, New York.

Baudouin de Courtenay, J.(1895), Versuch einer Theorie der phonetischen Alternativen, Strassburg.

Bazell, C. E. et al.(ed. 1966), In Memory of J. R. Firth, London.

Bendix, E. H.(1966), Componential Analysis of General Vocabulary, Bloomington.

Benfey, T.(1869), Geschichte der Sprachwissenschaft und orientalischen Philologie in Deutschland seit dem Anfange des 19. Jh. mit einem Rückblick auf die früheren Zeiten, München.

Bierwisch, M.(^{1}1963, ^{2}1965), Die Grammatik des deutschen Verbs, Studia Grammatica II.

(1966), Strukturalismus: Geschichte, Probleme und Methoden in: Kursbuch 5, 77-152; 개정판 in: Literaturwissenschaft und Linguistik: Ergebnisse und Perspektiven 1 (ed. Ihwe, J. 1971), Frankfurt a.M. 17-90.

(1966), Regeln für die Intonation deutscher Sätze, Studia Grammatica VII. 99-201.

(1966), Aufgaben und Formen der Grammatik, in: Zeichen und System der Sprache 3, 28-69.

(1967), Skizze der generativen Phonologie, Studia Grammatica VI, 7-33.

(1967), Some Semantic Universals of German Adjectivals, in: FL 3, 1-36; 독일어 번역: Steger, H.(ed. 1970), Vorschläge für eine strukturale Grammatik des Deutschen)

(1967), Syntactic Features in Morphology, in: To Honor Roman Jakobson 1, 239-270.

Bloch, B.(1947), English Verb Inflection, in: Lg. 23, 399-418.

Bloch, B./Trager G. L.(1942), Outline of Linguistic Analysis, Baltimore.

Bloomfield, L. (1914), Introduction to the Study of Language, New York.

(1926), A Set of Postulates for the Science of Language, in: Lg 2, 153-164.

(1933), Language, New York.

(1936) Language or Ideas, in: Lg. 12, 89-95; 독일어 번역: Antal, L.(ed. 1939), Aspekte der Semantik, Frankfurt a.M., 105-114.

(1939), Linguistic Aspects of Science, in: International Encyclopedia of United Science 1.4, Chicago.

Bopp, F.(1816), Ueber das Conjugationssystem der Sanskritsprache in Vergleichung mit jenem der griech., lat., pers. und german. Sprache, Frankfurt a.M.

(^{1}1857, ^{2}1859), Vergleichende Grammatik des Sanskrit, Zend, Griechischen, Lateinischen, Litauischen, Altslavischen, Gotischen und Deutschen, Berlin.

Borst, A.(1957-1963), Der Turmbau von Babel: Geschichte der Meinungen über Ursprung und Vielfalt der Sprachen und Völker, 1-4권, Stuttgart.

Brend, R. M.(1968), A Tagmemic Analysis of Mexican Spanish Clauses, den Haag.

Brugmann, K./Delbrück, B.(1886-1900), Grundriss der vergleichenden Grammatik der indogermanischen Sprachen, Strassburg.

Bumann, W.(1965), Die Sprachtheorie Heymann Steinthals, Meisenheim.

Bünting, K.-D.(1971), Einführung in die Linguistik, Frankfurt a.M.

Cassirer, E.(1923-1929), Philosophie der symbolischen Formen, 1-3권, Berlin.

(1945), Structuralism in Modern Linguistics, in: Word 1, 99-120.

Chafe, W. L.(1970), A Semantically Based Sketch of Onondaga, in: IJAL 36.2, 증보판.

(1970), Meaning and the Structure of Language, Chicago.

Chomsky, N.(1957), Syntactic Structures, den Haag.

(1964), Current issues in Linguistic Theory, den Haag.

(1965), Aspects of the Theory of Syntax, Cambridge, Mass.

(1966), Cartesian Linguistics: A Chapter in the History of Rationalist Thought, New York.

(1968), Language and Mind, New York.

(1972), Problems of Knowledge and Freedom, London.

Chomsky, N./Halle, M.(1968), The Sound Pattern of English, New York.

Cook, W. A.(1969), Introduction to Tagmemic Analysis, New York.

Coseriu, E.(1967), George von der Gabelentz et la linguistique, in: Word 23, 74-100.

(1970), Semantik, innere Sprachform und Tiefenstruktur, in:Fol. Ling. 4, 53-63.

Croce, B.(1902), Estetica come scienza dell'espressione e linguistica generale, Mailand.

Curtius, G.(1870), Bemerkungen über die Tragweite der Lautgesetze, in: Abhandlungen der philologisch-historischen Classe der königlich sächsischen Gesellschaft der Wissenschaften zu Leipzig, phil.-hist. Cl. 22, 1-39.

Delbrück, B.(1904), Einleitung in das Studium der indogermanischen Sprachen, 4. 완전 개정판 Leipzig.

Diez, F.(1836-1844), Grammatik der romanischen Sprachen, Bonn.

Fillmore, C. J./Langendoen, D. T.(ed.), Studies in Linguistic Semantics, New York.

Firth, J. R.(1935), The Technique of Semantics, TPS 1935, 36-72.

Fishman, J. A.(1970), Sociolinguistics: A Brief Introduction, Rowley,

Mass.

Gabelentz, G. von der([2]1901), Die Sprachwissenschaft: Ihre Aufgaben, Methoden und bisherigen Ergebnisse, Leipzig.

Geiger, L.(1868-1872), Ursprung und Entwicklung der menschlichen Sprachen und Vernunft, 제1-2권, Stuttgart.

Gleason, H. A.(1955), Introduction to Descriptive Linguistics, New York.

Grimm, J.(제1부: 1869-1870, 제2부: 1875-1878), Deutsche Grammatik, Berlin.

([4]1880), Geschichte der deutschen Sprache, Leipzig.

Gutknecht, C/Panther, K.-U.(1973), Generative Linguistik. Ergebnisse moderner Sprachforschung, Stuttgart.

Halle, M.(1959), The Sound Pattern of Russian, den Haag.

(1962), Phonology in Generative Grammar, in: Word 18, 54-72.

Halliday, M. A. K.(1961), Categories of the Theory of Grammar, in: Word 17, 241-292.

(1967), Notes on Transitivity and Theme in English, in: JL 3, 37-81, 199-244; JL 4(1968), 179-215.

Halliday, M. A. K./McIntosh, A./Strevens, P.(1964), The Linguistic Sciences and Language Teaching, London.

Hammel, E. A.(ed. 1965), Formal Semantic Analysis, AA 67.5, 제2부.

Harris, Z. S.(1942), Morpheme Alternants in Linguistic Analysis, in:Lg. 18, 169-180.

(1944), Simultaneous Components in Phonology, in: Lg. 20, 181-205.

(1951), Methods in Structural Linguistics, Chicago.

(1952), Discourse Analysis, in: Lg. 28, 1-30, 474-494.

(1957), Cooccurence and Transformation in Linguistic Structure, in: Lg. 33, 282-340.

Häusler, F.(1968), Das Problem Phonetik und Phonologie bei Baudouin de Courtenay und in seiner Nachfolge, Halle.

Helbig, G.([2]1973), Geschichte der neueren Sprachwissenschaft, München.

Hill, A. A.(1958), Introduction to Linguistic Structures, New York.

Hjelmslev, L.(1928), Principes de grammaire générale, Kopenhagen.

(1953), Prolegomena to a Theory of Language, in: IJAL 9.1.증보판(덴마크 원저: Omkring sprogteoriens grundlaeggelse, Kopenhagen, 1943).

Hoberg, R.(1970), Die Lehre vom sprachlichen Feld, Düsseldorf.

Hockett, C. F.(1954), Two Models of Grammatical Description, in: Word 10, 210-234.

(1955), Manual of Phonology, in: IJAL 21.4, 제1부.

(1958), A Course in Modern Linguistics, New York.

(1961), Linguistic Elements and Their Relations, in: LG. 37, 29-53.

(ed. 1970), A Leonard Bloomfield Anthology, Bloomington.

Hoenigswald, H. M.(1960), Language Change and Linguistic Reconstruction, Chicago.

Hudson, R. A.(1971), English Complex Sentences, An Introduction to Systemic Grammar, Amsterdam.

Humboldt, W. von(1949), Über die Verschiedenheit des menschlichen Sprachbaues(1836), Darmstadt.

Iordan, I.(1962), Einführung in die Geschichte und Methoden der romanischen Sprachwissenschaft, Berlin.(루마니아 원저: Introducere in studiul limbilor romanice, Iasi, 1932).

Ivić, M.(1971), Wege der Sprachwissenschaft, München.

Jacobs, R. A./Rosenbaum, P. S.(1970), Readings in English Transformational Grammar, Waltham.

Jakobson, R.(1931), Prinzipien der historischen Phonologie, in: TCLP 4, 247-267.

(1936), Beitrag zur allgemeinen Kasuslehre, in: TCLP 6, 240-288.

(1962), Selected Writings I: Phonological Studies, den Haag.

Jakobson, R./Fant, C. G./Halle, M.(1952), Preliminaries to Speech Analysis, Cambridge, Mass.

Jakobson, R./Halle, M.(1956), Fundamentals of Language, den Haag.

Jankowsky, K. R.(1972), The Neogrammarians: A Re-evaluation of Their Place in the Development of Linguistic Science, den Haag.

Jones, D.(1950), The Phoneme: Its Nature and Use, Cambridge.

Joos, M.(^{2}1958), Readings in Linguistics, New York.

Katz, J. J.(1964), Mentalism in Linguistics, in: Lg. 40, 124-137.

(1970), Interpretative Semantics vs. Generative Sematics, in: FL 6, 220-259.

Katz, J. J./Fodor, J. A.(1963), The Structure of a Semantic Theory, in: Lg. 39, 170-210.; 독일어 번역: Die Struktur einer semantischen Theorie, in: Steger, H.(ed. 1970), Vorschläge für eine strukturale Grammatik des Deutschen, Darmstadt, 202-268; 발췌번역 in: Kiefer, K.(ed. 1972) Semantik und generative Grammatik II, Frankfurt a.M., 262-273; Antal, L.(ed. 1972), Aspekte der Semantik, Frankfurt a.M., 223-237.

Katz, J. J./Postal, P. M.(1964), An Integrated Theory of Linguistic Descriptions, Cambridge, Mass.

King, R. D.(1969), Historical Linguistics and Generative Grammar, Englewood Cliffs.

Klein, W./Wunderlich, D.(ed. 1971), Aspekte der Soziolinguistik, Frankfurt a. M.

Kuhn, T. S.(1962), The Structure of Scientific Revolutions, Chicago.

Labov, W.(1972), Some Principles of Linguistic Methodology, in: Language and Society 1, 97-120.

Lakoff, G. P.(1970), Linguistics and Natural Logic, Ann Arbor.

Lamb, S. M.(1966), Outline of Stratificational Grammar, Washington.

Lane, M.(ed. 1970), Structuralism: A Reader, London.

Langendoen, D. T.(1968), The London School of Linguistics: A Study of the Linguistic Theories of B. Malinowski and J. R. Firth, Cambridge, Mass.

Leech, G. N.(1969), Towards a Semantic Description of English, London.

Lees, R. B.(1960), The Grammar of English Nominalizations, in: IJAL 26.3 제2부.

Lefmann, S.(1891, 1895, 1897), Franz Bopp: Sein Leben und seine Wissenschaft, I-II. Berlin.

Lehmann, W. P./Malkiel, Y.(ed. 1968), Directions for Historical Linguistics, Austin.

Lieberson, S.(ed. 1967), Explorations in Sociolinguistics, in: IJAL 33.4,

제2부.

Lindner, G.(1969), Einführung in die experimentelle Phonetik, München.

Lockwood, D. G.(1972), Introduction to Stratificational Linguistics, New York.

Longacre, R. E.(1960), String Constituent Analysis, in: Lg. 36, 63-88.

(1964), Grammar Discovery Procedures, den Haag.

(1965), Some Fundamental Insights of Tagmemics, in: Lg.41, 65-76.

Lyons, J.(1968), Introduction to Theoretical Linguistics, Cambridge.

(1970), Chomsky, London.

(ed. 1970), New Horizons in Linguistics, Harmondsworth, Middlesex.

Malinowski, B.(1935), An Ethnographic Theory of Language, in: Coral Gardens and Their Magic, 제2권, 제1장. London.

Martinet, A.(1952), Structure, Function, and Sound Change, in: Word 8, 1-32.

(1955), Economie des changements phonétiques, Bern.

(1962), A Functional View of Language, Oxford.

(1960), ElGménts de linguistique gGnGrale, Paris.; 독일어 번역: Grundzüge der allgemeinen Sprachwissenschaft, Stuttgart, 1963.

Minnis, N.(ed. 1971), Linguistics at Large, London.

Mohrmann, C. et al.(ed. 1961), Trends in European and American Linguistics 1930-1960, Utrecht.

Nickel, G.(1970), Entstehung und Entwicklung der generativen Transformationsgrammatik, in: Die Sprache 16, 1-20.

Osgood, C. E.(ed. 1954), Psycholinguistics: A Survey of Theory and Research Problems, in: IJAL 20.4, 증보판.

Osthoff, H./Brugmann, K.(1878), Morphologische Untersuchungen auf dem Gebiete der indogermanischen Sprachen, Leipzig.

Palmer, F. R.(ed. 1970), Prosodic Analysis, London OUP.

Partee, B. H.(1970), Negation, Conjugation, and Quantifiers: Syntax vs. Semantics, in: FL 6, 153-165.

Paul, H.(1880), Prinzipien der Sprachgeschichte, Halle.

Pike, K. L.(1947), Grammatical Prerequisites to Phonemic Analysis, in: Word 3, 155-172.

(1952), More on Grammatical Prerequisites, in: Word 8, 106-121.

Pinnow, H. J.(1964), Die nordamerikanischen Indianersprachen: Ein Überblick über ihren Bau und ihre Besonderheiten, Wiesbaden.

Postal, P. M.(1964), Constituent Analysis, in: IJAL 30.1, 제3부.

Pott, A. F.(1833-1836), Etymologische Forschungen auf dem Gebiete der indogermanischen Sprachen, Lemgo.

(1949), Recherches structurales, in: TCLC 5.

Reibel, D. A./Schane, S. A.(ed. 1969), Modern Studies in English: Readings in Transformational Grammar, Englewood Clifss.

Robins, R. H.(1967), A Short History of Linguistics, London.

Sapir, E.(1929), The Status of Linguistics as a Science, in: LG. 5, 207-214.

(1949), Selected Writings, Berkeley.

Šaumjan, K. K.(1965), Outline of the Applicational Generative Model for the Description of Language, in: FL 1, 189-222.

Saussure, F. de(1879), Mémoire sur le système primitif des voyelles dans les langues indo-européennes, Leipzig.

(1916), Cours de linguistique générale, Lausanne-Paris.

Schlegel, F. von(1808), Ueber die Sprache und Weisheit der Indier, Heidelberg.

Schleicher, A.(1848-1850), Sprachvergleichende Untersuchungen, Bonn.

(1861), Compendium der vergleichenden Grammatik der indogermanischen Sprachen, Weimar.

(1863), Die Darwinische Theorie und die Sprachwissenschaft, Weimar.

(1865), Ueber die Bedeutung der Sprache für die Naturgeschichte der Menschen, Weimar.

Schmidt, W.(1926), Die Sprachfamilien und Sprachenkreise der Erde: Kurzer Abriss einer Laut- und Formenlehre der indogermanischen Ursprache, Heidelberg.

Searle, J. R.(1969), Speech Acts, Cambridge UP.; 독일어 번역: Sprechakte: Ein sprachphilosophischer Essay, Frankfurt a.M. 1971.

Sebeok, T. A.(ed. 1966), Current Trends in Linguistics 3, den Haag.

Portaits of Linguists, Bloomington.

Seuren, P. A. M.(1972), Autonomous versus Semantic Syntax, in: FL 8, 237-265.

Sievers, E.(1876), Grundzüge der Lautphysiologie: Zur Einführung in das Studium der Lautlehre der indogermanischen Sprachen, Leipzig.

Simmons, E. J.(ed. 1951), The Soviet Linguistic Controversy, New York.

Steinberg, D. D./Jakobovits, C. A.(ed. 1971), Semantics, Cambridge.

(1962), Studies in Linguistic Analysis, special volume of the Philological Society, Oxford.

Sweet, H.(1877), Handbook of Phonetics, Oxford.

Szemerényi, O.(1971), Richtungen der modernen Sprachwissenschaft, Heidelberg.

Tesnière, L.(1957), Eléments de syntaxe structurale, Paris.

Thomas, L. C.(1957), The Linguistic Theories of N. J. Marr, Berkeley.

Thomas, O.(1965), Transformational Grammar and the Teacher of English, New York.

Trager, G. L./Smith, H. L.(1951), Outline of English Structure, Norman, Oklahoma.

Trubetzkoy, N. S.(1939), Grundzüge der Phonologie, in: TCLP 7.

Ullmann, S.(1951), Principles of Semantics, Glasgow.

Ungeheuer, G.(1962), Elemente einer akustischen Theorie der Vokalartikulation, Berlin.

Vachek, J.(1966), The Linguistic School of Prague, Bloomington.

Vendryes, J.(1921), Le langage: Introduction linguistique à l'histoire, Paris.

Verner, K.(1877), Eine Ausnahme der ersten Lautverschiebung, in: Zeitschrift für vergleichende Sprachforschung auf dem Gebiete der indogermanischen Sprachen 23, 97-130.

Vossler, K.(1904), Positivismus und Idealismus in der Sprachwissenschaft: Eine sprachphilosophische Untersuchung, Heidelberg.

Wegener, P.(1885), Untersuchungen über die Grundfragen des Sprachlebens, Halle.

Weinreich, U.(1953), Languages in Contact, New York.

Weisgerber, L.(1949-1950), Von den Kräften der deutschen Sprache, 제1
    판 1-4권, Düsseldorf.

(^{2}1964), Das Menschheitsgesetz der Sprache, Heidelberg.

Weiss, A. P.(1929), A Theoretical Basis of Human Behavior, Columbus.

Whorf, B. L.(1956), Language, Thought and Reality: Selected Writings(ed.
    Carroll, J. B.), New York.

Wierzbicka, A.(1972), Semantic Primitives, Frankfurt a.M.

Wundt, W.(1905-1906), Völkerpsychologie, Leipzig.

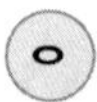

ㅈ

■ 저자 소개

R. H. Robins

런던 대학교 일반언어학과 교수로 재직했으며 다음과 같은 저서들이 있다.
『Ancient and medieval grammatical theory in Europe』(1951)
『The Yurok language』(1958)
『General linguistics: an introductory survey』(1964)
『A short history of linguistics』(1967)
『Diversions of Bloomsburry: selected writings on linguistics』(1970).

■ 역자 소개

박수영

서강대학교 독어독문학과를 졸업하고(1979), 독일 함부르크대학교에서 우랄어
비교언어학, 헝가리학으로 박사학위를 받았다(1987).
현재 한국외국어대학교 헝가리어과 교수로 재직중이다.

저서로는
『Vergleichende Analyse der Satzgliederstellung im deutschen, ungarischen
und koreanischen』(1987)
『헝가리어-한국어 사전』(1999)
『현대 헝가리어 문법연구』(2002)가 있고

역서로는
외국인을 위한 헝가리어(1992: Ginter/Tarnoi, Ungarisch für Ausländer)가
있다.

언어학의 사상사

인 쇄 2004년 8월 25일
발 행 2004년 8월 30일
저 자 R. H. 로빈스
역 자 박 수 영
펴낸이 이 대 현
편 집 이태곤 안현진 권분옥 박윤정
펴낸곳 도서출판 **역락** / 서울 성동구 성수2가 3동 301-80
         (주)지시코 별관 3층(우133-835)
전 화 3409-2058(대표) 3409-2060(편집부) FAX 3409-2059
이메일 yk3888@kornet.net / youkrack@hanmail.net
등 록 1999년 4월 19일 제2-2803호

정 가 10,000원

ISBN 89-5556-314-0-93700
* 잘못된 책은 교환해 드립니다.